Confusão Patrimonial no Direito Societário e no Direito Falimentar

Confusão Patrimonial no Direito Societário e no Direito Falimentar

2020 · 2ª Edição, Revista, Atualizada e Ampliada

João Pedro Scalzilli

ALMEDINA

CONFUSÃO PATRIMONIAL NO DIREITO SOCIETÁRIO E NO DIREITO FALIMENTAR
2ª EDIÇÃO, REVISTA E ATUALIZADA

AUTOR: João Pedro Scalzilli
DIAGRAMAÇÃO: Almedina
DESIGN DE CAPA: FBA.
ISBN: 9786556270005

Dados Internacionais de Catalogação na Publicação (CIP)
(Câmara Brasileira do Livro, SP, Brasil)

Scalzilli, João Pedro
Confusão patrimonial no direito societário e no direito falimentar / João Pedro Scalzilli. -- 2. ed. rev., atual. e ampl. -- São Paulo : Almedina, 2020.

Bibliografia.
ISBN 978-65-5627-000-5

1. Devedor e credor 2. Governança corporativa 3. Direito societário 4. Falências 5. Falências - Leis e legislação I. Título.

20-34972 CDU-347.736

Índices para catálogo sistemático:

1. Direito falimentar 347.736
2. Direito societário 34:338.93

Cibele Maria Dias - Bibliotecária - CRB-8/9427

Este livro segue as regras do novo Acordo Ortográfico da Língua Portuguesa (1990).

Maio, 2020

EDITORA: Almedina Brasil
Rua José Maria Lisboa, 860, Conj. 131 e 132, Jardim Paulista | 01423-001 São Paulo | Brasil
editora@almedina.com.br
www.almedina.com.br

SOBRE O AUTOR

João Pedro Scalzilli

Professor da Faculdade de Direito da PUCRS. Doutor em Direito Comercial pela USP. Mestre em Direito Privado e Especialista em Direito Empresarial pela UFRGS. Membro associado ao Instituto Brasileiro de Estudos de Recuperação de Empresas (IBR), ao *International Association of Restructuring, Insolvency & Bankruptcy Professionals* (INSOL) e ao *Turnaround Management Association* (TMA). Autor do livro "Mercado de Capitais, Ofertas Hostis e Técnicas e Defesa" (Quartier Latin, 2015). Coautor dos livros "Introdução ao Direito Empresarial" (Buqui, 2020), "Intervenção Judicial na Administração de Sociedades (Almedina, 2019), "Recuperação de Empresas e Falência (Almedina, 3ª ed., 2018)", "História do Direito Falimentar" (Almedina, 2018), "Sociedade em conta de participação" (Quartier Latin, 2014) e "Recuperação extrajudicial de empresas" (Quartier Latin, 2013). É autor e coautor de artigos jurídicos publicados em livros e revistas especializadas. Advogado.

À Gabriela

Mar profundo
Fecundo
Envolve
Num segundo
Mar de mistério
Império
Jogo sério
Contínuo
Puerpério

(Deni)

NOTA À 2ª EDIÇÃO

O presente livro é fruto da tese de doutorado intitulada "Confusão patrimonial nas sociedades isoladas e nos grupos societários: caracterização, constatação e tutela dos credores", apresentada à Faculdade de Direito da Universidade de São Paulo (USP) em abril de 2014. Sua versão em forma de livro veio a lume em 2015 com o título "Confusão Patrimonial no Direito Societário" (São Paulo: Quartier Latin). Cinco anos depois, a presente 2ª edição representa um esforço de revisão e atualização das teses inicialmente defendidas.

Com efeito, quando inicialmente examinado o problema central objeto da tese, enfrentou-se a questão de tentar entender quão misturados deveriam estar os patrimônios de duas ou mais pessoas para que se pudesse falar em confusão patrimonial. A questão se demonstrou desde o início tormentosa e não foi possível respondê-la de pronto. Entretanto, afigurou-se viável uma resposta indireta, sintetizada no seguinte conceito: *se, no processo de execução, o credor traz aos autos indícios de confusão patrimonial e, na dinâmica deste processo, verifica-se o esgotamento patrimonial do devedor, é dado presumir que a confusão patrimonial foi grave o suficiente para causar a ruína financeira deste.* A partir desse ponto, admite-se a aplicação da desconsideração da personalidade jurídica como remédio corretivo caso o devedor não demonstre contabilmente que o exaurimento de seu patrimônio decorreu de operações normais da empresa.

Levando-se em consideração essa sistemática, uma definição mais precisa acerca do "grau da mistura dos patrimônios" para a configuração da confusão patrimonial pareceu, em um primeiro momento, dispensável. Não o foi, todavia, especialmente quando surgiram questões de alta indagação na seara concursal, problemas com repercussões gravíssimas, como é o caso da consolidação substancial na recuperação judicial e da extensão dos efeitos da falência, situações em que surge a real necessidade de divisar diferentes graus de mistura patrimonial.

Afigurou-se óbvio que a consolidação substancial e a extensão dos efeitos da falência exigiam um grau de promiscuidade patrimonial além daquele exigido para a aplicação pontual da teoria da desconsideração, como ocorre, por exemplo, em processos de execução singular. Em função disso, empregou-se, ao que parece, pioneiramente, a expressão "confusão patrimonial estrutural" no livro "Recuperação de empresas e falência: teoria e prática na Lei 11.101/05"[1]. A ideia era apontar a existência de casos extremos de confusão patrimonial, justamente aqueles que justificariam a consolidação substancial e a extensão da quebra.

Dada a gravidade das situações em comento, surgiu, então, a necessidade de precisar o significado de confusão patrimonial estrutural, uma vez que ela não encontra paralelo na legislação, na doutrina e na jurisprudência. A ideia de que existem graus de confusão patrimonial e que estes diferentes estados jurídicos podem acarretar variadas consequências animou as atualizações que deram origem à presente 2ª edição.

Sobretudo, conclui-se que a confusão patrimonial estrutural é um estágio muito avançado do fenômeno confusão patrimonial, situação em que as estruturas de duas ou mais pessoas jurídicas são operacional e financeiramente indissociáveis, requerendo a aplicação de remédios corretivos diversos da aplicação episódica da teoria da desconsideração da personalidade jurídica.

Somado a isso, foi publicada, em setembro de 2019, a Lei 13.874, chamada "Lei da Liberdade Econômica", a pretexto de instituir a "Declaração de Direitos de Liberdade Econômica" e estabelecer garantias de livre mercado. Para além disso, a referida lei alterou uma série de dispositivos legais, inclusive do Código Civil. Entre eles, acrescentou o art. 49-A e alterou o art. 50, pretendendo dar um tratamento aparentemente inédito à confusão patrimonial. A despeito disso, como será abaixo examinado, as alterações

[1] Scalzilli, João Pedro; Spinelli, Luis Felipe; Tellechea, Rodrigo. *Recuperação de empresas e falência*: teoria e prática na Lei 11.101/05. 3ª ed. São Paulo: Almedina, 2018.

legislativas nada ou muito pouco contribuem para a solução dos principais problemas envolvendo a confusão patrimonial.

A 2ª edição do presente livro, devidamente revista, atualizada e ampliada, foi, portanto, elaborada na tentativa de enfrentar alguns desafios e questionamentos surgidos no decorrer dos últimos anos, os quais testaram a resistência de algumas teses incialmente propostas. Em especial, destacam-se questões ligadas ao direito concursal, seara que parece apresentar os mais complexos problemas relacionados ao instituto da confusão patrimonial, seja em matéria recuperatória, seja em matéria falimentar.

Espera-se, ao fim e ao cabo, que a presente edição, cujo título carrega a marca das novas investigações, seja um registro do amadurecimento das indagações acerca da temática da confusão patrimonial, contribuindo com o aperfeiçoamento do instituto e do próprio direito comercial.

Porto Alegre/RS e São Paulo/SP, janeiro de 2020.

AGRADECIMENTOS

Este livro – minha tese de doutorado, apresentada à Faculdade de Direito da Universidade de São Paulo (USP) e defendida no dia 8 de abril de 2014, agora editada com ligeiras modificações – não teria sido possível sem o concurso e a contribuição de diversas pessoas.

Por isso, agradeço, em primeiro lugar, ao professor Erasmo Valladão A. e N. França, cuja vastidão tanto inspira, pela orientação firme e segura, pela dedicação comovente aos seus orientandos e pelo carinho de um pai.

Aos professores José Alexandre Tavares Guerreiro, Flávio Luiz Yarshell, Gustavo Saad Diniz e Marcelo Vieira von Adamek, membros de minha banca de doutorado, pelas justas e oportunas críticas.

Aos professores Francisco Satiro, Eduardo Secchi Munhoz e Paulo Fernando Campos Salles de Toledo, que, juntamente com o professor Guerreiro, tanto marcaram a minha formação em direito comercial.

Aos amigos Luis Felipe Spinelli e Rodrigo Tellechea, irmãos que trouxe de Porto Alegre, com quem vivi em São Paulo e com quem decidi partilhar a vida acadêmica.

Aos amigos Guilherme Recena Costa, Laura Patella, Giovanna Comiran, Maria Eduarda Fleck da Rosa, Adriana Dullius Britto, Giovana Benetti, Bruno Becker e aos demais representantes da "bancada gaúcha" da Faculdade de Direito do Largo de São Francisco.

Ao amigo Ademar Vidal Neto, irmão carioca e colega de quarto dos últimos meses em São Paulo.

Aos amigos e colegas Luiz Daniel Haj Mussi, Caio Machado Filho, Daniel Vio, José Romeu Amaral e demais orientandos do professor Erasmo, pela amizade e companheirismo.

Aos colegas Sabrina Becue e Tiago Cação Vinhas, queridos amigos e companheiros do "Bonde do Sul", pela amizade sincera e pelos momentos memoráveis que vivemos em São Paulo.

Aos amigos Luis Alberto Reichelt e João Carlos Miranda, mestres em suas respectivas áreas, pelas contribuições para o aperfeiçoamento do texto e para a defesa da tese.

Aos colegas Rafael Ribeiro e Michele Jacobi, cuja revisão e pesquisa, respectivamente, constituíram contribuição inestimável para a conclusão da tese.

À Daniela Fabro, pela preciosa revisão dos originais da 2ª edição.

PREFÁCIO

A presente obra, de lavra do Doutor João Pedro Scalzilli, não poderia ser mais oportuna.

A partir da constatação de que a figura da desconsideração da personalidade jurídica tornou-se uma perigosa panaceia, dada a sua banal e muitas vezes irresponsável utilização por parte da jurisprudência, nada melhor do que delimitar exatamente os contornos do instituto para evitar o seu abuso.

Um instituto que, por ironia, foi justamente concebido para remediar outro *abuso* – o da personalidade jurídica...[2]

Como se sabe, uma das modalidades de utilização abusiva da pessoa jurídica ocorre justamente pela confusão patrimonial, como enuncia o art. 50 do Código Civil: "Em caso de abuso da personalidade jurídica, caracterizado pelo desvio de finalidade, ou pela confusão patrimonial, pode o juiz decidir, a requerimento da parte, ou do Ministério Público quando lhe couber intervir no processo, que os efeitos de certas e determinadas relações de obrigações sejam estendidos aos bens particulares dos administradores ou sócios da pessoa jurídica".

A personalidade jurídica, como lembra o Prof. Fábio Konder Comparato, "nada mais do que uma técnica de separação patrimonial"; e se "o controlador, que é o maior interessado na manutenção na manutenção desse princípio, descumpre-o na prática, não se vê bem porque os juízes have-

[2] A propósito, o Prof. Haroldo Malheiros Duclerc Verçosa denomina sugestivamente um dos itens de seu conhecido curso da seguinte maneira: "(...) É tempo de 'reconsideração da personalidade jurídica'"... (*Curso de direito comercial*, vol. II, 2ª ed., Malheiros Editores, SP, 2010, n. 1.8.3.5, p. 114).

riam de respeitá-lo, transformando-o, destarte, numa regra puramente unilateral"[3].

Mas em que consiste precisamente a confusão patrimonial?

Eis a questão que o autor se propõe a resolver, tendo em vista precipuamente seus efeitos externos (perante os credores), e que se revela absolutamente indispensável para a correta aplicação do instituto da desconsideração.

Dessa forma, na primeira parte do trabalho examina-se o ordenamento patrimonial societário. Aqui são estudados os conceitos fundamentais de patrimônio e capital social, bem como o de pessoa jurídica.

Na segunda parte examina-se o que o autor domina sugestivamente de desordem patrimonial societária (que não se confunde propriamente com o que a doutrina denomina de "confusão de esferas jurídicas", conceito mais amplo).

Nesta segunda e última parte delineia-se o conceito de confusão patrimonial, estudando-se a sua ocorrência tanto na sociedade isolada como no grupo societário, em que a situação de mescla patrimonial é ínsita ao fenômeno, como lembrado no trabalho (que traz ademais interessantes indícios – uma *laundry list* –, colhidos na jurisprudência norte-americana, capazes de levar à presunção de confusão patrimonial).

Desnecessário repisar, pois, a importância e atualidade da obra aqui prefaciada.

Conheci o autor, João Pedro Scalzilli – hoje, para meu grande orgulho, Professor de Direito Empresarial na Faculdade de Direito da Universidade do Rio Grande do Sul, eis que participei, como professor convidado, da banca que o examinou, aprovando-o por unanimidade com o mais alto conceito.

O trabalho ora trazido a lume consiste, com algumas alterações, na tese de doutoramento apresentada pelo autor junto à Faculdade de Direito da Universidade de São Paulo, defendida perante a banca presidida pelo signatário e composta pelos eminentes mestres (em ordem alfabética) Gustavo Saad Diniz, Flávio Luiz Yershell, José Alexandre Tavares Guerreiro e Marcelo Vieira von Adamek, a qual foi aprovada por unanimidade, com distinção e louvor.

São Paulo, 21 de fevereiro de 2015.

ERASMO VALADÃO AZEVEDO E NOVAES FRANÇA.
Professor Associado do Departamento de Direito Comercial da Faculdade de Direito da Universidade de São Paulo

[3] Cf. *O poder de controle na sociedade anônima*, 6ª ed., Forense, 2014, com notas de texto de Calixto Salomão Filho, p. 388.

SUMÁRIO

Introdução

Parábolas são narrações alegóricas cujo objetivo é transmitir algum preceito moral. Em obra publicada poucos anos antes do seu falecimento, Francesco Galgano lança mão de uma curiosa parábola sobre a pessoa jurídica, que ilustra o tema da presente tese.

Consta da parábola que Deus criou o homem à sua imagem e semelhança; mas o homem, não querendo deixar por menos, brincou de Deus criando, à sua imagem e semelhança, as suas próprias criaturas: as *pessoas jurídicas*. Mas de tal monta foram os abusos perpetrados pelo homem e por sua criação que sobre eles abateu-se a ira e o castigo de Deus – sob a forma de desconsideração da personalidade jurídica[4].

Muitos anos antes, Waldemar Ferreira consignou: *a sociedade é a sociedade. Sócios os sócios. O que é dela não é deles. O que é deles só a eles pertence e não a ela. Tem cada um o seu patrimônio. E cada um os seus direitos e obrigações*[5]. Com essa advertência, quase tão antiga quanto a introdução das sociedades limitadas no direito brasileiro, o catedrático da Faculdade de Direito da Universidade de São Paulo e grande comercialista da segunda metade do Século XX, explicita um *dever ser societário* em larga medida ignorado aqui e alhures, algo que bem se enquadra nos abusos referidos por Galgano.

[4] GALGANO, Francesco. La Favola della persona giuridica. In: *Tutto il rovescio del diritto.* Milano: Giuffrè, 2007, p. 28 e ss.

[5] FERREIRA, Waldemar. *Sociedades commerciaes irregulares.* São Paulo: Editora Limitada, 1927, p. 114.

Em razão disso, e de muitos outros desmandos, é preciso admitir, a personalidade jurídica e a limitação da responsabilidade encontram-se em um estado de crise[6]. Mesmo sendo a personificação das sociedades e a limitação da responsabilidade algumas das conquistas mais fecundas da dogmática jurídica, elas só se justificam com a radical separação entre a personalidade societária e a de seus membros, entre patrimônio da sociedade e patrimônio dos sócios[7]. Nesse contexto, a confusão patrimonial aparece como a verdadeira antítese do próprio sentido da pessoa jurídica, ela mesma uma técnica de separação patrimonial[8].

No presente livro, o objetivo é fornecer uma contribuição ao estudo do problema da confusão patrimonial como modalidade de abuso da personalidade jurídica, amplamente verificado pelos tribunais pátrios, mas nem sempre resolvido com o auxílio da melhor técnica.

Efetivamente, a enorme negligência de sócios e administradores em relação à necessária separação entre seus patrimônios pessoais e o patrimônio social, bem como a crise do sistema verificada no caso dos grupos de sociedades – situação em que a mistura de patrimônios é questão inerente ao arranjo grupal –, denuncia que a confusão patrimonial é um distúrbio de dimensões bem maiores e mais relevantes do que usualmente se imagina. Trata-se de um problema cujas múltiplas facetas e importantes repercussões pareceram merecer um estudo mais cuidadoso.

Ademais, a rica e diversificada casuística impõe um esforço de sistematização, bem como que sejam apontadas contribuições para a solução dos diferentes problemas que se põem diante do profissional do direito.

[6] Oliveira, José Lamartine Corrêa de. *A dupla crise da personalidade jurídica*. São Paulo: Saraiva, 1979; Salama, Bruno Meyerhof. *O fim da responsabilidade limitada no Brasil*: história, direito e economia. São Paulo: Malheiros, 2014.

[7] Serick, Rolf. *Aparencia y realidad em las sociedades mercantiles*. Barcelona: Ediciones Ariel, 1958, p. 16 (prólogo de Antonio Polo Diez).

[8] Ripert, Georges. *Aspectos jurídicos do capitalismo moderno*. Rio de Janeiro: Freitas Bastos, 1947, p. 60; Champaud, Claude. *Le pouvoir de concentration de société par action*. Paris: Sirey, 1962, p. 272; Comparato, Fábio Konder; Salomão Filho, Calixto. *O poder de controle na sociedade anônima*. 4ª ed. Rio de Janeiro: Forense, 2005, p. 450 e 470; e Oliveira. *A dupla crise...*, p. 302.

O presente estudo se propõe a:

1. Conceituar patrimônio social, bem como examinar as suas principais características, suas funções e sua interatividade com o capital social;
2. Situar a pessoa jurídica como *técnica de separação patrimonial*;
3. Tentar alcançar um conceito de confusão patrimonial, diferenciando-a da confusão de esferas e apontando as insuficiências do estado atual da dogmática jurídica sobre a questão;
4. Examinar as principais características da confusão patrimonial, a saber: a sua *natureza* e seus *efeitos* (mais especificamente, os efeitos sobre os credores, chamados "efeitos externos" – delimita-se, aqui, portanto, um primeiro corte de conteúdo na pesquisa, ao deixar-se de lado os efeitos internos, os quais podem gerar a responsabilização de administradores e controlador perante a sociedade e os demais sócios);
5. Caracterizar as diferentes formas pelas quais o fenômeno da confusão patrimonial se manifesta, bem como trabalhar com as exteriorizações desse fenômeno (*indícios*);
6. Apontar elementos que possam contribuir para a constatação judicial da confusão patrimonial; e
7. Apresentar e examinar algumas soluções para tutelar o interesse dos credores das sociedades que se encontram em situação de promiscuidade patrimonial.

Parte I
Ordenamento Patrimonial Societário

De início, é imprescindível observar que o título "ordenamento patrimonial societário", atribuído à Parte I do livro, foi inspirado na peculiar abordagem de Wiedemann sobre o direito societário. Em seu *Gesellschaftsrecht I – Grundlagen*, o jurista alemão Herbert Wiedemann examina o fenômeno societário a partir de três ângulos distintos, entre eles o *patrimonial*, que engloba questões atinentes à base econômica da atividade, à titularidade do patrimônio, à contribuição dos sócios, à distribuição de resultados e à responsabilidade societária, entre outros[9]. Como a

[9] Cf. Wiedemann, Herbert. Excerto do Direito Societário I – Fundamentos. Trad. Erasmo Valladão A. e N. França. *Revista de Direito Mercantil Industrial, Financeiro e Econômico,* São Paulo, n. 143, p. 66-75, jul./set. 2006, especialmente os comentários introdutórios de Erasmo Valladão A. e N. França às p. 66-67. No mencionado trecho, explica o professor: "O conceito de empresa em direito, como se sabe, pode ser examinado sob diversos perfis, segundo o texto clássico de Asquini: o perfil subjetivo (a empresa como empresário ou sociedade empresária), o objetivo ou patrimonial (a empresa como patrimônio aziendal e como estabelecimento), o funcional (a empresa como atividade) e o corporativo (a empresa como instituição). Pois bem. A abordagem de Wiedemann, cujo trecho ora se traduz, sugere a visualização desses perfis sob as lentes do direito societário. Com efeito, no capítulo II de seu livro, dedicado aos 'princípios estruturais do direito societário', Wiedemann afirma constituir objeto desse ramo do direito estabelecer uma disciplina ou ordenamento da *sociedade*, uma disciplina ou ordenamento do *patrimônio*, e uma disciplina ou ordenamento da *empresa* (para as sociedades empresárias, evidentemente, e aqui compreendendo a empresa como atividade, mas também trazendo à tona aspectos institucionais. (...). O título da obra parcialmente traduzida é, no original, *Gesellschaftsrecht I – Grundlagen* (Direito Societário I – Fundamentos). Sobre os perfis da empresa e estudos conexos, cf. os seguintes trabalhos: Ascarelli, Tullio. *Corso di diritto commerciale.* Milano: Giuffrè,

Parte I do presente estudo examina precisamente essas questões, entendeu-se aceitável a utilização da terminologia empregada pelo autor alemão.

Pois bem, qualquer obra que pretenda explorar a problemática da confusão patrimonial terá de enfrentar alguns temas fundamentais a ela ligados – todos abrangidos pelo espectro que Wiedemann chamou de "ordenamento patrimonial societário" –, ainda que seja tão somente para precisar conceitos, estabelecer premissas e fundamentar algumas opções metodológicas e de conteúdo.

Com esse objetivo, no Capítulo 1 da Parte I será analisada a base econômica da sociedade, examinando-se, conjuntamente, pela sua natural conexão, os institutos do patrimônio social e do capital social. No Capítulo 2, o estudo recairá sobre a unidade jurídica que titulariza a atividade econômica e os meios materiais para a sua exploração, analisando-se a temática da personalidade jurídica, da autonomia patrimonial e algumas questões atinentes à responsabilidade dos sócios.

1962, p. 145 e ss.; Ascarelli, Tullio. A Atividade do Empresário. Trad. de Erasmo Valladão Azevedo e Novaes França. *Revista de Direito Mercantil Industrial, Financeiro e Econômico*, São Paulo, v. 42, n. 132, p. 203-215, out./dez. 2003; Ascarelli, Tullio. O Empresário. Trad. de Fábio Konder Comparato, *Revista de Direito Mercantil Industrial, Financeiro e Econômico*, São Paulo, n. 109, p. 183-189, jan./mar.1998; Asquini, Alberto. Perfis da Empresa. Trad. de Fábio Konder Comparato. *Revista de Direito Mercantil, Industrial, Econômico e Financeiro*, São Paulo, n. 104, p. 108-126, out./dez. 1996; Marcondes, Sylvio. *Problemas de direito mercantil*. São Paulo: Max Limonad, 1970, p. 1-38, 129-161; Marcondes, Sylvio. *Questões de direito mercantil*. São Paulo: Max Limonad, 1977, p. 1-28; Gonçalves Neto, Alfredo de Assis. *Direito de empresa*: comentários aos artigos 966 a 1.195 do Código Civil. 2 ed. rev., atual. e ampl. São Paulo: Revista dos Tribunais, 2008, p. 33 ss; França, Erasmo Valladão Azevedo e Novaes França. Empresa, Empresário e Estabelecimento. A Nova Disciplina das Sociedades. In: ____. *Temas de Direito Societário, Falimentar e Teoria da Empresa*. São Paulo: Malheiros, 2009; p. 511-530; Sztajn, Rachel. *Teoria jurídica da empresa*: atividade empresária e mercados. São Paulo: Atlas, 2004.

Capítulo 1
Base Econômica

É com o patrimônio social que a organização societária busca alcançar a sua finalidade[10], na medida em que os bens que o compõem são empregados no exercício da atividade econômica. Ele é o instrumento necessário ao exercício da atividade prevista no objeto social[11]. Daí porque se diz que a obrigação de entrada (obrigação de contribuir) constitui, ao lado do dever de participar das perdas (ainda que seja apenas a perda do que foi investido no negócio), a principal obrigação dos sócios[12].

Esclarece Wiedemann que nas associações as energias sociais são empregadas em primeiro lugar na consecução dos objetivos não econô-

[10] Wiedemann. Excerto do Direito Societário I..., p. 69.

[11] Ascarelli. *Problemas das sociedades anônimas...*, p. 346; Guerreiro, José Alexandre Tavares. *Regime jurídico do capital autorizado.* São Paulo: Saraiva, 1984, p. 01-02. Giovanni Tantini observa, no entanto, que *patrimônio* não faz parte do conceito de sociedade, sendo possível conceber sociedades destituídas de fundo patrimonial próprio. Na verdade, a sociedade em si até pode não ter patrimônio, mas de algum patrimônio a sociedade há de dispor para que o seu objeto possa se desenvolver. É o que pode suceder, por exemplo, com uma sociedade em conta de participação, cujo fundo patrimonial pode ser integralmente titularizado pelo sócio ostensivo, enquanto o sócio participante contribui apenas com serviços para a sociedade. Mas, nas sociedades com personalidade jurídica, não há que se falar em sociedade sem patrimônio, exceto, talvez, o caso das sociedades cooperativas. Cf. Tantini, Giovanni. *Capitale e patrimonio nella società per azione.* Padova: CEDAM, 1980, p. 23-24. Ver, também, Simonetto, Ernesto. *L'apporto nel contratto di società.* Padova: CEDAM, 1958, p. 04 e ss.

[12] Domingues, Paulo de Tarso. *Variações sobre o capital social.* Coimbra: Almedina, 2009, p. 172.

micos projetados no estatuto, servindo a administração do patrimônio mais como uma providência de apoio. Por outro lado, quando se trata de explorar uma empresa, como ocorre nas sociedades empresárias, o patrimônio passa a ser o centro da vida da societária, a base da exploração da atividade[13]. A base econômica da empresa societária consiste, portanto, nos meios materiais disponíveis para a exploração da atividade. Nesse contexto, ganham relevo dois institutos jurídicos fundamentais do direito societário: o patrimônio e o capital social.

1.1. Patrimônio e capital social

O patrimônio e o capital social são institutos jurídicos cujos contornos conceituais e aspectos terminológicos são muitas vezes negligenciados por parte significativa da doutrina e, também, pelo legislador, que frequentemente utiliza os termos de modo tanto promíscuo quanto polivalente em detrimento de uma abordagem mais técnica[14-15-16].

[13] WIEDEMANN. Excerto do Direito Societário I..., p. 69-70.

[14] TANTINI. *Capitale e patrimonio*..., p. 14. Vale referir que de há muito a doutrina vem denunciando essa falta de precisão terminológica, salientando, inclusive, que os termos adquirem diferentes significados dependendo da ciência que os examina (Direito, Economia, Administração de Empresas). Nesse sentido, cf. VIVANTE, Cesare. *Trattato di diritto commerciale*, vol. II. 5ª ed. Milano: Casa Editrice Francesco Vallardi, 1935, p. 192; ASCARELLI. *Problemas das sociedades anônimas*..., p. 350, à nota de rodapé n. 37; LEÃES, Luiz Gastão Paes de Barros. *Do direito do acionista ao dividendo*. São Paulo: USP, 1969, p. 71-81; GUERREIRO. *Regime jurídico do capital autorizado*..., p. 15 e 31; PENTEADO, Mauro Rodrigues. *Aumentos de capital das sociedades anônimas*. Saraiva, 1988, p. 11-15; DOMINGUES. *Variações sobre o capital social*..., p. 33.

[15] A respeito de serem institutos de notável importância para a compreensão do próprio fenômeno societário: SIMONETTO, Ernesto. Concetto e composizione del capitale sociale: concetti di capitale e di patrimonio. *Rivista del Diritto Commerciale*, ano 53, Parte I, p. 48-72, 1956, p. 48.

[16] Exemplificativamente, o Código Civil emprega o termo capital na sua devida acepção nos arts. 968, III, 997, III e IV, 1.031, § 1º, 1.048, 1.049, 1.052, 1.055, 1.081 e ss., 1.088, 1.094, I, 1.120, § 1º, 1.132, 1.133, 1.134, § 1º, III e IV, 1.135, parágrafo único, 1.136, § 1º, e 1.141, § 1º. Já no sentido de patrimônio, no art. 1.059. O levantamento é de DINIZ, Gustavo Saad. *Subcapitalização societária* – financiamento e responsabilidade. Belo Horizonte: Fórum, 2012, p. 93 (nota de rodapé n. 311).

Por isso, desde já é importante destacar: são institutos que não se confundem[17].

1.1.1. Conceituação

O patrimônio é o complexo de relações jurídicas economicamente apreciáveis, tanto ativas quanto passivas, pertinentes a uma determinada pessoa, segundo a definição da maioria dos autores[18]. Possui a natureza

[17] França, Erasmo Valladão A. e N. França. A proteção aos credores e acionistas nos aumentos de capital social. In: *Temas de Direito Societário, Falimentar e Teoria da Empresa*. São Paulo: Malheiros, 2009, p. 230-252, p. 233.

[18] Eis a noção mais universal do que seja patrimônio (inclusive aquela adotada no art. 91 do Código Civil). Nesse sentido, cf. Machado, Sylvio Marcondes. *Limitação da responsabilidade de comerciante individual*. São Paulo: USP, 1956, p. 220. Vale ressaltar que não serão objeto da presente tese as multiplas polêmicas doutrinárias que ocuparam – e ainda ocupam! –, principalmente civilistas, acerca dos diversos aspectos do patrimônio, as quais se sucedem desde a concepção da chamada teoria clássica subjetivista de Aubry e Rau (sobre a teoria clássica, ver Aubry, Charles; Rau, Charles. *Cours de droit civil français*. 5ème ed. Paris: Marchal et Billard, 1917, p. 333 e ss.; ver, ainda, Sève, R. Déterminations philosophiques d'une théorie juridique: la théorie du patrimoine d'Aubry et Rau. *Archives de Philosophie du Droit*, Tome 24: Les biens et les choses em droit. Paris: Sirey, 1979, p. 247 e ss.). Assim, utilizam-se, aqui, os ensinamentos de Sylvio Marcondes ao lembrar que "[a] extensa discussão travada em torno do conceito de patrimônio e de sua natureza jurídica, desde a chamada teoria clássica, deduzida por Aubry e Rau, fundamentalmente subjetivista, até o extremo oposto, a teoria do patrimônio sem sujeito, de rigoroso objetivismo, estabelece um campo muito propício ao perigo de 'desviar o espírito do estudioso' (...)". (Marcondes. *Limitação da responsabilidade...*, p. 218). Por isso, indica-se, sobre o assunto, inclusive com uma completa exposição das correntes doutrinárias, a obra supra referida de Sylvio Marcondes, especialmente às p. 218-229 e a excelente tese de Inocêncio Galvão Telles (*Das universalidades*. Lisboa: Minerva, 1940 – sobre a patrimonialidade dos elementos que o compõem, p. 22-32; sobre a autonomia dos elementos, p. 33-47), além do clássico de Paulo Cunha (*Do patrimônio*. Lisboa: Minerva, 1934). Adicionalmente, recomenda-se a síntese das principais teorias realizada por Milena Donato Oliva (*Patrimônio separado*: herança, massa falida, securitização de créditos imobiliários, incorporação imobiliária, fundos de investimento, *trust*. Rio de Janeiro: Renovar: 2009, p. 11-106). Ainda sobre a obra recém-referida, além das posições críticas da autora sobre alguns dos principais dogmas da tradicional teoria do patrimônio (p. 107-215), vale examinar a sua excelente abordagem sobre a segregação patrimonial (p. 217-375), tema de extremo interesse quando do estudo das incorporações imobiliárias, fundos de investimento, securitização de créditos e, agora, da empresa individual de responsabilidade limitada (Eireli), "ornitorrinco jurídico" acrescido ao ordenamento brasileiro no art. 980-A do Código Civil.

de universalidade de direito[19], sendo composto por elementos dotados de valor pecuniário, unidos pelo fato de pertencerem a uma pessoa, a quem serve para o atendimento de suas necessidades e de seus interesses[20-21].

Já o capital social é a cifra declarada no contrato ou estatuto social, fixa – ao menos enquanto não se delibera o seu aumento ou redução[22] –, expressa em moeda corrente nacional, representativa dos aportes reali-

[19] Quanto ao conceito do que seja universalidade de fato e universalidade de direito, "parece possível delimitá-las em uma concisa noção elementar: a *universitas juris* é um conjunto de direitos (relações ativas e passivas), enquanto a *universitas facti* é um conjunto de objetos de direito" (MARCONDES. *Problemas de direito mercantil*..., p. 83).

[20] A ideia de que o patrimônio consiste em um complexo de elementos, pertencentes ao mesmo sujeito e tendentes ao *mesmo fim* (ver GALVÃO TELLES. *Das universalidades*..., p. 173) é de suma importância e será por nós detalhada no Capítulo 2, item 2.1.

[21] Tal como preceituado pelo Código Civil: "Art. 91. Constitui universalidade de direito o complexo de relações jurídicas, de uma pessoa, dotadas de valor econômico". Agora, dizer que o patrimônio é composto por relações jurídicas e não por bens consiste em não compreender os fenômenos, como precisamente explica INOCÊNCIO GALVÃO TELLES: o problema não está na dúvida entre (1) relações jurídicas (direitos) ou (2) bens, mas na alternativa em si, pois os dois fenômenos não se pré-excluem, mas se completam – trata-se de direitos (decorrentes de relações jurídicas) e do objeto de direitos (os bens), realidades que se complementam. Por isso, obviamente, comporão o patrimônio os bens objeto das relações jurídicas. Conceitua-se, no entanto, patrimônio como o complexo de relações jurídicas – e não simplesmente o complexo de bens –, pois ele é mais abrangente, em razão de que abarca, também, posições jurídicas diversas que não se acomodam confortavelmente no conceito de bem, assim como as dívidas (relações jurídicas passivas), tal qual é aceito pela doutrina dominante. De qualquer forma, como bem expõe o retromencionado autor português, nada impede que, por comodidade de linguagem, se venha a empregar muitas vezes a expressão "bens" para designar os elementos ativos das universalidades. Cf. GALVÃO TELLES. *Das universalidades*..., p. 13-14, 17-21 e 90, mais especificamente à nota de rodapé n. 1.

[22] Por isso a sugestão de certo autor espanhol de caracterizar o capital social como sendo de "variabilidade condicionada". Cf. BULGARELLI, Waldirio. *Manual das sociedades anônimas*. 8ª ed. São Paulo: Atlas, 1996, p. 87. PAULO DE TARSO DOMINGUES diz ser uma cifra *tendencialmente* estável. DOMINGUES. *Variações sobre o capital social*..., p. 48-49.

zados, ou a serem realizados, pelos sócios[23-24]. Trata-se, portanto, de uma entidade formal, que possui uma função contábil e jurídica[25]; uma existência abstrata e não material; de direito e não de fato[26].

Inicialmente, e de uma forma geral, representa a quantia que os sócios estimaram necessária à realização da atividade social, cifra, portanto, representativa da quantia destinada à sociedade à fundo perdido, sem prazo de resgate. Para além disso, cumpre importante função jurídica de proteção indireta dos credores e medida dos direitos dos sócios[27-28].

[23] Vivante. *Trattato di diritto commerciale...*, p. 192-193; Leães. *Do direito do acionista ao dividendo...*, p. 77-78. Importante, no entanto, a ressalva de José Alexandre Tavares Guerreiro: "As correntes doutrinárias que intentam construí-la (noção de capital social) tomando como ponto de referência único os aportes patrimoniais versados pelos sócios não logram captar toda a essência do capital social, uma vez que desconhecem, ou parecem desconhecer, as hipóteses de aumento por incorporação de reservas, que introduzem uma autêntica ruptura na pretendida equação entre contribuições dos sócios e valor do capital social. Guerreiro. *Regime jurídico do capital autorizado...*, p. 08. No mesmo sentido, Paulo de Tarso Domingues: "Efectivamente, a noção assim entendida (capital social como a soma das entradas dos sócios) não consegue explicar satisfatoriamente a figura do capital social em determinadas situações. "É, desde logo, o caso da redução do capital social por perdas". "É ainda o caso em que o capital social é aumentado, mediante incorporação de reservas ou através da reavaliação do activo da sociedade". Por isso, o autor português prefere definir capital social como "a cifra representativa da soma do valor nominal das participações sociais". Domingues. *Variações sobre o capital social...*, p. 46 (à nota de rodapé n. 100) e p. 47 e ss.

[24] Há que se advertir que nem todas as entradas (entendidas como "toda a contribuição patrimonial do sócio para a sociedade, que se destina para o pagamento das participações sociais que ele adquire") são computadas no capital social. É o caso das entradas de indústria (em serviços). Cf. Domingues. *Variações sobre o capital social...*, p. 43 e 49.

[25] *Referencial de poder* entre os sócios, por exemplo.

[26] Vivante. *Trattato di diritto commerciale...*, p. 192; Leães. *Do direito do acionista ao dividendo...*, p. 77-78; Ascarelli. *Problemas das sociedades anônimas...*, p. 346; Guerreiro. *Regime jurídico do capital autorizado...*, p. 13. Domingues. *Variações sobre o capital social...*, p. 21 e ss.

[27] Vivante. *Trattato di diritto commerciale...*, p. 193; ver, também, Ascarelli. *Problemas das sociedades anônimas...*, p. 347, à nota de rodapé n. 33; Guerreiro. *Regime jurídico do capital autorizado...*, p. 32. Sobre a evolução histórica do capital social, ver Domingues. *Variações sobre o capital social...*, p. 61 e ss. Às p. 64-67, destaca o jurista português: "(...) até o último quartel do século XIX, o capital social – para além de ser escassamente regulado – era encarado como algo que respeitava exclusivamente aos sócios, não se lhe atribuindo uma função de tutela de credores. (...). O que estava em causa e o que se visava com esta solução

Esses aportes, reunidos e registrados no contrato ou no estatuto, na cláusula referente ao capital social, e na contabilidade, na coluna passiva

era, porém, exclusivamente, acautelar os interesses da própria sociedade – assegurando-se-lhe os meios indispensáveis à prossecução do seu objecto, ao impedir-se a sua descapitalização. (...) 'o problema do capital social servir de garantir em relação a terceiros' continuava na 'completa penumbra'. Este estado de coisas vai, no entanto, ser profundamente alterado no final do século XIX, em consequência sobretudo do diferente enfoque que passa a ser dado ao capital social. Na verdade, este começa a ser perspectivado também ou até fundamentalmente em função da tutela dos interesses dos credores, passando a ser considerado como travão e a trincheira que impede o desvio dos bens sociais em favor dos sócios em detrimento dos credores. (...). Por outro lado, na literatura jurídica, este cuidado com a tutela de terceiros vai ser superlativado e exacerbado durante a centúria seguinte, elevando-se a função de garantia dos credores à tal condição de 'dogma' e de 'postulado indeclinável' (...). Para esta percepção do capital social, que se instalou no século XX, contribuíram decisivamente o alargamento da limitação da responsabilidade no exercício da atividade mercantil – nomeadamente à empresas de pequena e média dimensão – e a ideia de que a vulgarização de tal benefício teria de ter como contrapartida um eficaz regime de tutela de terceiros, o qual seria precisamente alcançado através do regime jurídico do capital social".

[28] Mas, apesar de toda a sua importância, é preciso destacar que o capital social não é elemento indispensável ao conceito de sociedade. Nas sociedades cooperativas, é prescindível, como preceitua o art. 1.094, I, do Código Civil (A Lei 5.764/71 exigia que as sociedades cooperativas tivessem capital social. Todavia, com a entrada em vigor do Código Civil, art. 1.094, I, tornou-se possível a sua dispensa, apesar de os cooperados, se assim desejarem, poderem constituir cooperativa com capital social variável). A sociedade em nome coletivo, em tese, não necessitaria de capital social (frisa-se a expressão *em tese*, pois o art. 1.041 do Código Civil determina que o contrato "deve mencionar" as indicações do art. 997, entre as quais consta, no inciso III, o capital social) e a sociedade em conta de participação pode não tê-lo, sem que com isso reste afetada a sua natureza societária (deste modo, o capital social não é elemento essencial à noção de sociedade, nem faz parte do conceito de contrato de sociedade dado pelo art. 981 do Código Civil). Assim, de uma maneira geral, à exceção da sociedade cooperativa, é possível afirmar que, no Brasil, a existência de capital social é regra para as sociedades personificadas, mas pode não se verificar nas sociedades sem personalidade jurídica. Em outros ordenamentos, tal constatação ainda fica mais evidente, pois em Portugal, por exemplo, a sociedade em nome coletivo pode não ter capital social quando formada somente por sócios de indústria (Código das Sociedades Comerciais português, art. 9º, 1, 'f') (Cf. Domingues, Paulo de Tarso. *Do capital social*: noção, princípios e funções. 2ª ed. Coimbra: Coimbra Editora, 2004, p. 22-30).

do balanço[29] (considerado passivo não exigível[30]), formam o patrimônio da sociedade quando do início das atividades. E, ao menos no início, capital (se integralizado no ato) e patrimônio coincidem praticamente[31].

1.1.2. Fixidez versus mutabilidade

Mas capital social e patrimônio não se confundem, na medida em que aquele é relativamente fixo[32], enquanto este é essencialmente mutável, pois varia de acordo com os resultados advindos da exploração da ati-

[29] Lei das S.A., art. 178. No balanço, as contas serão classificadas segundo os elementos do patrimônio que registrem, e agrupadas de modo a facilitar o conhecimento e a análise da situação financeira da companhia. § 2º *No passivo*, as contas serão classificadas nos seguintes grupos: I – passivo circulante; II – passivo não circulante; III – patrimônio líquido, dividido em *capital social*, reservas de capital, ajustes de avaliação patrimonial, reservas de lucros, ações em tesouraria e prejuízos acumulados.

[30] Explica Ascarelli que a "técnica da contabilidade por partidas dobradas induz a registrar o capital e as reservas no passivo da sociedade. Mas é óbvio que esse registro não lhe modifica a natureza" (Ascarelli. *Problemas das sociedades anônimas...*, p. 348, à nota de rodapé n. 35). Acrescenta-se: as contribuições dos sócios representadas no capital social constituem a base econômica para o exercício da empresa, só podendo ser encaradas como passivo na medida em que constituem créditos dos sócios contra a sociedade, mas que só podem ser recuperados na hipótese de dissolução parcial ou total da organização societária.

[31] *Praticamente* porque nas sociedades anônimas, nas integralizações inteiramente em dinheiro, pode estar previsto um pequeno ágio sobre o valor nominal das ações, cujo objetivo é cobrir as despesas de constituição. Não havendo o referido ágio, o patrimônio, quando do efetivo início das atividades, será inferior ao capital social em decorrência das despesas de constituição. Ademais, nas integralizações em bens que não sejam dinheiro, pequenas variações decorrentes de super ou subavaliação também interferirão nessa correspondência. Cf. Ascarelli. *Problemas das sociedades anônimas...*, p. 348, à nota de rodapé 36. Na mesma linha, Domingues. *Variações sobre o capital social...*, p. 41-42.

[32] As suas modificações dependem de alteração contratual ou estatutária, sujeitas a rígidas regras e à publicidade respectiva. Na disciplina das modificações do capital social concorrem regras tendentes à tutela tanto de terceiros quanto dos sócios (aprovação assemblear, direitos de preferência). Ascarelli. *Problemas das sociedades anônimas...*, p. 355. Melhor dizer, então, que o capital social não é verdadeiramente *fixo* (como, aliás, fez-se questão de destacar no texto acima ao designá-lo *relativamente* fixo), mas, sim, *estável*, uma vez que pode ser alterado (para mais ou para menos), mas essa alteração só pode ser feita com a observância de um processo particularmente rigoroso e exigente. Poder-se-ia, portanto, falar em um *princípio da estabilidade* do capital social. Domingues. *Variações sobre o capital social...*, p. 381-383.

vidade social – lucros ou prejuízos apresentados[33]. Como ensina Leães, "tão logo se inicia a vida social, esses recursos próprios iniciais sofrem flutuações, aumentativas e diminutivas, distanciando-se da cifra originalmente fixada[34]". As alterações não são ocasionais, mas, sim, diárias, variando o patrimônio tanto na sua importância quanto na sua composição[35].

Enquanto alguns bens são adquiridos para compor o ativo imobilizado, outros o são para serem transformados ou alienados – em especial, as mercadorias, cujo destino econômico é precisamente esse[36]. Bens se valorizam e se depreciam. E assim por diante. Dessas flutuações surge o chamado capital efetivo ou real (patrimônio) em contraposição à cifra nominal e estática constante do contrato ou estatuto social, o capital social[37] (só havendo coincidência entre eles,

[33] Vivante. *Trattato di diritto commerciale*..., p. 192; Ascarelli. *Problemas das sociedades anônimas*..., p. 348; Galgano, Francesco. *Diritto commerciale*: le società. 15ª. Bologna: Zanichelli, 2005, p. 134; Lamy Filho, Alfredo. Capital social. Conceito. Atributos. A alteração introduzida pela Lei nº 9.457/97. O capital social no sistema jurídico americano. *Revista Forense*, Rio de Janeiro, v. 346, p. 03-07, abr.-maio 1999, 04; Domingues. *Variações sobre o capital social*..., p. 35-36.

[34] Leães. *Do direito do acionista ao dividendo*..., p. 78.

[35] Ascarelli. *Problemas das sociedades anônimas*..., p. 346.

[36] Galvão Telles. *Das universalidades*..., p. 36.

[37] Vivante. *Trattato di diritto commerciale*..., p. 192; Tantini. *Capitale e patrimonio*..., p. 14. Paulo de Tarso Domingues diferencia e precisa os conceitos de "patrimônio" e de "capital social real". Veja-se a lição do jurista português: "É, na verdade, incontornável que o capital social é, e pode considerar-se, a cifra formal que consta do pacto, como afirma a concepção nominalista. Esta é, porém, apenas uma das faces da medalha (que se pode designar por capital social nominal ou formal). Há, contudo, uma outra face a que importa atender. É que, como vimos, a cifra do capital social consta do lado direito do balanço, o que, em conformidade com as regras da contabilidade, implica que a sociedade não possa distribuir aos sócios e retenha no activo líquido da sociedade – do lado esquerdo do balanço – bens cujo valor cubra, ou iguale pelo menos, aquela cifra. Assim, vistas as coisas, o capital social é, não apenas a cifra que consta do lado direito do balanço, mas igualmente aqueles bens da sociedade, qualitativamente não determinados, mas contabilisticamente destinados a cobrir a referida cifra e que constituem a tal outra face da medalha (que pode apelidar-se de capital social real). I. é, o capital social, nesta vertente, tem um conteúdo real; deixa de ser uma cifra formal, representando uma fracção – ideal – do patrimônio da sociedade. O capital social real é, pois, a quantidade ou montante de bens de que a sociedade não pode dispor em favor dos sócios, uma vez que se destinam a cobrir o valor do capital social nominal no lado direito do balanço. A massa de bens que corresponde ao capital social real não

como se disse, e ainda assim nem sempre[38], ao tempo da constituição da sociedade[39]).

Nesse contexto, o Patrimônio Líquido (*"ativo" descontado o "passivo Exigível"*) poderá se apresentar em montante superior ou inferior ao capital social: na primeira hipótese, haverá lucros a distribuir ou reservas a formar; no segundo caso, o capital sofreu perda decorrente de prejuízos verificados no exercício social[40].

Pois a mutabilidade e a elasticidade do patrimônio, consubstanciadas na chamada "flexibilidade quantitativa", são características que comprovam ser o patrimônio um bem jurídico distinto e independente dos bens que o compõe. Plasmadas na possibilidade de alteração parcial ou completa do seu conteúdo e também na possibilidade de expandir-se ou de comprimir-se quantitativamente, essas características demonstram que o bem jurídico patrimônio subsiste mesmo com a mutação de seu conteúdo[41].

Para Galvão Telles, o caráter ondeante, movediço, é o que há de mais típico nas universalidades, cujo conteúdo pode aumentar ou diminuir sem que essas flutuações afetem a unidade mesma do todo[42]. Na verdade, o conceito de universalidade, gênero do qual é espécie o patrimônio, pressupõe a ideia de autonomia, consubstanciada na capacidade de

pode, pois, ser atribuída aos sócios, pelo que a sua subtracção ao patrimônio social apenas poderá decorrer dos azares da atividade empresarial. Sublinhe-se, porém, que o capital social real – apesar deste seu conteúdo tangível – não é nem se identifica com o patrimônio social, como de alguma forma pretendeu Vivante, nem sequer com o património líquido (...). Em termos gráficos, o capital social real é, se quisermos, uma esfera concêntrica menor dentro de uma esfera maior que é o património; aquele é apenas uma parcela deste" (Domingues. *Variações sobre o capital social...*, p. 53-55, inclusive nota de rodapé n. 141).

38 Lembre-se a possibilidade de integralização parcelada, bem como a de emissão de ações com ágio. Cf. Ascarelli. *Problemas das sociedades anônimas...*, p. 348, à nota de rodapé n. 35.

39 Ascarelli. *Problemas das sociedades anônimas...*, p. 348; Leães. *Do direito do acionista ao dividendo...*, p. 78-79;

40 Ascarelli. *Problemas das sociedades anônimas...*, p. 348-349.

41 Galvão Telles. *Das universalidades...*, p. 33-47, 131-132, 171-172 e 197-198; Oliva. *Patrimônio separado...*, p. 138-142.

42 Galvão Telles. *Das universalidades...*, p. 103-104. Também nesse sentido, Marcondes. *Problemas de direito mercantil...*, p. 82.

cada uma das coisas ou direitos de serem objeto individual e independente de negócios ou outros fatos jurídicos patrimoniais[43].

Explica Oliva que, em razão da mutabilidade de seu conteúdo, (*i*) um elemento pode sair da universalidade, deixando de se submeter aos efeitos das relações jurídicas pertinentes a esta; assim como (*ii*) um elemento novo pode ingressar na universalidade, submetendo-se, a partir de então, às relações jurídicas que sobre esta incidem[44].

Na verdade, salienta Galvão Telles, a universalidade é como um reservatório aberto a permitir que seus elementos saiam e que novos nele entrem[45]. Isso decorre da fungibilidade que caracteriza os elementos que compõem o patrimônio[46]. Quer dizer, do seio do patrimônio podem entrar e sair bens sem que a sua essência seja alterada. Isto é, o patrimônio de determinada pessoa será o mesmo ainda que os bens "A", "B" e "C" que o integram sejam alienados e que nele ingressem os bens "X", "Y" e "Z". Ou, ainda, que o patrimônio fique reduzido apenas ao bem "A". Mesmo assim, tratar-se-á do mesmo patrimônio.

Mais concretamente falando, o patrimônio, composto por um terreno, um automóvel e numerário depositado em conta corrente, ainda será a garantia dos seus credores (função de garantia do patrimônio, a ser examinada no item 1.2.2 deste Capítulo), mesmo que esses bens sejam alienados e que no patrimônio ingressem bens completamente diferentes. Esse o ponto que revela a enorme *tensão* existente entre uma das principais características do patrimônio (flexibilidade quantitativa) e uma de suas mais importantes funções (garantia dos credores).

Pois essas características (mutabilidade e elasticidade de conteúdo), aliadas à impossibilidade de os credores discutirem a composição do patrimônio (regra geral, os elementos componentes do patrimônio podem nele entrar e sair livremente), salvo hipótese de fraude ou *desvio dos bens de sua função de produção para a alocação em outra esfera jurídica* (parte do conceito de confusão patrimonial objeto do presente estudo), cria, como referido anteriormente, importante ponto de tensão entre a ideia de patrimônio como uma universalidade de direito – por natureza

[43] Galvão Telles. *Das universalidades...*, p. 37.

[44] Oliva. *Patrimônio separado...*, p. 141.

[45] Galvão Telles. *Das universalidades...*, p. 132.

[46] Cunha. *Do patrimônio...*, p. 195.

flexível quantitativamente – e a sua função de garantia. Como salienta Oliva, essas características atraem "o olhar atento do legislador no sentido da criação de expedientes protetivos que evitem a frustração dos direitos que sobre ela recaem[47]". A própria ação pauliana está assentada na ideia de universalidade e em atenção às suas características[48-49].

1.1.3. Interatividade

Os institutos do patrimônio e do capital social se entrelaçam e complementam. Com efeito, a elaboração de um conceito de capital social e as normas sobre a sua integridade surgem como expediente necessário à tutela dos credores justamente em decorrência dos problemas ínsitos à flexibilidade do patrimônio e à função de garantia que ele cumpre[50].

E é nas sociedades cujo patrimônio constitui a única garantia dos credores que o capital social e as normas sobre a sua integridade ganham importante relevo, na medida em que os sócios não respondem pelas dívidas sociais. Por essa razão o direito estabelece a necessidade de um capital nominal inscrito no contrato social ou no estatuto, sujeito, portanto, à disciplina da publicidade social[51].

Além disso, a elaboração de uma "teoria da confusão patrimonial", que investigue o seu conceito, sua natureza e seus efeitos e que proponha um sistema que operacionalize a tutela dos credores também poderá contribuir, ao lado da disciplina do capital social, para minimizar esse ponto de tensão.

1.2. Funções do patrimônio e do capital

Atribuídas as devidas significações ao patrimônio e ao capital social e examinadas as suas principais características, é de se destacar que ambos os institutos jurídicos são fundamentais para o sistema de direito socie-

[47] Oliva. *Patrimônio separado...*, p. 122; Galvão Telles. *Das universalidades...*, p. 104.

[48] Galvão Telles. *Das universalidades...*, p. 113.

[49] Vale dizer, o patrimônio possui importante utilidade conceitual dentro próprio sistema jurídico, na medida em que o conjunto de bens – por si só, um bem jurídico em si – reclama uma disciplina diversa daquela dos bens singularmente considerados, como a disciplina da função de garantia dos credores logo acima referida.

[50] Ascarelli. *Problemas das sociedades anônimas...*, p. 346.

[51] Ascarelli. *Problemas das sociedades anônimas...*, p. 346; Comparato; Salomão Filho. *O poder de controle...*, p. 488.

tário, na medida em que cumprem importantes funções relativamente à organização da empresa, à organização societária e à tutela dos credores.

É relevante destacar que *função*, em direito, consiste em um poder sobre a esfera jurídica alheia, no interesse de outrem e em consideração dos objetivos colimados pela ordem jurídica. O desvio de finalidade, nesse sentido, caracteriza autêntica disfunção, passível de ser sancionada pelo direito[52].

Sobre o patrimônio, pode-se dizer que ele cumpre precipuamente a função de produção (na medida em que os bens que o compõem são empregados no exercício da atividade econômica[53]). Em segundo plano, desempenha função de garantia relativamente àqueles que negociam com a sociedade[54].

O capital social, por sua vez, entidade meramente contábil, como visto, prende-se, em primeiro plano, à tutela de terceiros credores, precipuamente, exercendo importante função de controle sobre o patrimônio (entidade que, por sua própria natureza, como dito linhas atrás, é cambiante, movediça). Além disso, desempenha funções relacionadas à organização dos direitos dos sócios (determinação e exercício dos direitos políticos e patrimoniais).

Dependendo do ângulo de análise, pode-se referir que o patrimônio e o capital social possuem duas espécies de funções: de um lado, desempenham funções externas (*ad extra*) e, de outro, funções internas (*ad intra*)[55]. Ao expô-las, cuidar-se-á de utilizar a terminologia precisada no item anterior, ainda que os autores consultados por vezes baralhem os termos em suas exposições.

52 COMPARATO, Fábio Konder. A Reforma da Empresa. *Revista de Direito Mercantil, Industrial, Econômico e Financeiro*, v. 50, p. 57-74, 1983, p. 61.

53 É a "aparência positiva" do patrimônio, dinâmico e propulsivo, como força disponível para o exercício da atividade. Cf. TANTINI. *Capitale e patrimonio...*, p. 09.

54 É a "aparência negativa" do patrimônio. Cf. TANTINI. *Capitale e patrimonio...*, p. 09.

55 DOMINGUES. *Do capital social...*, p. 199-200; VERÇOSA, Haroldo Malheiros Duclerc. *Curso de direito comercial*, vol. II. São Paulo: Malheiros, 2006, p. 111; BERTOLDI, Marcelo M.; RIBEIRO, Marcia Carla Pereira. *Curso Avançado de Direito Comercial.* 5ª ed. rev. e atual. São Paulo: Revista dos Tribunais, 2009, p. 153; entre outros.

1.2.1. Função de produção

No âmbito interno, destaca-se a referida função de produção exercida pelo patrimônio social – vale repetir: tecnicamente, a função de produção é exercida pelo patrimônio, entidade material, não pelo capital social, uma cifra nominal constante do contrato ou estatuto da sociedade, como se teve a oportunidade de destacar[56].

Nesse passo, o patrimônio é a base econômica da qual se serve a sociedade para a exploração da empresa[57], pois, ao atuar no mundo jurídico, a sociedade personificada emprega o dinheiro e os outros bens aportados pelos sócios ou por ela posteriormente adquiridos para exercer a atividade prevista no objeto social[58]. Por isso, é possível afirmar que "há instrumentalidade dos ativos patrimoniais na realização da atividade desempenhada pela empresa e na formação societária com limitação de responsabilidade[59]".

Não há empresa sem a reunião de um mínimo de recursos que seja[60]. Mesmo as sociedades não empresárias (as que reúnem prestadores de serviços de natureza intelectual, por exemplo) dotadas de personalidade jurídica, por menor que seja o papel destes recursos na sua organização, não prescindem de uma base econômica mínima para que possam funcionar.

56 Também nesse sentido, Diniz. *Subcapitalização societária*, p. 112.

57 Wiedemann. Excerto do Direito Societário I..., p. 69. Também nesse sentido, Simonetto, Ernesto. *Responsabilità e garanzia nel diritto delle società*. Padova: CEDAM, 1958, p. 41; Leães. *Do direito do acionista ao dividendo...*, p. 79; Estrella, Hernani. *Curso de Direito Comercial*. Rio de Janeiro: José Konfino Editor, 1973, p. 302; Tantini. *Capitale e patrimonio...*, p. 22.

58 Importante notar que uma mesma máquina empregada em atividade produtiva pelo empresário pode estar à sua disposição em decorrência de variados tipos de relação jurídica: "pode ser objeto de propriedade, ou ser possuída em razão de financiamento com alienação fiduciária, de arrendamento mercantil, ou de comodato", por exemplo. Comparato, Fábio Konder. Função social da propriedade dos bens de produção. *Revista de Direito Mercantil, Industrial, Econômico e Financeiro*, v. 63, p. 71-79, 1986, p. 73.

59 Diniz. *Subcapitalização societária*, p. 63.

60 Sobre a caracterização do empresário e as suas múltiplas nuances, ver Buonocore, Vicenzo. *L'Impresa*. Torino: G. Giappicheli Editore, 2002, p. 48 e ss.; Jaeger, Pior Giusto; Denozza, Francesco; Toffoleto, Alberto. *Appunti di diritto commerciale – impresa e società*. 6ª ed. Milano: Giuffrè, 2006, p. 13 e ss.; e também as indicações feitas na nota de rodapé de n. 06.

E como não há exploração de atividade econômica sem patrimônio, não se concebe a constituição de sociedade personificada dele desprovida[61], justamente porque a sociedade é o veículo da empresa coletiva. Enfim, não se concebe pessoa jurídica destinada a atividade econômica sem patrimônio[62].

Mas vale observar: sabido que o patrimônio compreende o complexo de relações jurídicas de uma pessoa, incluídas as relações dominiais e possessórias sobre bens diversos, além de relações jurídicas de outra natureza, como as creditícias – obrigações de dar coisas, dinheiro, de prestar serviços, etc. –[63], importa destacar que é com esses bens da vida que o titular da empresa organiza a exploração da sua atividade (excluídas as posições passivas, obviamente, que também compõem o patrimônio na sua concepção clássica, mas que atuam gravando as posições ativas). Isto é, a sociedade, na exploração do objeto e na perseguição do lucro, organiza aquilo que os economistas chamam de fatores de produção[64], a saber: o capital[65] (próprio e alheio), o trabalho (alheio[66]), a natureza e a tecnologia[67-68].

[61] Guerreiro. *Regime jurídico do capital autorizado...*, p. 02.

[62] À exceção das sociedades cooperativas, que são pessoas jurídicas, mas o art. 1.094, I, do Código Civil faculta a sua constituição sem a necessária contribuição dos cooperados. Assim, Tantini especula que o derradeiro efeito da sociedade sem patrimônio não é a falta de personalidade jurídica, mas a falta de limitação da responsabilidade dos sócios. Tantini. *Capitale e patrimonio...*, p. 24 e ss. A propósito da questão, ver Simonetto. *L'apporto...*, p. 04 e ss.

[63] Vivante. *Trattato di diritto commerciale...*, p. 192.

[64] "Um fator de produção é um recurso usado para produzir bens e serviços" (Krugman, Paul; Wells, Robin. *Introdução à Economia*. Trad. de Helga Hoffmann. Rio de Janeiro: Elsevier, 2007, p. 56).

[65] Composto por *capital financeiro* (ex: dinheiro) e *capital físico* (ex: máquinas, equipamentos, imóveis), os quais são utilizados na produção de outros bens e serviços. Domingues. *Variações sobre o capital social...*, p. 21-22.

[66] Por sua vez, a organização do trabalho alheio é marcante para a caracterização do empresário, se bem que até se pode conceber empresa sem trabalho de terceiros. Ver Buonocore. *L'Impresa...*, p. 125-126; Jaeger; Denozza; Toffoleto. *Appunti di diritto commerciale...*, p. 19.

[67] A tecnologia não significa, necessariamente, uma tecnologia de ponta; está mais para um *know how*, isto é, certo conhecimento acerca de um especial modo de produzir ou prestar um serviço. Krugman; Wells. *Introdução à Economia...*, p. 56. Nessa linha, tantas são as exceções e observações a serem feitas, que parte da doutrina chega a criticar o elemento

E seja lá qual for a expressão empregada (meios de produção, fatores de produção), importante consignar, desde já, que essa noção de "meios utilizados para a produção" ("meios de produção") é importantíssima para o conceito de confusão aqui desenvolvido, que pressupõe, em uma de suas vertentes, *o estado em que os meios de produção que compõem o patrimônio da empresa foram desviados da sua função produtiva e se acham alocados na esfera de outro sujeito, que os utiliza em detrimento do seu titular* (isto é, a apropriação dos meios de produção pelos sócios, pelos administradores ou por outras sociedades componentes de um grupo econômico).

O efeito característico desse desvio consiste na subutilização ou na simples não utilização dos ativos da empresa em sua atividade produtiva (em prejuízo, portanto, da sua função de produção), prejudicando a própria sociedade e a empresa por ela explorada e, em última análise, os seus credores (em prejuízo da função de garantia exercida pelo patrimônio) – especialmente se considerado que a melhor garantia para os credores seja a própria capacidade de a empresa produzir resultados[69].

organização (dos fatores de produção) como requisito para a caracterização da empresa Nesse sentido, ver GALGANO, Francesco. *Diritto Civile e Commerciale*, vol. III – L'impresa e le società. 4ª ed. Padova: CEDAM, 2004, p. 37.

[68] Sobre a organização dos fatores de produção como elemento chave para a caracterização do empresário, ver GONÇALVES NETO. *Direito de Empresa...*, p. 73; VERÇOSA, Haroldo Malheiros Duclerc. *Curso de Direito Comercial*, vol. I. São Paulo: Malheiros Editores, 2004, p. 127.

[69] Ver TANTINI. *Capitale e patrimonio...*, p. 11 e 32. Em sentido semelhante, DINIZ. *Subcapitalização societária*, p. 112-113, 204 e 278. Ajuda na compreensão dessa faceta dinâmico-produtiva do patrimônio social a questão sustentada por PAULO DE TARSO DOMINGUES de que podem nele ingressar, a título de contribuição do sócio, não somente bens passíveis de expropriação forçada (isto é, suscetíveis de penhora, alienação e transformação em dinheiro), mas, também, bens que, levando-se em consideração o princípio do *going concern* ou princípio da continuidade da empresa, sejam suscetíveis de avaliação econômica e possam aproveitar aos credores sociais na medida em que servirão à empresa para o desenvolvimento de sua atividade e para a produção de resultados [essa (possibilidade da produção de resultados), sim, acrescenta-se, consiste na maior garantia dos credores. Daí a importância de garantir que os bens sociais não sejam desviados e subutilizados em situações de promiscuidade patrimonial]. Assim é que se admite, por exemplo, a contribuição de sócio com a cessão de direito obrigacional de fruição sobre determinado bem, hipótese em que se coloca um bem à disposição da sociedade para que dele ela possa usufruir no exercício de sua atividade durante o prazo convencionado. DOMINGUES. *Variações sobre o capital social...*, p. 192 e 232 e ss. Também nesse sentido: COUTINHO DE ABREU, Jorge Manuel. *Curso de Direito Comercial*, vol. II – Das Sociedades. Coimbra: Almedina, 2002, p. 270-271; MENEZES

Portanto, a confusão patrimonial produz efeitos deletérios internos e externos (intra e extrassocietários), atingindo sócios (principalmente os minoritários) e credores, sujeitos que possuem a legítima expectativa de que os meios de produção da sociedade sejam empregados na exploração do seu objeto social, sem qualquer desvio[70]. Advirta-se, no

CORDEIRO, António. *Direito das Sociedades*, vol. I – Das Sociedades em Geral. 2ª ed. Coimbra: Almedina: 2007, p. 591. A esse propósito, é importante referir que essa questão examinada coloca o jurista na vanguarda do direito societário, em que vai se estudar a diferenciação entre entradas de mero patrimônio e entradas de capital, a possibilidade de contribuição com *know how*, contribuição pela compensação de créditos, pela assunção de dívida, pela prestação de garantia, a possibilidade de entradas de indústria nas sociedades de capital, temas que, se por um lado não são inteiramente novos, por outro consistem, certamente, nas fronteiras ainda não bem delimitadas do estudo do capital social. Sobre alguns desses temas, ver DOMINGUES. *Variações sobre o capital social...*, p. 187-201 e 219-240.

[70] No âmbito interno (intrassocietário) essa ideia fica bastante clara quando examinados os dispositivos do Código Civil e da Lei das S.A. que responsabilizam administradores e controlador tanto por usurpação ou apropriação dos meios de produção da sociedade, quanto pela execução de atos fora do objeto. (Exemplificativamente: Código Civil, art. 1.016. Os administradores respondem solidariamente perante a sociedade e os terceiros prejudicados, por culpa no desempenho de suas funções. Art. 1.017. O administrador que, sem consentimento escrito dos sócios, aplicar créditos ou bens sociais em proveito próprio ou de terceiros, terá de restituí-los à sociedade, ou pagar o equivalente, com todos os lucros resultantes, e, se houver prejuízo, por ele também responderá. Lei das S.A.: Art. 116, Parágrafo único. O acionista controlador deve usar o poder com o fim de fazer a companhia realizar o seu objeto e cumprir sua função social, e tem deveres e responsabilidades para com os demais acionistas da empresa, os que nela trabalham e para com a comunidade em que atua, cujos direitos e interesses deve lealmente respeitar e atender. Art. 117. O acionista controlador responde pelos danos causados por atos praticados com abuso de poder. § 1º São modalidades de exercício abusivo de poder: a) orientar a companhia para fim estranho ao objeto social ou lesivo ao interesse nacional, ou levá-la a favorecer outra sociedade, brasileira ou estrangeira, em prejuízo da participação dos acionistas minoritários nos lucros ou no acervo da companhia, ou da economia nacional; f) contratar com a companhia, diretamente ou através de outrem, ou de sociedade na qual tenha interesse, em condições de favorecimento ou não equitativas. Art. 154. O administrador deve exercer as atribuições que a lei e o estatuto lhe conferem para lograr os fins e no interesse da companhia, satisfeitas as exigências do bem público e da função social da empresa. § 2º É vedado ao administrador: b) sem prévia autorização da assembléia-geral ou do conselho de administração, tomar por empréstimo recursos ou bens da companhia, ou usar, em proveito próprio, de sociedade em que tenha interesse, ou de terceiros, os seus bens, serviços ou crédito). A propósito, veja-se o comentário de JOSÉ ALEXANDRE TAVARES GUERREIRO: "Inegavelmente, contudo, essa função produtiva do capital projeta reflexos de importância na qualificação

entanto, que se pretende respeitar o corte proposto para essa pesquisa, não sendo o caso de adentrar nos efeitos internos (intrassocietários) da confusão patrimonial – limite que também será observado quando do exame da tutela dos prejudicados, pois o enfoque será a tutela dos credores[71].

1.2.2. Função de organização

Deixando de lado, por hora, a função de produção, veja-se, ainda no âmbito interno, mas agora tratando especificamente do capital social – na acepção técnica que atribuída ao instituto –, que ele cumpre importante *função organizativa* por servir de medida dos direitos dos sócios (direitos políticos e patrimoniais, consistindo no "elemento básico da determinação da posição de sócios[72]") e, também, de medida para o cálculo dos lucros[73-74].

jurídica do instituto (capital social), na medida em que se tem em mira a aplicação, conforme o objeto social. Tal conformidade se revela particularmente relevante para delimitar a liberdade dos administradores quanto à aplicação daqueles recursos e, por via de consequência, sua responsabilidade pessoal, em caso de desvio das finalidades sociais" (Guerreiro. *Regime jurídico do capital autorizado...*, p. 26).

[71] Sobre a proteção dos minoritários, ver, entre os outros: Bulgarelli, Waldirio. *Regime jurídico da proteção às minorias nas S/A*. Rio de Janeiro: Renovar, 1998. Sobre os abusos dos minoritários, ver Adamek, Marcelo Vieira von. *Abuso de minoria em direito societário.* São Paulo: Malheiros, 2014.

[72] Guerreiro. *Regime jurídico do capital autorizado...*, p. 32. Ver, também, Tantini. *Capitale e patrimonio...*, p. 62-64; Ferri, Giuseppe. *Le società*. Torino: UTET, 1971, p. 333 e ss.; Domingues. *Variações sobre o capital social...*, p. 126 e ss.

[73] É de se salientar, só podem ser considerados lucros as quantias que ultrapassarem a cifra nominal do capital social. Nesse sentido, vale lembrar a figura do "vaso de Vivante" – função de "recipiente" cumprida pelo capital social, destinado a medir os grãos, que ora superam a medida, ora ficam abaixo dela. Vivante. *Trattato di diritto commerciale...*, p. 193; ver, também, Ascarelli. *Problemas das sociedades anônimas...*, p. 347, à nota de rodapé n. 33. Imagem sugestiva é, também, a concebida por Hans Würdinger, segundo nos relata Herbert Wiedemann: "Würdinger (*Aktien- und Konzernrecht,* 3ª ed., 1973, p. 25) compara com clareza o capital (*Garantiekapital*) com uma represa. Aqui constitui a represa a medida da reserva de água, ali a cifra do capital a medida do capital próprio vinculado (*gebundenes Eigenkapital*). Somente o 'excesso' deve escorrer. Mesmo uma elevada represa não pode impedir que não chova. Se a represa secar, é necessário providenciar para que o nível de capital primitivo seja novamente alcançado, antes que os sócios recebam dividendos. A 'soma-garantia' (*Garantiesumme*) pode, tal como uma represa, ser aumentada

ou reduzida; mas tais alterações devem ser efetuadas mediante um procedimento formal. A eclusa pode ser elevada através de providências provisórias – no balanço, por meio da incorporação de reservas livres –, que, sem formalidades, podem a todo tempo ser devolvidas, de forma que o patrimônio se torna livre para distribuição. Pode-se desenvolver mais a imagem. A represa é desassoreada mais profundamente; dessa maneira surgem reservas 'ocultas', cuja dimensão um *outsider* mal pode calcular. É evidente que a instituição do capital (*Garantiekapital*) não restringe o poder de dispor sobre o patrimônio e não pode impedir o surgimento de perdas. O capital próprio (*Eigenkapital*) também não representa nenhuma dívida dos sócios para com a empresa e, vice-versa, nenhuma obrigação da sociedade perante os seus sócios para a hipótese de liquidação". Para melhor compreensão, esclareça-se que reservas "ocultas" consistem, ou em uma subavaliação do ativo ou em uma superavaliação do passivo (cf. LEÃES. *Do direito do acionista ao dividendo...*, p. 199 e ss.). O texto retrocitado constitui tradução livre do original, de lavra de Erasmo Valladão: "*Anschaulich vergleicht Würdinger, Aktien- und Konzernrecht (3. Aufl. 1973, S. 25) das Garantiekapital mit einer Staumauer. Hier bildet die Staumauer den Masstab des Wasservorrats, dort die Ziffer des Garantiekapitals den Masstab für gebundenes Eigenkapital. Nur 'ÜberschuB' darf abfliessen. Auch eine hohe Staumauer kann nicht verhindern, dass es nicht regnet. Trocknet das Staubecken aus, so ist nur dafür gesorgt, dass das ursprüngliche Kapitalniveau erst wieder erreicht sein mus, bevor die Gesellschafter Dividenden erhalten. Die Garantiesumme kann ebenso wie eine Staumauer erhöht oder herabgesetzt werden; aber diese Veränderungen müssen in einem formalisierten Verfahren durchgeführt werden. Die Schleuse lässt sich durch provisorische Massnahmen erhöhen – in der Bilanz dürch Einstellen freier Rücklagen –, die ohne Formalien jederzeit wieder zurückgenommen werden können, so dass dann Vermögen zur Ausschüttung frei wird. Man kann das Bild fortspinnen. Der Stausee lässt sich tiefer ausbaggern; dadurch entstehen 'stille' Reserven, deren Umfang ein Aussenstehender kaum zu beurteilen vermag. Es liegt nach alldem auf der Hand, dass die Institution des Garantiekapitals die Verfügungsbefugnis über das Betriebsvermögen nicht einschränkt und das Entstehen von Verlusten nicht verhindern kann. Das Eigenkapital stellt auch keine Schuld der Gesellschafter an das Unternehmen oder umgekehrt keine Verbindlichkeit der Gesellschaft gegenüber ihren Mitgliedern für den Liquidationsfall dar*" (WIEDEMANN, Herbert. *Gesellschaftsrecht I* – Grundlagen. Munchen: Beck, 1980, p. 557). Daí porque os americanos já chamaram o capital social de "vara de medir". Trata-se de um *ponto de referência* na vida financeira da sociedade. LAMY FILHO, Alfredo. Capital social. Conceito. Atributos. A alteração introduzida pela Lei nº 9.457/97. O capital social no sistema jurídico americano. *Revista Forense*, Rio de Janeiro, v. 346, p. 03-07, abr.-maio 1999, p. 04-05. PAULO DE TARSO DOMINGUES destaca que o Estado de Nova Iorque foi, no âmbito estadunidense, o primeiro a positivar o conceito jurisprudencial de que o capital social trata-se de um limite à atribuição de bens aos sócios (isso já no ano de 1825). Ali foi consagrado o sistema conhecido por *balance sheet surplus test* ou *balance sheet stated capital/surplus test*. De acordo com esse regime, somente podem ser distribuídos bens aos sócios quando o valor do ativo superar o valor do passivo somado com o valor do capital social declarado (traduzível na equação ATIVO > PASSIVO + CAPITAL SOCIAL = POSSIBILIDADE

DE DISTRIBUIR LUCROS, pois o Patrimônio Líquido é positivo e também ultrapassa o Capital Social, o que evidencia a existência de lucros gerados pela sociedade – regra que passou a ser conhecida como *New York Rule*), consagrando, assim, o *princípio da intangibilidade do capital social*. Ou seja, apenas podem ser atribuídos bens aos sócios quando houver *surplus*. De qualquer forma, evidente que a relevância do *teste de balanço* depende, umbilicalmente, da fiabilidade dos registros e dos métodos contabilísticos utilizados pela sociedade – isso sem mencionar que se devem levar em conta as fraquezas deste regime nos Estados Unidos, dado a mais ou menos ampla possibilidade de reavaliação do ativo destinado a possibilitar a distribuição de bens aos sócios, entre outros fatores de desgaste. DOMINGUES. *Variações sobre o capital social...*, p. 110-114. Às p. 114-115, o jurista português destaca que hoje, de acordo com o *Revised Model Business Corporation Act*, a legalidade da distribuição de lucros/bens aos sócios depende de um duplo teste: "teste de balanço" (*balance sheet test*) e "teste de insolvência" (*equity Insolvency test*), embora aquele esteja radicalmente transformado em razão de que não há mais capital social a considerar (sobre o enfraquecimento do instituto do capital social nos Estados Unidos, ver o Capítulo 2, item 2.2.3., *infra*, à nota de rodapé n. 196). Assim a sociedade passará por um *balance sheet net worth test*, pelo qual apenas se verifica se dispõe de ativo superior ao passivo (ATIVO > PASSIVO = POSSIBILIDADE DE DISTRIBUIR LUCROS, desde que a sociedade passe, também, pelo "teste de insolvência"). Sobre o teste de solvabilidade, consubstanciado em "índices de solvabilidade" [ex: pelo *California Corporation Code*, a sociedade poderá distribuir lucros aos sócios desde que: (*i*) o valor do patrimônio líquido fique a exceder, após a distribuição, em pelo menos 25%, o passivo da sociedade – índice mínimo de 1,25% entre Ativo e Passivo; e (*ii*) desde que os ativos correntes (*current assets*) sejam, pelo menos, iguais aos passivos correntes (*current liabilities*) – trata-se de um *novo princípio da intangibilidade*, porém, agora, não intangibilidade do capital social, mas, sim, do *patrimônio líquido da sociedade*], que levam em consideração, inclusive, a proporção entre o capital próprio e o capital alheio. Ver, do mesmo autor, p. 116-119. Para uma comparação entre o teste de balanço e o teste de solvência, do mesmo autor, p. 323 e ss. Sustentando a necessidade, *de lege ferenda*, de um duplo teste (solvência e balanço), do mesmo autor, p. 326 e ss.

[74] Sobre as funções organizativas, cf. CAMPOBASSO, Gian Franco. *Diritto commerciale 2 – Diritto delle società*. 6ª ed. Torino: UTET, 2007, p. 07-08. A propósito dos direitos dos sócios, perceba-se que a ordem jurídica confere aos sócios uma maior liberdade relativamente à sua estipulação, discricionariedade que não é admitida no tocante ao capital como instrumento de tutela de terceiros. Nesse sentido, veja-se a possibilidade de distribuição desproporcional dos lucros nas sociedades limitadas, de divisão do acervo em caso de liquidação e, nas sociedades anônimas, na hipótese de emissão de ações sem voto, com vantagens políticas, *golden shares*, e ações com preferência no recebimento de dividendos, por exemplo. Estaria isso a demonstrar que a função principal do capital social é a tutela dos terceiros? A resposta só pode ser afirmativa. Cf. ASCARELLI. *Problemas das sociedades anônimas...*, p. 354, à nota de rodapé n. 48.

No dizer de Tarso Domingues, trata-se do instrumento moderador e regulador dos direitos e deveres dos sócios[75], valendo lembrar, a título exemplificativo, que as diferentes legislações fazem depender o exercício de vários direitos sociais à titularidade de certa participação mínima no capital social[76]. De qualquer forma, a bem da verdade, é importante lembrar que os sócios podem, contratualmente, alterar tal correspondência (participação *versus* direitos), embora tal liberdade se verifique mais fortemente apenas no caso das sociedades contratuais, como a sociedade limitada[77].

1.2.2. Função de garantia

No âmbito externo, tanto o patrimônio quanto o capital social cumprem destacadas funções de garantia. Com efeito, o patrimônio social é a garantia geral dos credores, que poderão excutir os bens que dele fazem parte em caso de inadimplemento por parte da sociedade[78]. É o patri-

[75] DOMINGUES. *Variações sobre o capital social...*, p. 126.

[76] Lembre-se, nesse sentido, para o caso das companhias brasileiras, que basta uma participação minoritária em determinados patamares para que os acionistas não-controladores possam exercer certos direitos, por exemplo: (*i*) 5% no capital da companhia para propor a ação de responsabilidade civil contra a sociedade controladora, pelos danos decorrentes de abuso de poder, causados à controlada (art. 246, § 1, "a", da Lei das S.A.); (*ii*) 10% para eleger, em votação separada, um membro do Conselho Fiscal (Art. 161, § 4º, "a", da Lei das S.A.); (*iii*) 10% do capital social em ações sem voto ou com voto restrito da companhia aberta, para eleger, em votação separada, um membro do Conselho de Administração (art. 141, § 4º, II, da Lei das S.A.); (*iv*) 15% de ações com direito a voto, para eleger, em votação separada, um membro do Conselho de Administração (art. 141, § 4º, I, da Lei das S.A.); no caso das companhias de economia mista, a existência de apenas um acionista com uma única ação já é suficiente para eleger um dos membros do Conselho de Administração, se maior número não couber à minoria pelo processo de voto múltiplo (art. 239 da Lei das S.A.). Além disso, a Lei das S.A. elenca uma série de outros direitos da minoria, tais como os constantes dos seguintes dispositivos: art. 105; art. 123, parágrafo único, "c"; art. 126, § 3º; art. 141; art. 141, § 5º; art. 159, § 4º; art. 161, § 2º; art. 161, § 4º, "a"; art. 163, § 6º; art. 206, II, "b".

[77] DOMINGUES. *Variações sobre o capital social...*, p. 127.

[78] CUNHA. *Do patrimônio...*, p. 197; VIVANTE. *Trattato di diritto commerciale...*, p. 192; ASCARELLI. *Problemas das sociedades anônimas...*, p. 346 e 348, à nota de rodapé n. 37.

mônio a garantia direta dos credores[79-80], pois sobre o patrimônio recai o direito geral de execução dos credores[81].

E, independentemente da natureza desse direito (direito geral de execução) – bastante discutida na doutrina, diga-se de passagem –, tem-se que é um direito universal, porque o seu objeto imediato não é especificamente nenhum dos elementos componentes do patrimônio, mas a universalidade como um todo[82]. O que se quer dizer é: qualquer bem componente do patrimônio, não importa a época de seu ingresso nele, responde por todos os débitos, independentemente do tempo de sua constituição[83].

Aubry e Rau explicam, de acordo com a sua concepção clássica, que o patrimônio é considerado a *garantia geral dos credores*, pois se aquele é uma emanação da personalidade, nada mais natural que as obrigações que pesam sobre uma pessoa recaiam sobre o seu patrimônio, sua projeção econômica[84]. A responsabilidade é patrimonial, não pessoal[85].

[79] FERRI. *Le società...*, p. 325-326; GUERREIRO. *Regime jurídico do capital autorizado...*, p. 28-30.

[80] Vale destacar: o patrimônio consiste em bem jurídico distinto e independente dos bens que o compõem, podendo tanto ser objeto de negócios jurídicos específicos (usufruto de patrimônio, por exemplo) quanto cumprir funções específicas dentro do sistema jurídico, como é o caso da *função de garantia* dos credores.

[81] MARCONDES. *Limitação da responsabilidade...*, p. 225.

[82] GALVÃO TELLES. *Das universalidades...*, p. 108.

[83] GALVÃO TELLES. *Das universalidades...*, p. 108. Sobre a discussão acerca da natureza do direito geral de execução, ver OLIVA. *Patrimônio separado...*, especialmente p. 147-162.

[84] AUBRY; RAU. *Cours de droit civil français...*, p. 366. Obviamente, porém, os direitos dos credores recaem sobre os bens individualmente considerados, não sobre o patrimônio como um todo, esse insuscetível de expropriação (AUBRY; RAU. *Cours de droit civil français...*, p. 367; CUNHA. *Do patrimônio...*, p. 201-202). Além disso, é de se destacar que os bens do devedor não são, ao menos diretamente, o objeto de direito dos credores, mas, sim, a prestação que lhes é devida. Só indiretamente e depois de verificado o inadimplemento, é que os bens do devedor podem ser atacados por ação dos credores. Ainda assim, é válida a ideia de que o patrimônio do devedor, como uma universalidade, consiste na garantia geral dos credores (garantia alternativa para o caso do inadimplemento da prestação). Ver COMPARATO, Fábio Konder. *Essai d' Analyse Dualiste de l' Obligation en Droit Privé*: Paris: Dalloz, 1964, p. 62 e ss.

[85] CUNHA. *Do patrimônio...*, p. 206-207. Mas nem sempre foi assim. Essa noção de que pelas obrigações da pessoa responde seu patrimônio – e tão-somente ele –, apesar de óbvia aos olhos do homem de hoje, é fruto de uma evolução paulatina operada no seio do direito romano, da qual não se pode olvidar. Nos primeiros e bárbaros tempos de Roma, como ensina WALDEMAR FERREIRA, as condições para os devedores eram cruéis. Respondiam

eles *pessoalmente* perante os seus credores, com sua *liberdade*, sua *honra*, sua *vida* e seu *corpo*. Submetidos à execução privada de caráter penal, os devedores sofriam de infâmia, podendo, ainda, ser *escravizados*, *vendidos* no exterior e até, simbolicamente, *esquartejados* para que a *partilha* do seu corpo pudesse ser feita entre seus credores. A despeito de, efetivamente, responder com a sua liberdade e sua honra, mesmo no direito romano arcaico não se tem notícia de esquartejamento e partilha propriamente ditos do corpo de um devedor. Pareceu a alguns estudiosos que a divisão do corpo do devedor em partes e a sua partilha teriam um *caráter místico*, simbólico, não material, mas, sim, algo próximo de uma maldição, próprios da magia e religião romanas. Por essa ação mística, seriam entregues às divindades maléficas as partes do corpo do devedor como uma espécie de castigo pelo inadimplemento da obrigação para com vários credores. E, pela conhecida supersticiosidade do homem romano médio, é de se acreditar que tal maldição pudesse, de fato, ter algum efeito coativo importante sobre ele. Esse quadro geral só se alterou posteriormente quando foi substituída a responsabilidade *pessoal* prevista na Tábua III (da Lei das XII Tábuas) pela responsabilidade exclusivamente *patrimonial* (Ferreira. *Tratado de direito comercial*, vol. XIV. São Paulo: Saraiva, 1965, p. 05-06). Só a partir desse ponto é que o patrimônio do devedor poderia ser tocado por ação de seus credores. Isto porque o pensamento jurídico dos romanos, até então, simplesmente não concebia a execução por outro modo que não o da execução pessoal (Miranda Valverde. *Comentários à Lei de Falências*, vol. I. Rio de Janeiro: Forense, 1955, p. 06). É interessante desvelar a razão disso, pois, aos olhos do homem contemporâneo, sempre parecerá que a execução patrimonial simplesmente faz mais sentido do que a execução pessoal. Antes de tudo, não se pode esquecer que os tempos eram outros. Em primeiro lugar, não é possível descartar a importância do instinto primitivo da *vingança* e o real desejo do credor de ver o seu devedor amaldiçoado em função do não cumprimento de uma obrigação. Mas a investigação precisa considerar outras hipóteses, as quais muito provavelmente foram decisivas para existência de um sistema baseado na execução estritamente pessoal. Carvalho de Mendonça aventa algumas delas que parecem importantes, sendo que a primeira está em perfeita consonância com aquilo que acima foi referido: (a) a verificação de um instinto primitivo de *vingança* do credor contra a pessoa do devedor, que talvez se satisfizesse mais com a agressão do que com a recomposição patrimonial, sentimento típico de uma sociedade ainda rudimentar; além desta, tem-se (b) a configuração de uma *garantia da plebe* contra eventual ganância dos patrícios, que tenderiam a se apoderar do seu patrimônio caso a execução patrimonial fosse admitida; e (c) a existência de um enorme *respeito dos romanos pela propriedade*, decorrente de sua religião doméstica (Sobre a religião doméstica dos romanos, ver o clássico *A cidade antiga*, de Fustel de Coulanges). Como quer que seja, é certo que a execução dava-se unicamente sobre o corpo do devedor (Carvalho de Mendonça, J. X. *Tratado de direito comercial brasileiro*, Livro V. 4ª ed. Rio de Janeiro: Freitas Bastos, 1946, p. 12, à nota de rodapé n. 1). Assim, quanto mais se regride na história de Roma, mais duras e cruéis eram as sanções aplicadas ao devedor, chamado *decoctus* – dissipador, pessoa arruinada, a quem se dispensava tratamento degradante. Essa é a nota característica do direito romano em matéria de execução. A Lei das XII Tábuas – *Lex Duodecim Tabularum* –, compilação do direito romano, levada a cabo por volta dos anos 450 a.C., literalmente inscrita em doze tábuas afixadas no Fórum romano, para que todos, especialmente os plebeus, pudessem ter conhecimento do direito vigente, consistia em um resumo dos costumes romanos amoldados desde os tempos da fundação daquela civilização, e dispensava um tratamento crudelíssimo ao devedor, mais especificamente naquela que se acredita ser a Tábua III, que tratava das "normas contra os inadimplentes", ou, como refere Bento de Faria, "Direito das Dívidas". Salienta Honório Monteiro, antigo professor da Faculdade de Direito do Largo de São Francisco, que o direito anterior acabou codificado na Lei das XII Tábuas, restando o primitivo modo de lidar com o devedor insolvente literalmente entalhado na mais importante das leis de Roma. Na referida lei, a condição de devedor, seja por condenação, *iudicatus,* ou por admissão, *confessus,* imputava ao inadimplente o *dever de cumprir a obrigação.* Caso ele não o fizesse dentro do prazo esperado – trinta dias depois do julgamento ou da confissão –, sobre ele recaiam os efeitos da *manus iniectio,* medida que consistia na sua *detenção* pelo credor até que o pagamento fosse efetivado ou alguém assumisse a responsabilidade pela dívida. Se não houvesse o pagamento ou a assunção da responsabilidade pela dívida por um terceiro, o credor podia levar consigo o devedor para sua casa, deixando-o amarrado com um nervo de boi ou com grilhões durante sessenta dias, período durante o qual vivia às suas próprias expensas, caso tivesse algum patrimônio, ou por conta do credor, que deveria alimentá-lo diariamente com uma libra de farinha ou mais, de acordo com a sua liberalidade. O período de sessenta dias servia para que credor e devedor pudessem chegar a um acordo a respeito de como este poderia honrar a sua dívida – era possível fazê-lo, inclusive, com a sua força de trabalho –, sendo relevante referir que, durante esse período, o devedor não perdia sua cidadania, tampouco seu patrimônio caso houvesse. Este último ponto é interessante, pois ressalta a caráter eminentemente pessoal da responsabilidade, na medida em que a execução recaia sobre a pessoa do devedor ainda que houvesse patrimônio disponível, o qual, a princípio, restava intocado. Vencidos os sessenta dias sem que se chegasse a um acordo acerca das dívidas, o devedor *passava à condição de escravo.* Neste momento, já poderia o credor levá-lo à feira, para ser vendido ou resgatado, caso alguém aparecesse para pagar ou se responsabilizar pela dívida. Depois de três feiras, não ocorrendo a venda nem o resgate, sofria o devedor a *capitis diminutio maxima,* passando à condição de propriedade do credor, que poderia mantê-lo aprisionado, vendê-lo fora do território romano (*trans Tiberim*), matá-lo ou quiçá esquartejá-lo, caso houvesse mais de um credor, pouco importando se cortassem para mais ou para menos. Como quer que seja, já foi possível perceber que o esquartejamento do corpo do devedor parece ser *meramente simbólico,* não ocorrendo de fato. O esquartejamento simbólico serviria de gozo aos credores, posto pensarem poder perseguir o devedor na outra vida. Foi só aproximadamente no ano de 428 antes de Cristo que se extinguiu a servidão para o pagamento das dívidas por meio da *Lex Poetelia Papiria,* assim como a possibilidade de vender ou matar o devedor, proscrevendo as cruéis disposições da Lei das XII Tábuas relativamente ao devedor inadimplente (Cf. Monteiro, Honório. *Preleções de Direito comercial.* São Paulo: USP, 1937, p. 02; Bento de Faria. *Direito comercial,* vol. IV

Por sua vez, o capital social consiste em garantia indireta dos credores na medida em que esse instituto consiste em uma utilíssima ferramenta de controle do patrimônio contra a ação dos próprios sócios e administradores[86], como a seguir será visto[87].

– Falência e Concordatas, Parte Primeira. Rio de Janeiro: A. Coelho Branco, 1947, p. 07-12 e 15; FERREIRA. *Tratado de direito comercial*, vol. XXIV..., p. 07; SAMPAIO DE LACERDA, J. C. *Manual de Direito Falimentar*. 10ª ed. Rio de Janeiro: Freitas Bastos, 1978, p. 28-29; MOREIRA ALVES, José Carlos. *Direito romano*. 14ª ed. Rio de Janeiro: Forense: 2008, p. 25-29; VIGIL NETO, Luiz Inácio. *Teoria falimentar e regimes recuperatórios*: estudos sobre a Lei 11.101/05. Porto Alegre: Livraria do Advogado, 2008, p. 49, à nota de rodapé n. 83);

[86] VIVANTE. *Trattato di diritto commerciale*..., p. 193; GUERREIRO. *Regime jurídico do capital autorizado*..., p. 30.

[87] Explica ALFREDO LAMY FILHO, em lição sobre as sociedades anônimas que se pode aproveitar para as sociedades limitadas: "(...) se em toda sociedade mercantil há contribuição dos sócios para formação de um fundo comum, que constitui o patrimônio social, destinado à realização dos objetivos da sociedade, já o conceito de 'capital social', nos termos em que o acolheram as leis das S.A., é bem mais recente. É que ele só se cristalizou numa fase mais adiantada da história das sociedades anônimas, quando se impôs como garantia dos credores num tipo societário em que nenhum sócio responde com seus bens pelas obrigações sociais. O conceito de capital social é, assim, correlato ao reconhecimento da personalidade jurídica das sociedades à limitação da responsabilidade de todos os sócios nas anônimas. Nas primeiras sociedades, em que os sócios respondiam com seus bens pessoais pelas obrigações sociais, não haveria problema maior para o credor se o sócio confundisse seu patrimônio com o da sociedade (...). Mas, nas sociedades limitadas, o problema muda de figura (...). Nas primeiras sociedades anônimas – que datam das grandes companhias colonizadoras – a garantia oferecida aos que transacionavam com a sociedade estava acrescida pela presença do Estado, tanto na Holanda, como na Inglaterra, ou em Portugal e Espanha, como sócio e gestor da instituição. Mas, mesmo nessa chamada 'primeira fase', a existência de uma sociedade com número ilimitado de sócios, e a faculdade de circulação das participações, representadas pelas ações, ensejou grande número de abusos e escândalos. Criou-se, desde logo, especulação desenfreada na Bolsa de Amsterdam (...). Mas os abusos foram em tal crescendo, que levou a Inglaterra a editar o famoso *Bubble Act*, que proibia a organização de novas *companies*, que eram 'bolhas de sabão' (...); na França, Law conseguia iludir milhares de franceses, inclusive a casa real, com o banco que fundara, o que deu origem a uma tradição de desconfiança dos franceses com as companhias, evidenciada numa das primeiras leis editadas pelo Parlamento após a Revolução, que proibia a organização de sociedades anônimas (revogada, aliás, pouco depois). Historicamente, sabemos que a Revolução Industrial – que assinala a grande 'fratura', a grande descontinuidade da história da humanidade – passou a exigir cada vez mais capital dos que se propunham a adquirir máquinas, reunir capitais, mobilizar mão de obra, para a grande tarefa de criar fábricas, organizar a empresa e competir no mercado. É então que o comerciante – a classe mais ágil e mais

1.3. Tutela do patrimônio pelo capital social

Em decorrência das importantes funções de produção e de garantia desempenhadas pelo patrimônio da sociedade, mostra-se natural que a ordem jurídica o cerque de cuidados e expedientes aptos a protegê-lo, sobretudo contra atos atentatórios dos próprios sócios e administradores. A intenção é tanto salvaguardar a garantia dos terceiros como conservar a produtividade do organismo econômico[88].

Nesse sentido, o capital social cumpre importante função de tutela do patrimônio, ao criar um sistema de normas para tal finalidade. Daí porque, como refere Tarso Domingues, é indiscutível que, hoje, no sis-

apta para o aproveitamento das oportunidades de enriquecimento que se multiplicavam – voltou-se para aquela instituição anteriormente usada pelo Estado na época dos grandes descobrimentos, pela sua grande capacidade de mobilizar capitais e que agora poderia ser – como efetivamente ocorreu – a solução para o desafio que teriam de enfrentar. Mas era imprescindível que tal instituição, já agora sem a presença do Estado, e na qual nenhum sócio era responsável além da quota com que entrara para o fundo social, oferecesse a seus credores uma garantia de que a sociedade cumpriria seus compromissos, e teria como fazê-lo. Para assegurá-la reconheceu-se, desde logo, a irrevogabilidade das prestações dos sócios, ao mesmo tempo em que, mediante um sistema de publicidade obrigatória, se procurou permitir aos credores conhecimento, tão aproximado quanto possível, da situação do patrimônio social. Todavia (...), subsistiam dificuldades que diziam respeito a duas ordens de risco: *a)* que o patrimônio real fosse, no ato de constituição, inferir ao publicado; e *b)* que, durante a vida da sociedade, tal patrimônio viesse a diminuir, desfalcando, dessa forma, a garantia dos credores. A solução desses graves problemas, diz Ascarelli, foi construída através do conceito de capital social, distinto do de patrimônio" (Lamy Filho. Capital social..., p. 03-04). A esse propósito, convém sublinhar, ainda, com Paulo de Tarso Domingues, que a consagração legislativa do capital social é muito recente, vindo a ocorrer como elemento essencial dos estatutos da sociedade apenas em meados do Século XIX. A legislação que trouxe a lume o instituto foi o *Preussischess Gesetz über die Aktiengessellschaften*, de 1843. "Para a acentuação e supervalorização da importância atribuída ao capital social contribuiu também o facto de se ter passado a admitir – com a criação da *GmbH* – a constituição de sociedades de responsabilidade limitada de pequena dimensão. Com efeito, a circunstância de se permitir o investimento na sociedade de fundos exíguos e de apenas o património desta responder pelas respectivas dívidas concorreu para que o capital social passasse a ser essencialmente perspectivado como o instrumento que assegura a constituição e manutenção de um 'fundo de garantia' (...), de um fundo patrimonial que garanta os credores societários. Domingues. *Variações sobre o capital social...*, p. 28 e 30-31.

[88] Simonetto. Concetto e composizione del capitale sociale..., p. 68.

tema continental europeu, a função de garantia é a "função rainha" atribuída ao capital social[89].

Como salientado, os institutos do patrimônio e do capital social se entrelaçam e complementam. A elaboração de um conceito de capital social e as normas sobre a sua integridade surgem como expediente necessário à tutela dos credores justamente em decorrência dos problemas ínsitos à flexibilidade do patrimônio e à função de garantia que ele cumpre[90].

Ascarelli salienta que é possível organizar as normas referentes à tutela do capital social em dois grandes grupos: o primeiro, relacionado à constituição da sociedade e à garantia de que o patrimônio efetivo não seja inferior ao capital declarado (nesse sentido as regras sobre as contribuições dos sócios e sobre a adequada capitalização societária); e o segundo, o grupo de normas objetivando a tutela do capital social durante a vida da sociedade, tendo em vista especialmente aspectos relacionados à gestão da mesma[91].

1.3.1. Na constituição da sociedade

No primeiro grupo estão as normas de proteção incidentes mais fortemente na constituição da sociedade.

São normas que asseguram:

(i) que o capital será totalmente subscrito na constituição da sociedade[92];
(ii) que o capital subscrito será efetivamente integralizado[93];
(iii) que um mínimo do capital será integralizado já na constituição[94];
(iv) que as ações não serão emitidas por preço inferior ao seu valor nominal[95];

[89] Domingues. *Variações sobre o capital social...*, p. 125.
[90] Ascarelli. *Problemas das sociedades anônimas...*, p. 346.
[91] Ascarelli. *Problemas das sociedades anônimas...*, p. 351.
[92] Art. 1.004 do CC e art. 80, I, da Lei das S.A.
[93] Arts. 1.052 e 1.103, V, do Código Civil; arts. 80, III, 81, 106, 107 e 108 da Lei das S.A.; e art. 82 da Lei de Falências.
[94] Art. 80, II, da Lei das S.A.
[95] Art. 13 da Lei das S.A.

(v) que os bens avaliados pelos sócios quando do aporte tenham, efetivamente, o valor por eles atribuído, de modo a evitar o chamado "capital aguado"[96-97];

(vi) que o subscritor responda pela solvabilidade do devedor no caso de integralização com créditos, assim como pela evicção em caso de transmissão de propriedade, posse ou uso de bem[98]; e

(vii) que os bens aportados tenham pertinência com o objeto a ser explorado[99];

(viii) que se vede a integralização do capital a depender de lucros futuros[100];

(ix) que se garanta que haja uma congruência entre o capital social e a atividade a ser explorada[101], para evitar a chamada "subcapitalização societária"[102];

[96] Arts. 1.055, § 1º, do Código Civil e 8º da Lei das S.A. O termo "capital aguado" decorre de uma avaliação fraudulenta dos bens que ingressam na sociedade. "Conta-se que Daniel Drew – adversário e principal concorrente do Comodoro Vanderbilt na luta pela tomada do controle das estradas de ferro – como negociante de carnes teria enganado Henry Astor, o mais importante açougueiro de Nova Iorque, vendendo-lhe gado magro por gordo, inchado de tanto beber água, após uma noite em que lhe foi servido apenas sal. Dela proveio a expressão *watered stock,* que foi adotada em Wall Street com a significação de capital aguado, pela supervalorização dos direitos ou bens entregues para a sua integralização" (BULGARELLI. *Manual das sociedades anônimas...*, p. 85).

[97] Digno de referência é o mecanismo de proteção existente no sistema jurídico das companhias portuguesas, consubstanciado na regra que proíbe as chamadas "entradas dissimuladas". A saber: trata-se de regra segundo a qual a sociedade, quando reunidos certos requisitos, não pode adquirir bens dos acionistas, medida prevista para evitar que se "drible" o regime de responsabilidade inerente à necessidade de avaliação das entradas *in natura.* Esse "drible" consistiria em ingressar com aporte em dinheiro numa sociedade e, ato contínuo, essa mesma sociedade adquirir bens do sócio sem avaliação (bens esses que teriam sido diretamente aportados – em prejuízo da sociedade e daqueles que com ela negociam – caso não houvesse um sistema rígido de avaliação que obstacularizа a integralização com bens por valor inflado. Sobre o tema, ver DOMINGUES. *Variações sobre o capital social...*, p. 240-244.

[98] Art. 1.005 do Código Civil e art. 10º, parágrafo único, da Lei das S.A.

[99] Art.117, § 1º, "h", da Lei das S.A.

[100] Manual de Atos de Registro de Sociedade Limitada, anexo à IN 98/2003, item 1.2.16.7 (Realização do capital com lucros futuros).

[101] "É importante notar que o dever de capitalização da empresa constitui um princípio geral do direito mercantil" (COMPARATO; SALOMÃO FILHO. *O poder de controle...*, p. 451), sendo que o capital se coloca como instrumento imprescindível à própria configuração da

pessoa jurídica, e a questão do mínimo de capital estando conectada ao próprio benefício da limitação da responsabilidade (Tantini. *Capitale e patrimonio...*, p. 30-60; Guerreiro. *Regime jurídico do capital autorizado...*, p. 26 e ss.). Mas vale lembrar que no Brasil, de regra, inexiste capital social mínimo: as partes destinam o capital que consideram adequado para o exercício de determinada atividade. O regime do capital mínimo é a exceção: tendo em vista que algumas atividades apresentam maior risco para terceiros, o legislador estabelece a necessidade de autorização prévia para o funcionamento, além de exigir um capital social mínimo – como, por exemplo, acontece com as instituições financeiras e seguradoras (sendo que, como salienta Carlos Klein Zanini, acertada é a opção do Banco Central ao prever, em seus atos normativos – Resoluções 2.099/94 e 2.607/99 –, valores mínimos de capital social e patrimônio líquido ajustado em função da atividade explorada pelas sociedades. Cf. Zanini, Carlos Klein. *A dissolução judicial da sociedade anônima.* Rio de Janeiro: Forense, 2005, p. 136 e 140). Além disso, complementa José Alexandre Tavares Guerreiro: "(...) em dois preceitos do ordenamento jurídico brasileiro deparam-se alusões à interferência do Estado na quantificação do capital de companhias que desenvolvam atividades não sujeitas expressamente à regulamentação especial do Poder Público. A primeira dessas alusões é indireta: o § 2º do art. 82 da Lei n. 6.404 atribui competência à Comissão de Valores Mobiliários (CVM) para denegar o registro de emissão de ações de companhia constituída por subscrição pública, por inviabilidade ou temeridade do empreendimento. Como, na hipótese, o citado registro é condição da própria constituição da companhia, a teor do *caput* daquele dispositivo, a autarquia se investe de poderes para apreciar as condições de viabilidade do empreendimento, inclusive sob o particular aspecto do *quantum* do capital social. A segunda das alusões referidas é explícita, não comportando qualquer dúvida: nos termos do § 6º do art. 19 da Lei n. 6.385, de 1976, pode a CVM fixar capital mínimo para a companhia interessada no registro de valores mobiliários de sua emissão, para efeito de sua distribuição no mercado." (Guerreiro. *Regime jurídico do capital autorizado...*, p. 28). Gustavo Saad Diniz lembra, ainda, o art. 32, VI, do DL 73/66 (ref. IRB e às sociedades seguradoras), o art. 35, § 2º, da Lei 4380/64 (ref. sociedades de crédito imobiliário sob a forma de S.A.), o art. 2º, III, do DL 1.248/72 (ref. empresas comerciais exportadoras), art. 6º, "b", da Lei 6.019/74 (ref. sociedades de trabalho temporário) e o recente art. 980-A do Código Civil (ref. eireli). Diniz. *Subcapitalização societária*, p. 116-117. Finalmente, há de se lembrar da possibilidade de os próprios sócios estipularem um capital social mínimo (por determinação contratual), sendo que a redução do patrimônio abaixo de determinado valor pode ensejar a dissolução da sociedade (Código Civil, art. 1.035; Lei das S.A., art. 206, I, "b") (Cf. Zanini. *A dissolução judicial da sociedade anônima...*, p. 136). Sobre o capital social mínimo, ver Domingues. *Variações sobre o capital social...*, p. 130-172. À p. 130, o jurista português salienta que a expressa consagração do capital social mínimo veio com a Lei de Sociedades Limitadas alemã de 1892, embora a Lei de Sociedades por Ações de 1884 já o consagrasse de forma indireta, na medida em que estabelecia um valor mínimo de 1000M para a entrada dos sócios e um número mínimo de 05 sócios, implicando em um capital social mínimo de 5000M. À p. 132 destaca que, desde o início, a ideia de um capital social mínimo se prendeu à ideia de que era necessário criar um "limiar de seriedade", um filtro, como contrapartida da limitação da responsabilidade, a fim de afastar dos agentes econômicos mais débeis o privilégio em questão (ver, também, p. 164 e ss.). Sobre o capital mínimo, ver, ainda, DINIZ. *Subcapitalização societária*, p. 113 e ss. Finalmente, vale advertir que há autores que não vislumbram como no Brasil se possa exigir *capital mínimo* (seja pelo registro do comércio ou mesmo pela jurisprudência) diante da falta de previsão legal expressa nesse sentido, já ressalvados os casos especiais acima referidos. Mesmo a questão do *capital adequado* (congruência entre capital e objeto) restaria prejudicada em razão de a sociedade poder se valer de capital próprio e de terceiros para realizar a sua atividade. Para as referências (que não necessariamente coincidem com as conclusões do referido autor, ver DINIZ. *Subcapitalização societária*, p. 120 e ss.

[102] Verifica-se a subcapitalização, para efeitos de desconsideração da personalidade jurídica, sempre que uma sociedade tenha sido constituída com capital insuficiente (CORDEIRO, António Menezes. *Manual de Direito das Sociedades*, vol. I. 2ª ed. Coimbra: Almedina, 2007, p. 386). É outra hipótese de abuso da personalidade jurídica, abuso do direito de constituir pessoa jurídica para explorar atividade econômica. Assim o é, pois os sócios não provêm à sociedade com os meios materiais necessários para a exploração da atividade prevista no objeto. Vale dizer, constituir pessoa jurídica para explorar atividade econômica é um direito. O uso desse direito torna-se abusivo na medida em que terceiros que interagem com essa são expostos ao risco de não receberem seus créditos pelo simples fato de que a sociedade foi capitalizada inadequadamente, de modo que há uma transferência do risco que naturalmente seria dos sócios para os credores (cf. OLIVEIRA. *A dupla crise...*, p. 375-376). Trata-se de uma utilização temerária do direito de constituir pessoa jurídica, mais especificamente do direito de limitar a responsabilidade. Mas o direito brasileiro, como se disse, não prevê, regra geral, um capital mínimo para a constituição das sociedades, tampouco a liquidação obrigatória delas quando o capital fica reduzido abaixo de determinado limite (sobre o assunto, ver o que foi dito à nota de rodapé anterior). O capital, entretanto, sabe-se, deve ser adequado à atividade a ser explorada. Isto é, deve haver certa congruência entre a atividade e o nível da capitalização. Explorar atividade que se sabe custosa sem fornecer a base econômica adequada para a sua exploração, pondo em risco o crédito alheio, consiste em abuso do direito de limitar as perdas, em última análise um abuso da própria pessoa jurídica. A repressão de tal abuso é feita com a aplicação da teoria da desconsideração da personalidade jurídica (TJRS, 1ª Câmara Cível, APC 70010566529, Rel. Des. Irineu Mariani, j. 07/12/2005). A doutrina costuma identificar duas formas de subcapitalização. A que acima foi vista é a chamada *subcapitalização material*. Ocorre quando os sócios simplesmente não aportam o capital adequado ao exercício da atividade explorada (Cf. PORTALE. Giuseppe B. Capitale sociale e società per azioni sottocapitalizzata. *Rivista delle Società*, Milano, p. 3-124, 1991, p. 29-30; DOMINGUES. *Do capital social...*, p. 223; DOMINGUES. *Variações sobre o capital social...*, p. 168). A *subcapitalização nominal*, por sua vez, é uma variável desta e não consiste na falta de capital propriamente dita, mas numa forma inadequada de provê-lo (o capital social é inadequado, mas os sócios tratam de provê-lo por outros meios, especialmente por dívida). Exemplo típico é o caso dos sócios que, ao invés

(x) que se limite a circulação das ações relativas às entradas em bens ou sobre as quais não tenha sido efetuada a entrada de uma determinada percentagem[103]; e as

(xi) que se vede o aumento de capital antes que o capital anterior tenha sido integralizado, total ou parcialmente[104], e assim por diante.

Todas essas normas, cuja listagem apresentada é meramente exemplificativa, tratam de proteger a *constituição* do patrimônio social.

de aportar recursos a título de subscrição de capital, o fazem por meio de empréstimos à sociedade, os quais podem ser resgatados em caso de insolvência, em prejuízo dos demais credores (cf. SERICK. *Aparencia y realidad...*, p. 73; OLIVEIRA. *A dupla crise...*, p. 286). Os empréstimos podem ser diretos ou indiretos – por meio de sociedades controladas, coligadas, integrantes do mesmo grupo econômico ou, ainda, por meio de instituições financeiras, mas sendo que os sócios oferecem garantias ao empréstimo (PORTALE. Capitale sociale e società per azioni sottocapitalizzata..., p. 122-123; DOMINGUES. *Do capital social...*, p. 223-224; sobre o assunto, ver, ainda, a descrição do pioneiro caso *Deep Rock Oil Corporation*, citado, por exemplo, em DOMINGUES. *Variações sobre o capital social...*, p. 168, à nota de rodapé n. 636 e ss.). Trata-se, igualmente, de uma forma de transferir o risco da atividade para terceiros que com a sociedade interagem. Há algumas formas de reprimir esse abuso, entre elas (1) a desconsideração da personalidade jurídica para responsabilizar os sócios pelas dívidas da sociedade, (2) a conversão dos empréstimos em capital efetivo da sociedade, hipótese em que simplesmente se consideram os empréstimos como sendo aportes (cf. OLIVEIRA. *A dupla crise...*, p. 388-389 e 488); e (3) a forma estabelecida no art. 83, VIII, "b", da Lei 11.101/05 (Lei de Falências), hipótese em que se classifica o crédito dos sócios e dos administradores sem vínculo empregatício na classe dos subordinados, os últimos entre os credores concursais. Ainda, a subcapitalização pode ser originária (quando se verifica desde logo, no momento da constituição da sociedade) ou superveniente (em virtude, por exemplo, da mudança do objeto social – ou mesmo transformar-se de nominal em substancial, quando a sociedade é financiada pelos sócios mas opta por realizar o pagamento dos empréstimos) (PORTALE. Capitale sociale e società per azioni sottocapitalizzata..., p. 123-124; DOMINGUES. *Do capital social...*, p. 230; DOMINGUES. *Variações sobre o capital social...*, p. 169). Pela possibilidade de correção do abuso da personalidade jurídica por subcapitalização (e seus fundamentos), ver DINIZ. *Subcapitalização societária...*, p. 204 e ss., especialmente à p. 207 e 281-283.

[103] Art. 29 da Lei das S.A.

[104] Art. 170 da Lei das S.A. ["Depois de realizados 3/4 (três quartos), no mínimo, do capital social, a companhia pode aumentá-lo mediante subscrição pública ou particular de ações"]; Art. 1.081 do Código Civil ("Ressalvado o disposto em lei especial, integralizadas as quotas, pode ser o capital aumentado, com a correspondente modificação do contrato").

1.3.2. No desenrolar da vida em sociedade

No segundo grupo estão as normas relacionadas à proteção do patrimônio durante a vida da sociedade, isto é, normas de "manutenção patrimonial", as quais objetivam impedir que refluam para os sócios, de forma aberta ou oculta, os bens que compõem o patrimônio social.

São normas que:

(1) asseguram que o capital social "não será tocado" (*intangibilidade do capital*[105]), na medida em que as contribuições sociais não serão devolvidas aos sócios, salvo nas hipóteses de liquidação da sociedade[106] ou nas demais hipóteses expressamente previstas – basicamente, dissolução parcial[107], redução do capital por perdas ou excesso (este último chamado *capital exuberante*)[108], impossibilidade ou limitação de negociar com as próprias ações[109];

(2) asseguram que o capital social não será alterado senão na forma da lei[110];

(3) vedam a distribuição de dividendos "antecipados" ou "fictícios" (isto é, que não resultem de lucros realmente alcançados pela gestão social)[111];

(4) vedam a possibilidade de encarar como lucros (e consequentemente de que possam ser distribuídos como tal) as simples "expectativas de lucro" – como, por exemplo, aumentos de valor

[105] "O capital social, diz-se, é intangível, querendo-se com isso significar que os sócios 'não podem tocar' no capital social, i.é., aos sócios não poderão ser atribuídos bens nem valores que sejam necessários à cobertura do capital social". "Note-se que isso não significa que o valor do patrimônio social não possa descer abaixo da cifra do capital. O princípio visa apenas impedir que tal suceda em virtude da atribuição aos sócios (...) de valores de qualquer natureza e já não prevenir tal circunstância em consequência das perdas resultantes da atividade empresarial da sociedade". "Ou seja, com o princípio da intangibilidade pretende-se assegurar que apenas são distribuídos aos sócios a riqueza, os excedentes gerados pela sociedade ou, dito numa palavra, o lucro por esta criado". DOMINGUES. *Variações sobre o capital social...*, p. 252 e 254.

[106] Art. 1.103, IV, do Código Civil e 210, IV, da Lei das S.A.

[107] Arts. 1.031 e 1.032 do Código Civil; art. 45 da Lei das S.A. (reembolso por recesso).

[108] Art. 1.082 do Código Civil e art. 173 da Lei das S.A.

[109] Art. 30 da Lei das S.A.

[110] Arts. 1.081-1.084 do Código Civil; arts. 166-174 da Lei das S.A.

[111] Arts. 1.009 e 1.059 do Código Civil; 201 da Lei das S.A.; 177 do Código Penal.

dos bens destinados à exploração do negócio social ou das mercadorias estocadas;

(5) vedam a distribuição aos acionistas de juros sobre o capital próprio ou os limitam a casos rigorosamente determinados[112];

(6) proíbem os atos de liberalidade[113];

(7) vedam a prática de negócios não comutativos entre as sociedades coligadas ou com relação de controle[114];

(8) preveem a inindenizabilidade do prejuízo indireto do acionista[115]

(9) vedam que sejam as ações da companhia tomadas em penhor em favor dela mesma[116];

(10) vedam a participação recíproca[117];

Há, ainda, as normas

(11) que impõem a constituição de reserva legal[118];

(12) que, em caso de perda, vedam a distribuição de dividendos antes da reconstituição ou da redução do capital social[119];

(13) que impõem levar em conta as perdas, mesmo quando estas não foram ainda sofridas através da venda do bem (impondo, por exemplo, a desvalorização das instalações pelo uso[120]);

112 Art. 9º da Lei 9.249/95.

113 Art. 154, § 2º, "a", da Lei das S.A.

114 Art. 245 da Lei das S.A.

115 Art. 159 da Lei das S.A., especialmente o § 7º (porque o prejuízo direto é da companhia e permitir que o acionista seja ressarcido individualmente desloca a riqueza da sociedade e dos outros acionistas para este). Cf. ADAMEK, Marcelo Vieira von. Ação individual contra administrador de companhia para o fim de obter a reparação de dano individual reflexo ou indireto (LSA, art. 159, 7º): descabimento (comentário a acórdão). *Revista de Direito Mercantil Industrial, Econômico e Financeiro*, v. 142, p. 248-255, 2006.

116 Art. 30, § 3º, da Lei das S.A. e art. 177, § 1º, V, do Código Penal.

117 Art. 244 da Lei das S.A.

118 Art. 193 da Lei das S.A.

119 Art. 189 da Lei das S.A. Salienta PAULO DE TARSO DOMINGUES que "o capital social [real] não pode ser distribuído aos sócios e, se o mesmo tiver sido objecto de erosão, por força da atividade negocial da sociedade, deverá ser reintegrado, antes que se possa efectuar qualquer distribuição".= (DOMINGUES. *Variações sobre o capital social...*, p. 251).

120 Art. 183, V, e § 2º, da Lei das S.A. Se bem que estas podem ser vendidas depois sem prejuízo.

(14) que tutelam a veracidade do balanço[121];
(15) que organizam a publicidade do balanço[122], destinada a permitir aos terceiros o acompanhamento dos negócios sociais;
(16) que permitem a participação dos acionistas nos resultados apenas depois de formalmente apurados e distribuídos os lucros em balanço[123], sendo que o próprio conceito de "lucro" e "perda" assenta, afinal, no conceito de capital social[124-125].

Essas são todas normas que cuidam da preservação do patrimônio social, sendo a lista apresentada meramente exemplificativa[126].

Importante salientar que a disciplina do capital social se prende precipuamente à tutela de terceiros, havendo, inclusive, cominação penal relativamente a certos atos atentatórios ao capital[127]. Por conta disso, as

[121] Art. 176, 177, 178, 183 e 184 da Lei das S.A.

[122] Art. 176, § 1º; art. 133, § 4º, da Lei das S.A.

[123] Arts. 132, 201 e 204 da Lei das S.A.

[124] Só haverá lucro se o *patrimônio líquido* da sociedade ("Ativo" descontado o "Passivo exigível") *superar* a cifra do *capital social*. A equação é simples: Patrimônio Líquido > Capital Social = Lucro.

[125] Essa listagem está baseada nos róis apresentados por TULLIO ASCARELLI (ASCARELLI. *Problemas das sociedades anônimas...*, p. 350-353), ALFREDO LAMY FILHO (LAMY FILHO. Capital social..., p. 05) e na síntese apresentada pelo Professor ERASMO VALLADÃO A. E N. FRANÇA aos alunos do 2º ano (noturno) do bacharelado da Faculdade de Direito da USP e ilustrado no 4º Ponto do material de apoio entregue a eles (4º Ponto: Elementos Essenciais da Organização Societária). Disciplina de Fundamentos do Direito Societário (DCO 0217). 2011/02. Ver, também, TANTINI. *Capitale e patrimonio...*, p. 11.

[126] Mas é importante destacar: por mais sofisticado que seja esse sistema protetivo, não tem ele o condão de assegurar que existam no patrimônio líquido da sociedade bens em valor equivalente ao do capital social, pois o regime jurídico do capital social apenas obsta a distribuição desses valores aos sócios, mas não impede a sua 'erosão', em consequência do exercício da atividade social. DOMINGUES. *Variações sobre o capital social...*, p. 163.

[127] Art. 177 (do Código Penal). Promover a fundação de sociedade por ações, fazendo, em prospecto ou em comunicação ao público ou à assembléia, afirmação falsa sobre a constituição da sociedade, ou ocultando fraudulentamente fato a ela relativo: Pena – reclusão, de um a quatro anos, e multa, se o fato não constitui crime contra a economia popular. § 1º – Incorrem na mesma pena, se o fato não constitui crime contra a economia popular: o diretor ou o gerente que, na falta de balanço, em desacordo com este, ou mediante balanço falso, distribui lucros ou dividendos fictícios. Ver, também, ASCARELLI. *Problemas das sociedades anônimas...*, p. 354.

normas acima referidas são, em sua grande maioria, cogentes. E, como será visto mais adiante, a violação a tais normas ou configuram o estado de confusão patrimonial ou, ao menos, são indícios de sua ocorrência.

1.3.3. Contributo da "teoria da confusão patrimonial"

Como salienta Umberto Tombari a propósito dos problemas relacionados ao patrimônio das sociedades no contexto de uma estrutura organizativa grupal – a qual será objeto de análise no Capítulo 5 –, faz-se necessário um sistema que preveja mecanismos de tutela preventiva e de tutela repressiva[128]. De uma maneira geral, o direito brasileiro prevê, à semelhança do que acontece na generalidade dos países da *Civil Law*, (*i*) um sistema preventivo ancorado no instituto do capital social, e (*ii*) um sistema repressivo mais ou menos bem delineado e fundado na utilização da teoria da desconsideração da personalidade jurídica.

Nesse contexto, a elaboração de uma "teoria da confusão patrimonial", por meio da qual se possa alcançar o seu conceito, a sua natureza e seus efeitos, e que proponha um sistema que operacionalize a tutela dos credores, também poderá contribuir, ao lado da disciplina do capital social, para minimizar esse ponto de tensão, ao tornar mais acurada a disciplina da desconsideração da personalidade jurídica.

[128] TOMBARI, Umberto. *Diritto dei gruppi di imprese*. Milano: Giuffrè, 2010, p. 03-04.

Capítulo 2
Unidade Jurídica

A sede do patrimônio continua a ser a personalidade jurídica[129-130]. "Todo o patrimônio é unido pelo titular único, ou por titulares em

129 MARCONDES. *Limitação da responsabilidade...*, p. 229; MARCONDES. *Problemas de direito mercantil...*, p. 99.

130 Como ensina o jusfilósofo MIGUEL REALE, a palavra "pessoa" guarda o segredo do seu próprio significado: *persona* era o nome dado à máscara utilizada pelos artistas no teatro romano, a qual tinha por função ampliar a sua voz – *per sonare*, daí a origem da palavra –, além de dar ao ator a aparência que o papel reclamava (REALE, Miguel. *Lições preliminares de direito.* 24ª ed. São Paulo: Saraiva, 1999, p. 231; ver também, COMPARATO; SALOMÃO FILHO. *O poder de controle...*, p. 353). Era a face do ator no palco, enfim, o personagem. De alguma forma, a expressão *persona* passou a significar para o direito a faceta do homem no mundo jurídico, sua veste social (MONTEIRO, Washington de Barros. *Curso de Direito Civil*, vol. I – Parte Geral. 14ª ed. São Paulo: Saraiva, 1976, p. 55). *Persona* (pessoa) passou, então, a expressar o ser humano capaz de direitos e obrigações e a *personalidade* este atributo: possibilidade de ser sujeito de direitos e obrigações, inclusive titular de um patrimônio (SERPA LOPES, Miguel Maria de. *Curso de Direito Civil*, vol. I. 4ª ed. Rio de Janeiro: Freitas Bastos, 1962, p. 254; RÁO, Vicente. *O Direito e a Vida dos Direitos*, vol. III. São Paulo: Max Limonad, 1958, p. 236). Na linguagem jurídica, pessoa é, então, o ser humano com personalidade (AMARAL, Francisco. *Direito Civil: Introdução.* Rio de Janeiro: Forense, 2008, p. 252). Ser pessoa é, portanto, ter a possibilidade de ser sujeito de direitos e obrigações, é estar apto a atuar no mundo jurídico, tal qual o artista está apto a atuar no palco. E, uma vez que não há mais escravidão e outras espécies de supressão ou restrição da personalidade, todo ser humano é pessoa e possui essa aptidão genérica para ser sujeito de relações jurídicas, de modo que, nos dias de hoje, a *pessoa* e a *personalidade* são conceitos praticamente indissociáveis, embora o primeiro reflita o *próprio ser humano em sua dimensão jurídica*, enquanto o segundo uma *faculdade* deste ser (SERPA LOPES. *Curso de Direito Civil...*, p. 254). Sendo a personalidade um atributo inseparável de todo homem (todo homem é pessoa em razão

da sua própria natureza e como tal é reconhecido pelo direito), e, ainda que recém-nascido ou deficiente mental, essa aptidão para atuar no mundo jurídico não reclama o preenchimento de nenhum requisito. Desta forma, toda pessoa natural (também chamada pessoa física) possui uma aptidão imanente e genérica para adquirir direitos e contrair obrigações em nome próprio, ainda que o exercício dessa aptidão possa sofrer restrições em função de condições específicas, como a menoridade ou a deficiência mental, por exemplo. Nesse sentido, a capacidade apresenta-se como a medida da personalidade (REALE. *Lições preliminares de direito...*, p. 232). Diferente é o caso das pessoas jurídicas. A complexidade da vida civil e a necessidade de conjugação de esforços de vários indivíduos para a consecução de objetivos comuns ou de interesse social fizeram com que o direito não limitasse às pessoas naturais o papel de atores do mundo jurídico e acabasse por reconhecer a certos agrupamentos de pessoas e a certas destinações patrimoniais a possibilidade de adquirir direitos e obrigações em nome próprio à semelhança do que acontece com as pessoas naturais, atribuindo personalidade jurídica a eles (PEREIRA, Caio Mário da Silva. *Instituições de Direito Civil*, vol. I. Rio de Janeiro: Forense, 1980, p. 254). A pessoa é "jurídica", pois só é admitida em razão de um *fim jurídico* (MAC-DONALD, Norberto. Pessoa jurídica: questões clássicas e atuais (abuso – sociedade unipessoal – contratualismo). *Revista da Faculdade de Direito da Universidade Federal do Rio Grande do Sul*, Porto Alegre, v. 22, p. 300-376, 2002, p. 310); "pessoa jurídica é conceito do mundo jurídico" (PONTES DE MIRANDA, Francisco Cavalcanti. *Tratado de direito privado*, t. I. 4ª ed. Rio de Janeiro: Revista dos Tribunais, 1983, p. 280), uma realidade, porém, abstrata, ideal, como sucede a todos os institutos jurídicos; e, diferentemente dos seres humanos, não se pode vê-las ou tocá-las (SERPA LOPES. *Curso de Direito Civil...*, p. 336-337). "No mundo jurídico, enquanto o homem pode ser considerado apenas estaticamente – pois vale para o Direito pelo que é, em si e por si (o seu ser já é valer) – as chamadas pessoas jurídicas só podem ser consideradas dinamicamente, ou seja, pela função que exercem" (COMPARATO; SALOMÃO FILHO. *O poder de controle...*, p. 353 e, também, à p. 356). "Uns a denominam pessoas morais; preferem outros dizer pessoas civis, místicas, fictícias, abstratas, intelectuais, jurídicas, de existência ideal, coletivas, universais, compostas, corpos morais, universidades de pessoas e de bens", sumariza Beviláqua, para quem "pessoa jurídica parece mais adequado, porque é no campo do direito, e não no da moral, que esses entes exercem a sua atividade, ou, melhor, porque é como sujeitos de direito que eles são considerados nos Códigos Civis". (BEVILÁQUA, Clóvis. *Theoria Geral do Direito Civil*. 6ª ed. Editora Paulo de Azevedo: Rio de Janeiro, 1953, p. 134-135). A personalidade jurídica permite, fundamentalmente, que um grupo de pessoas (engajadas num empreendimento empresarial, por exemplo) atue como uma única contraparte nos contratos celebrados com seus fornecedores, empregados e consumidores – daí ser interessante utilizar a expressão *nexus for contracts* ao invés da já consagrada economicamente *nexus of contracts*, como apontam ARMOUR, HANSMANN e KRAAKMAN. A personalidade jurídica permite que o grupo aja como uma parte singular distinta dos vários indivíduos que dela fazem parte; e, em possibilitando isso, incrementa a habilidade desses indivíduos em engajarem-se em projetos conjuntos (ARMOUR, John; HANSMANN, Henry; KRAAKMAN, Reinier. *The essencial elements*

comum, mas únicos[131]". Isto é, esse complexo de relações jurídicas dotadas de valor econômico, chamado "patrimônio", estará necessariamente ligado a uma unidade, a um sujeito de direito, uma pessoa que o titulariza. O patrimônio gravita, portanto, como um satélite na órbita do seu titular[132].

Para os fins da presente pesquisa, interessa o exame do patrimônio titularizado por uma pessoa jurídica, mais exatamente aquela especialmente projetada para a consecução de objetivos econômicos: a sociedade[133]. E vale ressaltar: é justamente para possibilitar aos particulares a exploração coletiva de atividades de cunho lucrativo que o ordenamento jurídico atribui personalidade a tais agrupamentos de pessoas[134].

of corporate law. University of Oxford, Legal Studies Research Paper No. 20/2009; Yale Law, Economics & Public Policy Research Paper No. 387; Harvard Law School, Law and Economics Research Paper No. 643, Public Law & Legal Theory Research Paper No. 09-39; European Corporate Governance Institute, Law Working Paper No. 134/2009, p. 07). Enfim, a personificação é uma "técnica jurídica utilizada para se atingirem determinados objectivos práticos – autonomia patrimonial, limitação ou supressão de responsabilidades individuais (...)" (COMPARATO; SALOMÃO FILHO. *O poder de controle*..., p. 344), bem como para lograr uma continuidade muito mais larga do que a vida do homem (SERICK. *Aparencia y realidad*..., p. 52).

131 "(...) isso não quer dizer que a cada pessoa só corresponda um patrimônio; há patrimônio geral e os patrimônios separados ou especiais" (PONTES DE MIRANDA, Francisco Cavalcanti. *Tratado de direito privado*, t. V. São Paulo: Revista dos Tribunais, 1983, p. 369). MOTA PINTO, Carlos Alberto da. *Teoria geral do direito civil*. 3ª ed. Coimbra: Coimbra Editora, 1986, p. 345 e ss.

132 MARCONDES. *Problemas de direito mercantil*..., p. 99.

133 "Toda pessoa jurídica é criada para o desempenho de funções determinadas, gerais e especiais. A função geral da personalização de coletividades consiste na criação de um centro de interesses autônomo, relativamente às vicissitudes que afetam a existência das pessoas físicas que lhe deram origem (...). As funções específicas variam, conforme as diferentes categorias de pessoa jurídica (...)" (COMPARATO; SALOMÃO FILHO. *O poder de controle*..., p. 356).

134 Se o direito *atribui, concede* ou *reconhece* personalidade às pessoas jurídicas é tudo questão de posicionamento em relação à teoria que explica a natureza das próprias pessoas jurídicas, problemática da qual não se ocupa no presente estudo. De qualquer forma, vale referir a título de esclarecimento: o ordenamento jurídico brasileiro parece mais consentâneo com a ideia de que é a ordem jurídica que atribui aos particulares o direito de criarem pessoas jurídicas, mas que estes só podem fazê-lo com a estrita observância dos requisitos impostos pela Lei. Veja-se que o art. 985 do Código Civil emprega a expressão *adquire* personalidade jurídica quando preceitua "A sociedade adquire personalidade jurídica com

a inscrição, no registro próprio e na forma da lei, dos seus atos constitutivos"; e o art. 45 diz que "*começa a existência legal das pessoas jurídicas* de direito privado com a inscrição do ato constitutivo no respectivo registro (...)". Vale salientar, o Código emprega as expressões *adquire* e *começa* quando poderia ter utilizado (se outro fosse o posicionamento) *reconhece*. Nesse sentido: Pontes de Miranda, Francisco Cavalcanti. *Tratado de Direito Privado*, t. XLIX. 3ª ed. São Paulo: Revista dos Tribunais, 1984, p. 61, para quem a "personalidade jurídica é atribuída *por* lei, ou *segundo* a lei. (...) Só os seres humanos têm personalidade por princípios supraestatais. No plano do direito comercial, o registro é que confere a personalidade jurídica; tal como no plano do direito civil. Tal a solução técnica no sistema jurídico brasileiro". Isso pode parecer óbvio, mas parcela importante da doutrina já sustentou que a existência das pessoas jurídicas independia da inscrição dos seus atos constitutivos em repartição cartorária qualquer, pois o direito apenas reconheceria a existência dessas com o registro, nada mais, face ao fato de que elas já existiriam anteriormente ao registro. Nesse último sentido, cf. Spencer Vampré (*Tratado elementar de Direito Commercial*, vol. I. Rio de Janeiro: F. Briguiet & Cia Editores, 1922, p. 387), Carvalho de Mendonça (*Tratado de Direito Commercial*, vol. III. Rio de Janeiro: Freitas Bastos, 1945, p. 136) e Waldemar Ferreira (*Sociedades commerciaes irregulares...*, p. 58), entre outros. Por todos, sobretudo pela clareza da exposição, Barbosa de Magalhães: "Para nós, a personalidade jurídica não é uma ficção, é uma realidade. Não é a lei que cria as pessoas jurídicas; ela apenas lhes reconhece – e nem sempre – a existência; e esse reconhecimento, portanto, não é necessário para que a pessoa jurídica exista. Onde haja um interesse colectivo distinto dos interesses individuais, que o indivíduo isolado não pode encarnar e só pode ser representando por um grupo unificado e permanente e uma organização capaz de destacar uma vontade colectiva, que possa representar e defender esse interesse, há uma pessoa jurídica. (...). Não é um direito que a lei concede às sociedades comerciais, declarando que elas têm capacidade jurídica; a lei não faz mais do que reconhecer uma existência duma situação de facto, duma realidade". (Barbosa De Magalhães, José Maria Vilhena. *Da natureza jurídica das sociedades comerciais irregulares*. Lisboa: Jornal do Foro, 1953, p. 26 e 28). Nesse ponto, há que se fazer uma menção quanto à natureza das pessoas jurídicas e toda a discussão em torno dessa questão: não se quer aqui negligenciar toda a problemática teórica em torno da noção de pessoa jurídica desenvolvida, sobretudo a partir do Século XIX e que deu origem às diversas concepções doutrinárias, as quais poderiam ser agrupadas, fundamentalmente, em dois grupos: as pré-normativistas e as normativistas (em resumo: as teorias pré-normativistas enxergam a pessoa jurídica, assim como o ser humano, como algo preexistente à própria ordem jurídica, a qual apenas *reconhece* a sua existência; em oposição, as teorias normativistas sustentam que as pessoas jurídicas são uma criação do próprio direito, diferindo, portanto, do ser humano, que a ele preexiste). Na busca pela melhor concepção teórica e filosófica sobre a pessoa jurídica, rios de tinta já foram gastos. Todos os manuais, cursos ou tratados de direito civil, bons ou ruins, trazem, exaustiva ou resumidamente, os fundamentos das mais variadas correntes doutrinárias acerca da natureza das pessoas jurídicas, havendo, como refere Leães, "tantas teorias quantos os autores que trataram da matéria"

2.1. Finalidade

Não se dá o nome de universalidade a uma simples pluralidade de bens amorfa, não cimentada por um traço unificador. Importante destacar: todos concordam acerca da autonomia dos bens que compõem o patrimônio, mas também ninguém põe em dúvida a existência de elemento de coesão entre eles. "Autonomia e coesão, independência e unificação, – eis duas ideias que em matéria de universalidades se contrabalançam, e reciprocamente se limitam[135]". Daí dizer-se que os bens que compõem o patrimônio estão idealmente unificados pela lei para a consecução de certos objetivos, sobretudo aqueles de interesse de seu titular – e, algumas vezes, também da coletividade[136].

(Leães, Luiz Gastão Paes de Barros. A desconsideração da personalidade jurídica. In: *Pareceres*, vol. I. São Paulo: Editora Singular, 2004, p. 375). Ocorre, porém, que tais discussões encontram melhor abrigo em obras apartadas e específicas sobre o tema, dentre as quais se indica como referencial teórico na doutrina nacional as duas grandes teses do Professor José Lamartine Corrêa de Oliveira, cujos títulos são "Conceito da pessoa jurídica" (tese de doutoramento e livre-docência) e "Dupla crise da pessoa jurídica" (tese para o concurso de Professor Titular de Direito Civil da Universidade Federal do Paraná). Também não se quer afirmar que os problemas práticos envolvendo a questão conceitual de pessoa jurídica já estejam superados – como de fato não estão, segundo nos aponta com agudeza Lamartine Corrêa de Oliveira na sua última tese retro mencionada, especialmente quanto à crise do sistema e à crise da função (em sentido contrário a posição de Orlando Gomes, para quem, "sob o ponto de vista prático, a solução do problema da natureza jurídica desses entes carece de maior interesse, uma vez que, seja qual for a explicação, nenhuma influência decisiva exerce na construção técnica hoje incorporada às legislações" (Gomes, Orlando. *Introdução ao Direito Civil.* 7ª ed. Rio de Janeiro: Forense, 1983, p. 163). Para Calixto Salomão Filho, a pessoa jurídica não é mais objeto de interesse da doutrina comercialista... Cf. Salomão Filho, Calixto. "Societas" com relevância externa e personalidade jurídica. *Revista de Direito Mercantil, Industrial, Econômico e Financeiro*, v. 81, p. 66-78, 1991, p. 75 e 78). Tomar-se-á o cuidado de enfocar as questões mais práticas envolvendo a pessoa jurídica e apenas aquelas com repercussão no tema do presente estudo. Quando se fizer necessário, far-se-á os devidos apontamentos teóricos, bem como as remissões para as obras clássicas que tratam com maior profundidade e propriedade desse tema. Um tratamento diferente faria o presente trabalho padecer ao menos de um entre dois problemas: ou alongaria demasiadamente a exposição da questão da personalidade jurídica, prejudicando o caráter mais pontual da obra, ou resumiria, de forma irresponsável, toda uma discussão que já se estende desde o século XVIII e continua atual. Assim, preferiu-se não incorrer em tais equívocos.

135 Por tudo, Galvão Telles. *Das universalidades...*, p. 49, 71, 75, 149 e 173.

136 Comparato. *Função social da propriedade dos bens de produção...*, p. 75.

2.1.1. Animus lucrandi

No caso dos agentes não econômicos, a finalidade do fundo patrimonial é simplesmente a sua subsistência e o gozo que este lhes proporciona[137]. Diferentemente, no caso dos agentes econômicos, como as sociedades, o fundo patrimonial corresponde a uma função de produção, norteada pelo *animus lucrandi*.

As pessoas em geral exploram oportunidades de melhorar de situação e de maximizar seu bem-estar[138]. Os indivíduos comportam-se racionalmente, de modo a satisfazer suas necessidades da melhor forma possível[139], agindo, na maior parte das vezes, movidas pela persecução de fins egoísticos[140] – sendo essa uma característica perfeitamente natural da espécie. Desde tempos imemoriais, o homem, na busca por melhores condições de vida, empreendeu, sempre com o objetivo de obter vantagens materiais, pois é da sua natureza a busca pelo conforto[141].

O ser humano, na sua incessante busca por melhores condições de vida, tende a atuar em conjunto com seus semelhantes. Com estes, forma sociedades, veículos da exploração da atividade econômica em grupo.

2.1.2. Espírito gregário

É em sociedade que o homem atinge a plenitude de sua existência, é só em sociedade que mais facilmente alcança seus objetivos. O ser humano é um ser sociável e a sociedade é seu meio necessário[142]. Encontram-se homens e até povos ateus; religiões sem deuses; porém, ninguém concebe o homem fora da sociedade[143]. Nunca se encontrou sozinho, a não

[137] Comparato. *Função social da propriedade dos bens de produção...*, p. 78.

[138] Krugman; Wells. *Introdução à Economia...*, p. 7.

[139] Krugman; Wells. *Introdução à Economia...*, p. 7.

[140] Willianson, Oliver. *The economic institutions of capitalism*: firms, markets, relational contracting. New York: Free Press, 1985, p. 47.

[141] Para um relato completo da aventura do *homo economicus* no decorrer da História, por todos, sobretudo pela clareza e concisão: Hunt, E. K.; Sherman, Howard. *História do pensamento econômico*. 3ª ed. Petrópolis: Vozes, 1982.

[142] Beviláqua. *Theoria Geral do Direito Civil...*, p. 155.

[143] Beviláqua. *Theoria Geral do Direito Civil...*, p. 155.

ser na fantasia de romancistas ou função de caprichosas, mas esporádicas arremetidas do destino[144].

É com o concurso de seus semelhantes que o homem conta para a consecução das suas mais importantes realizações, sejam elas materiais, afetivas, lúdicas, religiosas, assistenciais ou relacionadas à guerra. Desde muito cedo os homens se associaram para caçar. Para mútua defesa, valeram-se do auxílio daqueles que com eles tinham interesse comum. Constituíram famílias. A reunião destas famílias deu origem às tribos. Estas, agrupadas, formaram as cidades, em um verdadeiro processo de alargamento da vida em grupo[145]. Depois, vieram as ligas das cidades. Então, os Estados nacionais. E o estreitamento de laços entre Estados com interesses análogos. Hoje, é possível facilmente comprovar a força do espírito gregário do homem pela simples consideração acerca de uma das mais exuberantes realizações associativas a que alcançou: a Organização das Nações Unidas, composta pela quase totalidade dos países do mundo.

A verdade é que o homem se encontra associado aos seus semelhantes nas mais variadas situações da vida. Pertence, a um só tempo, a corporações profissionais, a clubes recreativos, a associações de moradores, a grêmios religiosos, a partidos políticos, a sociedades que exploram atividades com intuito lucrativo e daí afora. Além, é claro, faz parte da comunidade de sua vizinhança, de sua cidade, do ente federado a que pertence e, ainda, de seu país.

Quando se trata do exercício de atividade econômica, são várias as motivações que levam o ser humano a empreender em sociedade. Entre elas se encontram a necessidade de reunir esforços e recursos, de combinar aptidões e conhecimentos técnicos, a possibilidade de alcançar benesses legais, como a limitação da responsabilidade, o desejo pela imortalidade. Não menos importante, o homem constitui sociedade por razões de ordem psicológica, pois é conhecida a sua inclinação por se sentir mais seguro e mais animado para explorar determinada empresa

144 Ferreira, Waldemar. *Tratado de sociedades mercantis*, vol. I. 4ª ed. Rio de Janeiro: Freitas Bastos, 1952, p. 39.

145 Fustel de Coulanges. *A cidade antiga*. Trad. de Fernando de Aguiar. 5ª ed. São Paulo: Martins Fontes, 2004.

em grupo do que sozinho. Em suma, "os homens agrupam-se para tirar proveito da unidade que entre eles se estabelece[146]".

É justamente no exercício da atividade econômica em grupo que o espírito associativo do homem atinge elevado grau de sofisticação. A exploração da empresa cobra alto grau de organização. Assim, na busca por melhores condições materiais, o homem não tardou a criar engenhosas estruturas societárias que permitiram o concurso de várias pessoas, muitas vezes diferentes entre si, mas com um objetivo comum muito claro: o lucro.

Toda essa vontade do homem de prosperar, de alcançar patamares mais elevados em termos de condições materiais de vida, animou-o a explorar as mais diversas empresas. Desde muito cedo, percebeu o ser humano que certos empreendimentos eram mais facilmente explorados com o concurso de seus semelhantes. Por isso, constituiu, já em tempos muitíssimo afastados, e ainda que de forma muito rudimentar, sociedades, as quais serviram de veículo para a exploração de toda sorte de negócio entabulado pelo ser humano[147].

[146] Nesse sentido, a doutrina citada por Oliveira, José Lamartine Corrêa de. *Conceito de personalidade jurídica*. Tese (Concurso de Livre-Docência de Direito Civil). Faculdade de Direito da Universidade Federal do Paraná, Curitiba, 1962, p. 142-143.

[147] Sendo o homem gregário por natureza, é com naturalidade que se recebe a notícia de que, desde priscas eras, os indivíduos se associavam para a prática de atividades mercantis. Nesse sentido, há relatos de que os berberes, povo de origem antiquíssima do norte da África, já praticavam a mercancia em associação por meio de uma sociedade comercial muito próxima da *commenda*: alguns indivíduos confiavam peles de rena a um viajante, que as negociava em troca de outros bens; no regresso dessa expedição terrestre, os bens adquiridos eram partilhados entre os investidores e o tratante, em ajuste associativo semelhante a uma típica sociedade onde alguns entram com capital e outros com trabalho (Rehme, Paul. *História universal de Derecho Mercantil.* Madrid: Editorial Revista de D. Privado, 1941, p. 22). Os romanos empregaram largamente a *societas*, principal instrumento de exploração coletiva da empresa em Roma (sobre a *societas* romana, cf., fundamentalmente, Arangio-Ruiz, Vicenzo. *La società in diritto romano.* Napoli: Jovene, 1950) e o Medievo conheceu os dois embriões da maioria das formas societárias contemporâneas, a *compagnia* e a *commenda*, origem, de um lado, da sociedade em nome coletivo, e de outro da sociedade em comandita simples, comandita por ações e da conta de participação – além da extinta sociedade de capital e indústria (Sobre as sociedades do Medievo, ver Lattes, Alessandro. *Il diritto commerciale nella legislazione statutaria delle città italianne.* Milano: Ulrico Hoepli, 1884; Goldschmidt, Levin. *Storia universale del Diritto Commerciale.* Torino: Unione Tipografico-Editrice Torinese, 1913; Weber, Max. *The history of commercial partnerships in the Middle Ages.* Trad. de

Mas o registro que aqui se quer fazer é que as sociedades até muito recentemente tinham irrelevância externa, pois os sócios gestores sempre agiam em nome próprio nas operações de interesse do grupo, na medida em que o intelecto humano ainda não havia teorizado sobre a pessoa jurídica. Até este momento da História, os sócios dedicados à gestão dos negócios sociais dispunham, como se proprietários fossem, de todo o patrimônio social, aproveitando-se, direta e pessoalmente, dos resultados da atividade, pois essa era a única forma de agir em nome do grupo[148].

Os sócios valiam-se da sua própria personalidade para atuar no mundo jurídico, na exploração da atividade social, tal qual hoje acontece com o sócio ostensivo da sociedade em conta de participação e do sócio contratante da sociedade em comum, os dois tipos societários não personificados do direito brasileiro[149]. Em decorrência disso, os sócios que travavam relações externas eram por elas ilimitadamente responsáveis, ao passo que os demais sócios gozavam de limitação da responsabilidade. Na verdade, por estarem em planos diferentes, os efeitos das relações jurídicas não os atingiam.

Claro que essa forma de organização societária criava embaraços e impedia a exploração de empresas de maior vulto. Por isso, na esteira do

Lutz Kaelber. Lanham, Boulder, New York; Oxford: Rowman & Littlefield Publishers, Inc., 2003. Especialmente sobre a origem da sociedade em comandita simples, ver. ARCANGELI, Ageo. *La società in accomandita semplice.* Torino: Fratelli Bocca, 1903, p. 01-38. Sobre a origem da conta de participação, ver CAROSELLI, Oscar. *L'associazione in partecipazione.* Padova: CEDAM, 1930, p. 25-114). A Idade Moderna viu nascerem as companhias coloniais (sobre a origem da sociedade anônima, ver LAMY FILHO, Alfredo; PEDREIRA, José Luiz Bulhões. *A Lei das S.A.*: pressupostos, elaboração e modificações, vol. I. 3ª ed. Rio de Janeiro: Renovar, 1997, p. 19 e ss.). O espírito associativo do ser humano sempre achou meios de exploração conjunta de determinadas atividades, até porque a associação é uma necessidade inerente ao homem, pois corrige o enfraquecimento de suas forças, a brevidade de sua vida (CAPITANT, Henry. *Droit civil*: notions générales. Paris: A. Pedone, 1927, p. 183).

148 WARDE JÚNIOR, Walfrido Jorge. *Responsabilidade dos sócios*: a crise da limitação e a teoria da desconsideração da personalidade jurídica: Belo Horizonte: Del Rey, 2007, p. 04-05.

149 Sobre essas sociedades, as referências obrigatórias são: LOPES, Mauro Brandão. *A sociedade em conta de participação.* São Paulo: Saraiva, 1990; GALIZZI, Gustavo Oliva. *Sociedade em conta de participação.* Belo Horizonte: Mandamentos, 2008; FRANÇA, Erasmo Valladão Azevedo e Novaes. *A sociedade em comum.* São Paulo: Malheiros, 2013.

surgimento de tipos societários mais sofisticados, paulatinamente, a concepção de uma pessoa jurídica ganhou corpo.

2.1.3. Pessoa jurídica como instrumento finalístico

A personalidade jurídica é conceito extremamente recente, como já referido. As teorizações sobre ela surgiram a partir do século XVIII para lidar com o problema da vacuidade subjetiva decorrente da alienação das entradas de capital por todos os sócios em prol da exploração de uma atividade empresarial (na época, exploração e colonização das terras descobertas), o que gerou um patrimônio desprovido de sujeito[150].

Inicialmente um privilégio ligado à exploração de atividades de interesse do Estado[151], a sociedade personificada que oferecia limitação da responsabilidade aos sócios foi se tornando acessível aos particulares. Isso porque, enquanto técnica de separação patrimonial, permitindo a limitação da responsabilidade dos sócios, ela possibilitava a criação de centros unitários de imputação de direitos e obrigações, com patrimônio autônomo[152-153].

[150] Warde Júnior. *Responsabilidade dos sócios...*, p. 06.

[151] O Estado outorgava às companhias autonomia patrimonial, isto é, autonomia entre o patrimônio da sociedade e de seus sócios, a responsabilidade limitada destes ao capital nelas aportado, bem como permitia a livre transmissão dos títulos representativos de seu capital (Ascarelli, Tullio. *Panorama do direito comercial.* São Paulo: Saraiva e Cia., 1947, p. 146-147). São esses os genes que apontam para as companhias coloniais de navegação e de comércio como o antepassado mais próximo da moderna sociedade anônima (Ascarelli. *Corso di diritto commerciale...*, p. 36).

[152] Ripert, Georges. *Aspectos jurídicos do capitalismo moderno.* Rio de Janeiro: Freitas Bastos, 1947, p. 60; Oliveira. *A dupla crise...*, p. 302; Comparato; Salomão Filho. *O poder de controle...*, p. 450 e 470; e Champaud. *Le pouvoir de concentration...*, p. 272.

[153] Admitir a personalidade jurídica como *técnica de separação patrimonial* é, a um só tempo, *exato* e *profundo*. *Exato* porque é especificamente esse o efeito da personificação: permitir que um ente atue no mundo jurídico com autonomia patrimonial. *Profundo* porque permite delinear a específica diferença existente entre os entes dotados de personalidade jurídica (algumas sociedades, por exemplo) de outras entidades não personificadas com certo grau de subjetivação, como, por exemplo, o condomínio, a massa falida e o espólio, os quais possuem capacidade negocial (possibilidade de contratar) e capacidade processual (possibilidade de estarem em juízo), porém não se pode dizer que possuam personalidade jurídica e, portanto, patrimônio autônomo. A propósito, cumpre indagar e responder a fim de esclarecer: a quem pertence o patrimônio do condomínio por unidades autônomas? Aos condôminos, em regime de comunhão, ao menos no que toca às chamadas partes comuns. E o

O direito contemporâneo autoriza os particulares a constituírem pessoas jurídicas para a consecução dos seus objetivos. E essas, uma vez criadas, passam a atuar em nome próprio, sempre em busca do atingimento da vontade de seus criadores, desde que em consonância com o interesse coletivo e com o fim colimado pelo direito.

São três as espécies de pessoas jurídicas de direito privado: (*i*) as associações, (*ii*) as sociedades[154] e (*iii*) as fundações, como se depreende do exame do art. 44 do Código Civil[155]. Cada espécie de pessoa jurí-

patrimônio da massa falida? Ao falido, que apenas perde o direito de administrá-lo e dele dispor durante o processo falencial (tanto é assim, que se houver saldo ao final da falência, este deve ser devolvido ao falido). E o caso do espólio? Ora, a herança, todos sabem, pelo princípio da *saisine*, passa a pertencer, automaticamente, com a morte do *de cujus*, aos herdeiros, que apenas dependem da partilha para desfazer o estado de comunhão decorrente da abertura da sucessão. Mas apesar de não possuírem patrimônio autônomo, todas estas entidades podem contratar e atuar em juízo. Logo, o elemento diferenciador não está na capacidade de titularizar direitos e obrigações, atributo que tanto os entes personificados quanto alguns despersonificados possuem ("há mais sujeitos de direito do que pessoas" - vide MELLO, Marcos Bernardes de. *Teoria do fato jurídico*: plano da eficácia - 1ª parte. 8ª ed. São Paulo: Saraiva: 2013, p. 92). O elemento diferenciador está em *ser capaz de direitos e obrigações separadamente*, como singela e percucientemente explica Pontes de Miranda (PONTES DE MIRANDA. *Tratado de Direito Privado*, t. I..., p. 288: "ser pessoa é ser capaz de direitos e deveres. Ser pessoa jurídica é ser capaz de direitos e deveres separadamente; isto é, distinguidos o seu patrimônio e os patrimônios dos que a compõem, ou dirigem). Para maiores esclarecimentos, ver o essencial estudo de TOMASETTI JR., Alcides. A parte contratual. In: ADAMEK, Marcelo Vieira von. *Temas de direito societário e empresarial contemporâneos. Liber Amicorum* Prof. Dr. Erasmo Valladão Azevedo e Novaes França. São Paulo: Malheiros, 2011, p. 755-764. Ver, ainda, a crise do sistema denunciada por OLIVEIRA. *A dupla crise*..., p. 103 e ss., especialmente às p. 201 e ss.

154 Mas nem toda a sociedade é personificada, por óbvio. Até bem pouco tempo, sequer se cogitaria da necessidade da presente nota de rodapé explicativa, mas diante do que se tem lido e discutido acerca da criação de um novo Código Comercial, sobretudo pelos argumentos lançados para defendê-lo, julga-se por bem deixar claro tal ponto.

155 Cumpre destacar que as organizações religiosas e os partidos políticos, incluídos no rol taxativo de pessoas jurídicas de direito privado do art. 44 do Código Civil (incisos IV e V) pela Lei 10.825/05, possuem a natureza jurídica de associação, sendo que é meramente pela importância de seus fins que merecem referência específica (cf. AMARAL. *Direito civil*..., p. 333-334) ou, talvez, pela pressão política das classes envolvidas... Sobre a natureza associativa dos partidos políticos e, também, dos sindicatos, cf. OLIVEIRA. *A dupla crise*..., p. 29. Mais recentemente, foi acrescido ao referido rol, pela Lei 12.441/2011, as empresas individuais de responsabilidade limitada (inciso VI do art. 44), ornitorrinco jurídico mal conce-

dica cumpre uma função específica no ordenamento[156-157], o que equivale dizer que cada uma delas existe para um determinado propósito. Em função deste que elas vivem do seu nascimento até a sua extinção[158]. Estão, portanto, inexoravelmente, atreladas à sua finalidade[159].

Poder-se-ia extremar em uma elucubração quase filosófica que as pessoas jurídicas "o são na medida para o que servem"[160]. É impossível dissociar o tipo de pessoa jurídica do fim a que se destina, pois é como

bido, cuja natureza é societária, como a doutrina mais abalizada já vem sustentando. Finalmente, sobre a tese de que há uma tendência ampliativa do elenco de pessoas jurídicas de direito privado, cf. Oliveira. *A dupla crise*..., especialmente p. 224-229 (condomínio por unidades autônomas) e p. 229-241 (sociedade irregular).

156 Cada pessoa jurídica deve funcionar dentro de uma esfera de atuação. Certamente, a função de uma sociedade não é a mesma de uma associação, tampouco a desta é exatamente igual à de uma fundação. É preciso determinar, com exatidão, a esfera de atuação de cada um desses entes, até para que não haja malversação dos institutos. Dentro de um critério mais ou menos seguro, pode-se afirmar que as associações e as fundações propiciam o atingimento de objetivos não econômicos (não lucrativos), consoante disposto nos artigos 53 e 62, parágrafo único, do Código Civil, ao passo que as sociedades, em sentido diametralmente oposto, servem para a exploração da atividade voltada para o lucro e a sua posterior partilha entre os sócios, forte no art. 981 do Código Civil. Relativamente às duas primeiras, para diferenciá-las, pode-se dizer, ainda, que as associações correspondem a uma união de pessoas, enquanto as fundações consistem em um patrimônio personificado. Esse objetivo específico, no caso das fundações, será sempre o bem-estar de terceiros, visto não serem constituídas por pessoas, mas, por um conjunto de bens com a destinação específica dada por seu instituidor. No caso das associações, a busca é, usualmente, o bem-estar de seus membros, os associados, sendo, que, por vezes, têm elas um objetivo menos egoístico, visando, à semelhança das fundações, o bem-estar de terceiros (as associações possuem maior ou menor grau de utilidade pública; são, portanto, mais ou menos egoísticas).

157 É sempre útil ter em mente a imagem de que a personalidade jurídica é uma casca vazia (*leerformel*: fórmula vazia) que pode ser preenchida por uma sociedade, por uma associação, por uma fundação, por um Estado, por um município e assim por diante. Cf. Salomão Filho, Calixto. *Sociedade unipessoal*. São Paulo: Malheiros, 1995, p. 98.

158 Reale. *Lições preliminares*..., p. 248.

159 Daí a noção de que a pessoa jurídica implica essencialmente uma "idéia de obra a realizar". As pessoas jurídicas são, portanto, entes funcionalizados (Reale. *Lições preliminares*..., p. 238 e 248). Ver, também, Oliveira. *Conceito de personalidade jurídica*..., p. 169. São Paulo: Saraiva, 1979, p. 23; Oliveira. *A dupla crise*..., p. 23; Beviláqua. *Theoria Geral do Direito Civil*..., p. 150 e 152. Oliveira. *A dupla crise*..., p. 608.

160 Lembra Serpa Lopes que o conceito e a razão de ser das pessoas jurídicas é questão que sempre envolve certa elucubração filosófica. Serpa Lopes. *Curso de Direito Civil*..., p. 332.

se elas viessem ao mundo para cumprir uma função específica, um fim colimado pelo direito, e desse objetivo não pudessem se afastar[161]. Para quê elas existem então? Esse é o questionamento fundamental que todo o cientista do direito, ao analisar esses entes, deve fazer.

Trata-se do questionamento essencial em busca do desenvolvimento de uma teoria sobre a confusão patrimonial, pois a identificação da finalidade à qual a pessoa jurídica está atrelada permite saber qual a *dinâmica funcional* imposta aos bens componentes do seu patrimônio. Lembre-se: o patrimônio está atrelado a uma unidade jurídica, cuja natureza impõe uma dinâmica funcional a ele. O afastamento dessa função pode resultar em consequências, que mais tarde será examinada.

No caso das sociedades, seu objeto é o exercício de uma atividade econômica (*escopo-meio*) e o seu objetivo é a obtenção de lucro e a partilha dos resultados (*escopo-fim*). Dentre as pessoas jurídicas, a sociedade é aquela cuja natureza é econômica[162-163].

O fim social está presente em todas as fases da vida da sociedade e exerce influência dominante sobre todos os seus aspectos[164]. A busca

[161] É que o direito, como ciência finalística que é, dá ao homem ferramentas – entre elas as pessoas jurídicas – para que possa atingir objetivos específicos, que não só interessam ao homem enquanto indivíduo, mas a toda coletividade – até porque todo direito somente se faz no interesse do homem (Pontes de Miranda. *Tratado de Direito Privado*, t. I..., p. 285).

[162] Comparato. A Reforma da Empresa..., p. 63.

[163] Todavia, é importante ressaltar que o exercício de atividade econômica por associações e fundações não as desnaturam quando essa atuação tem por finalidade possibilitar a consecução dos objetivos finais não econômicos. Exemplificativo é o caso da associação recreativa que confecciona e vende camisetas e brindes para possibilitar a construção de uma nova sede social. Nesse caso, nada há de errado, desde que o resultado positivo eventualmente alcançado seja única e exclusivamente reinvestido na atividade fim da associação. A distribuição do excedente, em qualquer hipótese, é vedada, sob pena de desnaturar a associação em sociedade. Outro exemplo é o caso de uma associação que possui em sua sede restaurante por ela mesmo explorado. Mesmo que seja superavitária, não sendo os resultados daí advindos distribuídos aos associados, problema nenhum há, pois que o exercício da atividade superavitária nesse caso é instrumental em relação ao fim perseguido pela associação.

[164] Não será objeto da presente obra a discussão acerca do interesse social. Sobre o assunto, ver Rathenau, Walther. Do sistema acionário – uma análise negocial. Trad. e introdução de Nilson Lautenschleger Jr. Reprodução do texto clássico. *Revista de Direito Mercantil, Industrial, Econômico e Financeiro*, Nova Série, ano 41, n. 128, p. 199-223, out./dez. 2002; Jaeger, Pier Giusto. *L'interesse Sociale*. Milano: Giuffrè, 1972; Jaeger, Pier Giusto. Interesse

pelo lucro permeia as organizações societárias, da sua constituição até a dissolução, pois elas são constituídas com esse objetivo[165-166]. Estas acabam dissolvidas quando exaurido ou inexequível o fim social[167]. É a chamada "eficácia constitutiva" do fim social.

Por outro lado, as relações entre os sócios e entre esses e a sociedade também são marcadas pelo fim comum. É a chamada "eficácia funcional" do fim social. Por isso, quando alguém se associa a outras pessoas para formação de uma sociedade, acaba perdendo um pouco da sua liberdade em razão da vigência do princípio da maioria. Aliena-se uma parcela da liberdade em função do fim social. Mas se uma deliberação da companhia se afastar do fim social, é possível anulá-la.

O acionista controlador deve usar o poder com o fim de fazer a companhia realizar o seu objeto[168]. Os administradores devem perseguir o

sociale rivisitato (quarant' anni dopo). *Giurisprudenza Commerciale*, n. 1, p. 795-812, 2000; BERLE, Adolph A. Corporate powers as powers in trust. *Harvard Law Review*, v. 44, p. 1049-1079, 1931; DODD JR., Merrick E. For whom are corporate managers trustees? *Harvard Law Review*, v. 45, p. 1145-1163, 1932; HANSMANN, Henry; KRAAKMAN, Reinier. The end of History for corporate law. *Georgetown Law Journal*, Washington, n. 89, p. 439-468, jan. 2001; CLARK, Robert. *Corporate law*. Boston: Little Brown and Company, 1986, p. 20, 675-681, p. 702; EASTERBROOK, Frank H.; FISCHEL, Daniel R. *The economic structure of corporate law*. Cambridge: Harvard University Press, 1996; COMPARATO; SALOMÃO FILHO. *O poder de controle...*; LEÃES, Luiz Gastão Paes de Barros. *Comentários à Lei das Sociedades Anônimas*, vol. II. São Paulo: Saraiva, 1980, p. 248; BULGARELLI, Waldirio. *Regime jurídico da proteção às minorias*. Rio de Janeiro: Renovar, 1988, p. 70-74; FRANÇA, Erasmo Valladão Azevedo e Novaes. *Conflito de interesses nas assembléias de S.A.* São Paulo: Malheiros, 1993, p. 21-63; MUNHOZ, Eduardo Secchi. *Empresa contemporânea e direito societário*: poder de controle e grupos de sociedade. São Paulo: Juarez de Oliveira, 2002, p. 36-60; SALOMÃO FILHO, Calixto. Interesse Social: A Nova Concepção. In: ____. *O novo Direito Societário*. 4ª ed. rev. e ampl. São Paulo: Malheiros, 2011. p. 27-51; SZTERLING, Fernando. *A função social da empresa no Direito Societário*. Dissertação (Mestrado em Direito). Faculdade de Direito da Universidade de São Paulo, São Paulo, 2003.

165 Art. 981 do Código Civil e art. 2º da Lei das S.A.

166 Daí a vedação à sociedade leonina (art. 1008 do Código Civil) e a obrigação dos sócios de contribuírem para a formação do fundo social (arts. 981, 997, IV e V e 1.004 e ss. do Código Civil).

167 Art. 1.034, II, do Código Civil e 206, II, "b", da Lei das S.A.

168 Art. 116, parágrafo único, da Lei das S.A. Não é objeto do livro o exame do poder de controle em si, senão quando diretamente relacionado com o tema da confusão patrimonial. Sobre o poder de controle, indica-se, fundamentalmente COMPARATO; SALOMÃO FILHO. *O poder de controle...*; GUERREIRO, José Alexandre Tavares. Sociedade anônima:

fim social[169]. O ato do sócio que coloca em risco o atingimento do fim social pode levar à sua exclusão[170]. Vale dizer, quebra a *affectio societatis* aquele que prejudica o atingimento do fim social[171].

Finalmente, qualquer acionista, ao votar, tem de fazê-lo no interesse da companhia[172]. O fim social, portanto, *dirige todos os estágios da vida da sociedade e em sociedade.*

poder e dominação. *Revista de Direito Mercantil, Industrial, Econômico e Financeiro,* Nova Série, ano 23, n. 53, p. 73-80, jan./mar. 1984; GUERREIRO, José Alexandre Tavares. Sociologia do poder na sociedade anônima. *Revista de Direito Mercantil, Industrial, Econômico e Financeiro,* Nova Série, ano 29, n. 77, p. 50-56, jan./mar. 1990. Ainda, EIZIRIK, Nelson. O mito do "controle gerencial" – alguns dados empíricos. *Revista de Direito Mercantil, Industrial, Econômico e Financeiro,* Nova Série, ano 23, n. 66, p. 103-106, abr. / jun. 1987; MACEDO, Ricardo Ferreira de. *Controle não societário.* Rio de Janeiro: Renovar, 2004. Finalmente, para uma visão geral, ver BERLE, Adolf; MEANS, Gardiner. *A moderna sociedade anônima e a propriedade privada.* Trad. de Dinah de Abreu Azevedo. São Paulo: Abril Cultural, 1984; LA PORTA, Rafael; LOPEZ DE SILANES, Florencio; SHLEIFER, Andrei. Corporate ownership around the world. *Harvard Institute of Economic Research Paper,* n. 1840, 1998, p. 19; ROE, Mark J.; BEBCHUK, Lucian. A theory of path dependence in corporate ownership and governance, 52 *Stanford Law Review 127,* 1999; DYCK, Alexander; ZINGALES, Luigi. Private benefits of control: an international comparison. *The Journal of Finance,* v. 59, n. 2, p. 537-600, 2004; NENOVA, Tatiana. The value of corporate votes and control benefits: a cross-country analysis, *Journal of Financial Economics,* v. 68, p. 325-351, 2001; GILSON, Ronald J. Controlling shareholders and corporate governance: complicating the comparative taxonomy, *Stanford Law and Economics Olin Working Paper No. 309,* ago. 2005; GORGA, Érica. Changing the paradigm of stock ownership from concentrated towards dispersed ownership? Evidence from Brazil and consequences for emerging countries, *Cornell Law Faculty Working Papers,* n. 42, 2008.

[169] Art. 1.017 do Código Civil e arts. 154 e 158, II, da Lei das S.A. Sobre a responsabilidade civil dos administradores, ver, por todos, ADAMEK, Marcelo Vieira von. *Responsabilidade Civil dos Administradores de S/A (e as ações correlatas).* São Paulo: Saraiva, 2009.

[170] Art. 1.085 do Código Civil. Sobre o tema, ver SPINELLI, Luis Felipe. *Exclusão de sócio por falta grave na sociedade limitada.* São Paulo: Quartier Latin, 2015; ADAMEK, Marcelo Vieira von. Anotações sobre a exclusão de sócios por falta grave no regime do Código Civil. *Revista de Direito Mercantil Industrial, Econômico e Financeiro,* v. 158, p. 111-134, 2011.

[171] Para uma análise crítica do conceito de *affectio societatis,* ver o excelente estudo: FRANÇA, Erasmo Valladão Azevedo Novaes e; ADAMEK, Marcelo Vieira von. "Affectio societatis": um conceito jurídico superado no moderno direito societário pelo conceito de "fim social". In: *Temas de Direito Societário, Falimentar e Teoria da Empresa.* São Paulo: Malheiros, 2009, p. 27-68.

[172] São regras que apontam para um interesse de não só assegurar a garantia dos credores, mas, também, conservar a produtividade do organismo societário. SIMONETTO. Concetto e composizione del capitale sociale..., p. 68.

E tal não seria diferente com o patrimônio social. As organizações societárias são finalísticas também na medida em que o seu fim impõe toda uma dinâmica ao patrimônio, ficando ele, assim como os bens que o compõem, totalmente funcionalizado para a exploração de uma atividade lucrativa[173-174]. Em razão disso, há um verdadeiro *poder-dever* por parte do titular desses bens[175]: um *poder* de vinculá-los a certo objetivo; e um *dever* de aproveitá-lo em consonância com os interesses protegidos pela ordem jurídica, o que não significa que não possa haver harmonização entre um e outro[176].

Assim, se os bens de produção estiverem inseridos em uma organização empresarial, eles devem desempenhar, efetivamente, função de produção, consistindo em abuso a sua não utilização ou subutilização[177].

Dessa constatação decorrem consequências importantíssimas, com repercussão inclusive no plano da eficácia da personalidade, pois o desvio dos bens que compõem o patrimônio da sua função de produção – assim como o afastamento da pessoa jurídica da finalidade para a qual a ordem jurídica reconhece a sua existência como um centro autônomo de imputação de direitos e deveres – pode ocasionar a aplicação dos remédios corretivos previstos na legislação.

173 Lembre-se da função de produção tratada no item 1.2.1 do Capítulo 1.

174 Embora não se compartilhe do alcance das conclusões de Fábio Konder Comparato, não deixa de chamar a atenção o fato de que a empresa personificada tornar-se-á, de acordo com o entendimento do ilustre professor da Universidade de São Paulo, um patrimônio finalístico, tal como a fundação, devendo o empresário servi-la, e não servir-se dela. Comparato. A Reforma da Empresa..., p. 70.

175 Importante frisar que se trata de *bens de produção*. Ensina Comparato: "Já vimos que a classificação dos bens em produtivos e bens de consumo não se funda em sua natureza ou consistência, mas na destinação que se lhes dê. Ora, fixar essa destinação ou função dos bens, no ciclo econômico, não é tarefa que deva ficar inteiramente submetida ao princípio da autonomia privada. A acumulação particular de terras agriculturáveis para fins de especulação, ou a retenção de terras públicas do mesmo tipo sem utilização compatível com os interesses da coletividade representam manifesto abuso de propriedade. O mesmo se diga do entesouramento de metais preciosos" (Comparato. *Função social da propriedade dos bens de produção...*, p. 77).

176 Comparato. *Função social da propriedade dos bens de produção...*, p. 75.

177 Comparato. *Função social da propriedade dos bens de produção...*, p. 79. S

2.2. Autonomia patrimonial

Mas se a ideia de *fim* está na base da personalidade jurídica, pois a complementa e a justifica, não menos importante é a noção de autonomia patrimonial, verdadeira precondição da pessoa jurídica[178]. Afinal de contas, "em matéria empresarial, a pessoa jurídica nada mais é do que uma técnica de separação patrimonial[179]".

2.2.1. Personalidade jurídica

O conceito da personalidade jurídica é bastante recente, fruto da pandectística alemã do século XIX[180]. Inexiste, por exemplo, no direito romano, cujo gênio não concebeu um conceito de pessoa jurídica de direito privado, tendo, no máximo, intuído a existência de "centros de imputação de direitos e deveres" (*centro di riferimento di relazioni giuridiche*, expressão utilizada por Orestano para designar o fenômeno e diferenciá-lo da personalidade jurídica[181]) ou de entidades com certa "subjetividade especial" (*speciale soggettività*, como refere Ferrara), mas só em relação a entidades de "direito público".

Era o caso do Estado romano (*populus romanus*), das unidades territoriais menores (municípios, vilas, coloniais), das corporações dominadas pelo Estado (corporações religiosas, de assistência, de ofícios, etc.) e das *societates publicanorum*, sociedades privadas, de interesse público[182].

Destaca Salomão Filho que a concepção dos "centros de imputação" era muito restritiva, em particular quando estavam em jogo interesses privados, como ocorria com a *societas*[183]. A tendência sempre foi ligar a *personificação jurídica* ao cumprimento de uma *função pública*[184]. E, de qualquer forma, os romanos, muito pragmáticos e pouco avessos às con-

178 Serick. *Aparencia y realidad...*, p. 53.

179 Ripert, Georges. *Aspectos jurídicos do capitalismo moderno.* Rio de Janeiro: Freitas Bastos, 1947, p. 60; Comparato; Salomão Filho. *O poder de controle...*, p. 450 e 470. Ver, também, Champaud. *Le pouvoir de concentration...*, p. 272; Oliveira. *A dupla crise...*, p. 302.

180 Comparato; Salomão Filho. *O poder de controle...*, p. 347.

181 Orestano, Ricardo. *Il problema delle persone giuridiche in diritto romano.* Torino: G. Giappichelli, 1968, p. 87-88

182 Ferrara, Francesco. *Le persone giuridiche.* 2ª ed. Torino: UTET, 1958, p. 09-10

183 Salomão Filho. "Societas"..., p. 73.

184 Comparato; Salomão Filho. *O poder de controle...*, p. 345-346.

cepções teóricas, certamente não teorizaram acerca da personalidade jurídica[185].

Contam Lamy Filho e Bulhões Pedreira que as corporações eclesiásticas medievais tiveram um papel importante no desenvolvimento do conceito de pessoa jurídica: "como os mosteiros eram 'propriedade de Deus', e não de seus membros, e esses se revezavam, ou sucediam, sem alteração, na titularidade da organização, formou-se a convicção da existência de um *corpus mysticus*, que sobrepairava aos seus membros, o que emprestava estabilidade e segurança à titularidade dos direitos dos monastérios e demais organizações religiosas[186]".

Coube, portanto, ao direito canônico o mérito de ter desenvolvido o conceito espiritual e transcendente do instituto[187]. Mas o passo definitivo, como se disse, só foi dado na Idade Moderna, mais exatamente a partir dos séculos XVIII e XIX[188]. E, como será visto mais adiante, uma vez admitida a personalidade jurídica da sociedade, precondição para a formação de um patrimônio autônomo apto a suportar as obrigações decorrentes da atuação no mundo jurídico do grupo de sócios, pareceu bastante natural que os sócios não respondessem pelas dívidas da sociedade, pelas dívidas de um sujeito de direito diverso que, por sua vez, responde ilimitadamente por suas obrigações[189].

2.2.2. Pessoa jurídica como técnica de separação patrimonial

A pessoa jurídica é técnica de separação patrimonial[190]. Isso porque não há como conceber um novo sujeito de direito com ampla e plena capacidade de atuação que seja desprovido de um patrimônio autônomo apto a respaldar o seu agir no mundo jurídico.

185 Sobre os antecedentes históricos da pessoa jurídica em Roma em língua portuguesa, ver OLIVEIRA. *Conceito de personalidade jurídica...*, p. 09-17

186 LAMY FILHO, Alfredo; BULHÕES PEDREIRA, José Luiz. In: ____. (Coord.). *Direito das companhias*. Rio de Janeiro: Forense, 2009, p. 41.

187 FERRARA. *Le persone giuridiche...*, p. 10-11.

188 WARDE JÚNIOR. *Responsabilidade dos sócios...*, p. 06.

189 ASCARELLI. *Problemas das sociedades anônimas...*, p. 344

190 RIPERT, Georges. *Aspectos jurídicos do capitalismo moderno*. Rio de Janeiro: Freitas Bastos, 1947, p. 60; CHAMPAUD. *Le pouvoir de concentration...*, p. 272; COMPARATO; SALOMÃO FILHO. *O poder de controle...*, p. 450 e 470; e OLIVEIRA. *A dupla crise...*, p. 302. Finalmente, cf. o que foi dito à nota de rodapé 145.

O patrimônio, como complexo de elementos autônomos, estará vinculado a uma pessoa[191] e unido por um fim específico. Explica Galvão Telles que a unificação das universalidades é o produto da conjugação de dois elementos coesivos, a (*i*) identidade de sujeito e (*ii*) a comunhão de fim[192].

A personalidade jurídica é a técnica que possibilita a segregação de um fundo patrimonial polarizado ao exercício de uma atividade lucrativa. Sendo autônomos os sujeitos de direito, autônomo é o patrimônio de cada um deles – razão pela qual recaem exclusivamente sobre os bens de cada patrimônio os débitos do sujeito que o titulariza[193-194]. Como ensina Pontes de Miranda, "ser pessoa é ser capaz de direitos e deveres. Ser pessoa jurídica é ser capaz de direitos e deveres separadamente; isto é, distinguidos o seu patrimônio e os patrimônios dos que a compõem, ou dirigem[195]."

Explica Comparato que a constituição de sociedades personificadas apresenta por *causa* a necessidade de separação patrimonial, isto é, a

[191] Por mais que tenham sido desenvolvidas teorias de *patrimônio sem sujeito*, difícil de afastar a ideia de tê-los como a pertença de uma pessoa. Mesmo no caso do patrimônio de afetação, destacado do patrimônio geral de um sujeito para o cumprimento de um fim específico (aceito como legítimo pelo ordenamento jurídico), ainda assim ele pertencerá a um sujeito, ainda que não se queira aderir, integral e acriticamente, à teoria subjetivista do patrimônio. Cf. OLIVA. *Patrimônio separado...*, especialmente p. 88-106.

[192] GALVÃO TELLES. *Das universalidades...*, p. 53 e 70.

[193] CARVALHO SANTOS, J. M. *Código Civil Brasileiro Interpretado*, vol. II. Rio de Janeiro: Freitas Bastos, 1964, p. 61. SYLVIO MARCONDES lembra que MESSINEO aconselha o uso da expressão patrimônio *autônomo*, e não a de patrimônio separado, quando se pretenda indicar, não o destaque de um núcleo de bens, que continua a pertencer a um mesmo titular, mas a formação, com elementos tirados de outro ou outros patrimônios, de um patrimônio novo, com sujeito próprio, ou, pelo menos, com finalidades próprias, sobre o qual incidem obrigações e direitos autônomos, como acontece na formação da pessoa jurídica" (...); "seja como for, de todos se deduz que o conceito de patrimônio autônomo está no plano dos sujeitos; o de patrimônio separado, no plano dos objetos". MARCONDES. *Limitação da responsabilidade...*, p. 234-235.

[194] "Essa separação patrimonial comporta graus, ela não é idêntica e uniforme em todos os casos. Mais acusada nas sociedades anônimas, em que o acionista não responde pelos débitos sociais, apresenta-se, ao contrário, mais atenuada naqueles tipos societários em que uma categoria de sócios, ou todos eles, respondem pelas dívidas da sociedade" (COMPARATO; SALOMÃO FILHO. *O poder de controle...*, p. 352).

[195] PONTES DE MIRANDA. *Tratado de Direito Privado*, t. I..., p. 288.

constituição de um patrimônio autônomo, cujos elementos não se confundem com a esfera patrimonial dos sócios; sendo essa autonomia um instrumento para a consecução do objetivo social, que só se sustenta pela permanência desse escopo e pela possibilidade de sua realização[196], assim, enquanto os próprios sócios não a corromperem.

Esclarece o eminente Professor que a constituição de empresas sob a forma de pessoas jurídicas, aliás, separa nitidamente o acervo empresarial dos patrimônios individuais dos sócios. Estes, de proprietários, passam à posição jurídica de participantes dos resultados de uma exploração patrimonial autônoma[197].

E não poderia ser diferente, pois pelas obrigações assumidas pela pessoa jurídica responde, em primeiro plano, tão somente o patrimônio desta. Havendo responsabilidade subsidiária dos sócios pelas dívidas da sociedade – nas sociedades em nome coletivo ou para os sócios comanditados das comanditas simples e por ações, por exemplo –, e tão-somente nessa hipótese, o patrimônio destes pode ser atingido. Do contrário, sendo limitada a responsabilidade dos sócios, nem depois de esgotado o patrimônio social os sócios podem ser atingidos.

2.2.3. Autonomia patrimonial e limitação da responsabilidade

Sylvio Marcondes destaca que a limitação da responsabilidade decorre de uma separação patrimonial, na qual ficam circunscritos os bens responsáveis pelo cumprimento das obrigações assumidas. Assim, "patrimônio separado e responsabilidade limitada, como irmãos siameses, se conjugam numa unidade permanente e indissolúvel[198]". A responsabilidade limitada seria, assim, uma contrapartida da efetiva contribuição dos sócios e da separação de um patrimônio apto a suportar as obrigações assumidas[199].

Por isso, como salienta Leães, o "conceito de patrimônio separado ou autônomo apresenta nexo com o problema da responsabilidade limi-

[196] Comparato; Salomão Filho. *O poder de controle...*, p. 351.

[197] Comparato. *Função social da propriedade dos bens de produção...*, p. 74.

[198] Marcondes. *Limitação da responsabilidade...*, p. 272. A esse propósito, ver, também, Simonetto. *Responsabilità e garanzia...*, p. 61 e ss.

[199] Ascarelli. *Panorama do direito comercial...*, p. 154. Diniz. *Subcapitalização societária*, p. 66-67; Domingues. *Variações sobre o capital social...*, p. 66-67.

tada[200]", pois só assim é possível garantir a existência de uma massa patrimonial apta a suportar a pretensão dos credores sociais[201]. É a margem mínima de solvabilidade[202].

No momento em que somente o patrimônio social responde, em caso de falência, pelos débitos sociais, este deve ser considerado como um bem reservado exclusivamente aos credores sociais, explica Tantini[203]. A limitação da responsabilidade, na verdade, está intimamente ligada ao cumprimento de uma dúplice função pelo patrimônio: função de produção e de garantia[204].

Nesse contexto, a disciplina jurídica do capital social aparece como um meio de tornar possível a limitação da responsabilidade, pois é ela que ajuda a garantir a integridade do patrimônio contra atos atentatórios eventualmente praticados por sócios e por administradores em detrimento do direito de garantia de terceiros[205] e também em prejuízo do cumprimento da sua função de produção.

Como exposto anteriormente, as normas referentes às contribuições dos sócios e às distribuições de dividendos, entre outras, visam à incolumidade do patrimônio, entidade sujeita a um contínuo processo de modificação em decorrência do exercício da atividade social[206]. Por isso, o instituto do capital social – apesar das críticas que recebe e da sua natural imperfeição inerente a um regime jurídico que se propõe a alcançar um ideal inalcançável, que seria o de acompanhar, enquanto cifra estática, uma entidade dinâmica como o patrimônio – continua sendo o melhor instrumento preventivo para preservar o patrimônio da sua apropriação pelos próprios sócios[207-208].

[200] Leães. *Do direito do acionista ao dividendo...*, p. 74.

[201] Penteado. *Aumentos de capital...*, p. 13.

[202] Comparato; Salomão Filho. *O poder de controle...*, p. 448.

[203] Tantini. *Capitale e patrimonio...*, p. 11 e 32.

[204] Simonetto. *Responsabilità e garanzia...*, p. 214.

[205] Penteado. *Aumentos de capital...*, p. 13.

[206] Penteado. *Aumentos de capital...*, p. 14.

[207] Penteado. *Aumentos de capital...*, p. 14-16.

[208] No direito norte-americano, explica Alfredo Lamy Filho, o conceito de capital social, no entender dos analistas, acabou abandonado. Mas por qual razão? Responde o co-autor do anteprojeto da Lei das S.A.: entende-se que "a contabilidade não seria capaz de assegurar a intangibilidade do capital social". Com base em Bayless Meaning, relata Lamy Filho que, para os norte-americanos, "não seria ela (a contabilidade) uma ciência exata,

Como salienta Lamy Filho, especificamente ao tratar da sociedade anônima, mas em raciocínio aplicável também à sociedade limitada: a garantia dos credores nas sociedades em que os sócios têm responsabilidade limitada repousa no conceito de capital social e nos princípios a ele inerentes (unidade, realidade e intangibilidade). Esses princípios estão presentes e permeiam quase todos os dispositivos das Leis de S.A.,

pois pode registrar um mesmo fato econômico de maneiras diversas, como nas hipóteses de dívidas (cobráveis ou incobráveis), do valor real dos itens do patrimônio, do vulto das depreciações exigidas, de venda ou compras a prestações – em qualquer desses casos, e em muitos outros, há um fator de subjetividade que seria impossível de eliminar. Por outro lado, os sistemas contábeis divergem – e, como exemplo, há pouco tempo, os jornais noticiaram o balanço de uma empresa alemã (a Daimler-Benz), que em 1993 apresentava lucro, segundo o sistema alemão, acusava prejuízo sob o sistema americano, sendo que, no ano seguinte, deu-se o inverso, com prejuízos na Alemanha e grande lucro nos Estados Unidos. Ora, refere Meaning, a segurança da intangibilidade do capital social repousa assim em fatores subjetivos incontroláveis". Lamy Filho. Capital social..., p. 03 e 06. Essa descrença no capital social acabou por eliminá-lo do *Model Business Corporation Act* (lei modelo da American Bar Association) em 1980, vindo tal solução a manter-se na profunda revisão que este texto sofreu em 1984, a partir da qual passou a ser designado por *Revised Model Business Corporation Act*. A bem da verdade, é preciso referir que, além dessa descrença generalizada na capacidade da contabilidade e do capital social, muito contribuiu para o enfraquecimento da figura do capital social a progressiva liberalização e a simplificação dos 'direitos societários estaduais', liderados pelo estado de Delaware, fenômeno conhecido como *law shopping* (a saber, a possibilidade de os empreendedores constituíram suas sociedades no Estado que lhes oferece a legislação societária mais favorável – o que deu início a uma feroz competição entre as diferentes legislações estaduais, para atrair a constituição de sociedades, tendo por consequência o referido movimento de flexibilização e liberalização das leis societárias, resultando, entre outras coisas, no enfraquecimento do instituto do capital social). É forçoso reconhecer, portanto, que essa "corrida da liberalização" ocorrida nos Estados Unidos a partir da segunda metade do Século XIX, pode ter tido por combustível menos a crença generalizada acerca da total inutilidade no que toca ao capital social como ferramenta de salvaguardo dos direitos dos credores, e mais a percepção de que era inútil manter as restrições e as regras mais severas diante do afrouxamento ofertado pelas legislações estaduais concorrentes. Domingues. *Variações sobre o capital social...*, p. 57, 86-88 e 108 e ss. (sobre a evolução e a importância do capital social no direito norte-americano, ver, na mesma obra, p. 78-100. Sobre a reação ao enfraquecimento do capital social nos Estados Unidos na forma da intensificação do recurso às garantias contratuais, ver p. 115).

garantem a separação absoluta dos patrimônios e fundamentam a limitação da responsabilidade dos sócios[209].

2.3. Responsabilidade

A responsabilidade dos sócios é tema clássico em direito societário e fundamental quando do exame da confusão patrimonial. No presente item, serão objeto de análise a genética da limitação da responsabilidade, a limitação da responsabilidade nas sociedades personificadas e o efeito da limitação da responsabilidade.

2.3.1. Genética da limitação da responsabilidade

A responsabilidade limitada não está necessariamente ligada à personalidade jurídica, mas, sim, à efetiva transferência de bens de produção, especificamente entradas de capital, que serão organizados e empregados por um terceiro no exercício de uma atividade empresarial[210]. Esse terceiro pode ser uma sociedade personificada ou mesmo um dos sócios.

Exatamente por isso, mesmo as formas societárias não personificadas podem oferecer limitação da responsabilidade desde que haja a transferência dos bens de produção para um dos sócios que atua em nome dos demais. E nisso não há nenhuma novidade, pois assim o é desde Roma.

A *societas*, o principal instrumento de organização do fenômeno empresarial na Roma antiga, era gerida, na ausência de disposição em contrário, por qualquer dos sócios individualmente[211], e as relações entre eles eram meramente internas, não se projetando no mundo jurídico.

Para adquirir direitos e contrair obrigações em prol do empreendimento comum, os sócios tinham de agir em nome próprio[212]. Os terceiros ignoravam a existência da sociedade (ou, para eles, ela era irre-

209 Lamy Filho, Alfredo. Considerações sobre a elaboração da Lei de S.A. e de sua necessária atualização. *Revista de Direito Mercantil, Industrial, Econômico e Financeiro,* São Paulo, n. 104, p. 86-94, out.-dez. 1996, p. 88). Igualmente, ver Domingues. *Do capital social...*, p. 203-220; Portale. Capitale sociale e società per azioni sottocapitalizzata..., p. 15.

210 Ciampolini Neto, Cesar; Warde Jr., Walfrido Jorge. A "teoria histórica da disciplina da responsabilidade dos sócios" e os precedentes em matéria de desconsideração da personalidade jurídica. In: ________ (coords). *O direito de empresa nos tribunais brasileiros.* São Paulo: Quartier Latin, 2010, p. 241.

211 Moreira Alves. *Direito romano...*, p. 532-533.

212 Arangio-Ruiz. *La società in diritto romano...*, p. 78 e ss., especialmente p. 84.

levante), pois que o único que se obrigava era aquele que se apresentava para a contratação[213]. Por isso, não existem relações obrigacionais entre *societas* e terceiros: só há créditos e obrigações de cada sócio com terceiros[214].

Somente aos sócios era atribuída a condição de sujeitos de direito[215]. Daí a irrelevância externa desta sociedade[216]. Em razão disso, "os sócios não dedicados à gestão, no que concerne aos proveitos, eram meros credores. Essa condição determinava sua irresponsabilidade perante terceiros[217]" – uma irresponsabilidade no plano externo.

No plano interno – onde a *societas* tinha eficácia –, os lucros ou as perdas resultantes da gestão deviam ser trazidos à "caixa comum", para serem partilhados pelos outros sócios[218] (o sócio tinha a obrigação de comunicar aos consócios os lucros que auferia ou de participar nas despesas por eles feitas em proveito da sociedade – *communicatio lucri et damni*)[219]. "Todos eram, por conta da relação interna, condôminos do patrimônio constituído pela soma das entradas, porém, simples credores, na proporção de suas quotas, quanto aos proveitos auferidos pelo sócio que, no exercício da empresa, deu-lhes causa[220]".

Segundo Walfrido Warde: "É fato, confirmado pela maioria dos autores, que os sócios, que não houvessem agido no exercício da empresa, eram meros titulares de créditos sobre os resultados, gozando, em contrapartida, de irresponsabilidade perante terceiros e, relativamente às perdas do sócio gestor, de responsabilidade limitada à sua quota do

[213] Salomão Filho. "Societas"..., p. 72.

[214] Justo, A. Santos. *Direito privado romano – II (direito das obrigações)*. 2ª ed. Coimbra: Coimbra, 2006, p. 77.

[215] Iglesias, Juan. *Derecho romano*. 15ª ed. Barcelona: Ariel, 2007, p. 269; Warde Júnior. *Responsabilidade dos sócios...*, p. 30.

[216] Com exceção das *societates publicanorum*, cuja relevância externa se devia ao interesse público a ela inerente – sobre essa espécie de *societas*, ver entre outros, Warde Júnior. *Responsabilidade dos sócios...*, p. 05, à nota de rodapé n. 07, e p. 39 e 41 e ss.

[217] Warde Júnior. *Responsabilidade dos sócios...*, p. 05.

[218] Warde Júnior. *Responsabilidade dos sócios...*, p. 05, também à p. 16 – Walfrido, citando Paulo, explica que "o sócio que emprestava dinheiro comum tornava-se individualmente dono dos juros, devendo, todavia, na sequência, dividi-los entre os demais" – p. 31.

[219] Chamoun, Ebert. *Instituições de direito romano*. 3ª ed. rev. e aum. Rio de Janeiro: Forense, 1957, p. 383; Justo. *Direito privado romano...*, p. 77.

[220] Warde Júnior. *Responsabilidade dos sócios...*, p. 31 e 33.

patrimônio[221-222]". Para o referido autor, "é razão suficiente para crermos seja essa a primeira forma de limitação da responsabilidade ligada a estruturas societárias de organização da empresa[223]".

Mais adiante, no curso da História, a Idade Média também conheceu a limitação da responsabilidade dos investidores da *comenda* – contrato de investimento posteriormente transmutado em sociedade[224]. E, nos dias de hoje, também se conhece a limitação da responsabilidade do sócio investidor de uma sociedade em conta de participação (cuja origem, aliás, é a própria comenda, segundo a maioria dos autores), o chamado *sócio participante*, pois essa sociedade não apresenta relevância exterior, tratando-se de uma sociedade meramente interna[225].

[221] WARDE JÚNIOR. *Responsabilidade dos sócios...*, p. 31 e 33.

[222] Só posteriormente, o direito justinianeu concedeu ao terceiro a faculdade de demandar também os outros sócios se obtivessem um enriquecimento (D. 17, 2, 82 interp.) (JUSTO. *Direito privado romano...*, p. 77-78).

[223] WARDE JÚNIOR. *Responsabilidade dos sócios...*, p. 31 e 33 – apesar de haver tese alternativa, segundo a qual a primeira forma de limitação da responsabilidade teria sido diversa, como expõe DI PORTO, Andre. *Impresa colletiva e schiavo "manager" in Roma antiga*: II Séc. A.C. – II Sec. D.C. Milano: Giuffrè, 1984, também citado por Salomão Filho e Warde Júnior em seus trabalhos.

[224] GOLDSCHMIDT. *Storia universale del Diritto Commerciale...*, p. 201 e 245; SOPRANO, Enrico. *Tratatto teorico-pratico delle società commerciali*, vol. I. Torino: UTET, 1934, p. 260; CAROSELLI. *L'associazione in partecipazione...*, p. 43.

[225] CUNHA GONÇALVES, Luís da. *Da conta em participação.* 2ª ed. Coimbra: Coimbra Editora, 1923, p. 24. Vale salientar: a conta de participação não tem existência jurídica exterior. Externamente, o ostensivo atua como se não houvesse sociedade – sendo o único que se obriga e que adquire direitos perante terceiros –, pois não revela a existência da sociedade entre ele e o sócio participante, não porque isto seja proibido, mas simplesmente porque a existência da associação entre eles simplesmente *não interessa* a terceiros, que contratam tão-somente com o ostensivo e que levam única e exclusivamente o patrimônio deste em consideração para fins de garantia do cumprimento das obrigações pactuadas (REQUIÃO, Rubens. *Curso de direito comercial*, vol. I. 23ª ed. São Paulo: Saraiva, 1998, p. 438). Terceiros, vale destacar novamente, não tratam com a sociedade, nem com os sócios, mas com uma pessoa qualquer, que, no mais das vezes, sequer desconfiam seja sócia ostensiva de uma conta de participação. Neste sentido, é importante salientar a ausência de dever por parte do sócio ostensivo de informar a respeito da existência de uma conta de participação. Os terceiros estão em situação de quem ignora que há sociedade – e não existe nenhum problema nisso (BORGES, João Eunápio. *Curso de Direito Comercial terrestre.* 5ª ed. Rio de Janeiro: Forense, 1976, p. 332; CARVALHO DE MENDONÇA, J. X. *Tratado de Direito Commercial brasileiro*, vol. IV, livro 2. 2ª ed. posta em dia por Achilles Bevilaqua e Roberto Carvalho de

Pelo exposto, não se pode afirmar – como fazem inadvertidamente alguns – que a limitação da responsabilidade surgiu com a personalidade jurídica, ou que só pode haver limitação da responsabilidade com ela. Observa com muita propriedade Norberto Mac-Donald que, tradicionalmente, a ideia de limitação da responsabilidade vem acompanhada da personalidade jurídica. Mas o "benefício da responsabilidade limitada não foi, pois, introduzido pela elaboração do conceito de pessoa jurídica. É anterior a ele, tanto com relação às sociedades anônimas, como a figuras associativas existentes na época romana e na intermédia. Assim, a concepção de uma sociedade como pessoa jurídica não constitui o fundamento da limitação da responsabilidade, mas sua justificação teórica dada *a posteriori*[226]".

Conclui-se, portanto, que nem todas as sociedades personificadas oferecem limitação da responsabilidade ao capital investido, assim como

Mendonça. Rio de Janeiro: Freitas Bastos, 1934, p. 236; Pontes de Miranda. *Tratado de Direito Privado*, t. XLIX..., p. 320 e 344; Almeida, José Gabriel Assis de. *A sociedade em conta de participação*. Rio de Janeiro: Forense, 1989, p. 66). E, mesmo que soubessem acerca da existência da sociedade, os terceiros e os participantes atuam em *planos distintos*, não possuindo aqueles direito de ação contra estes. Isto porque a sociedade em conta de participação simplesmente *não produz efeitos* perante terceiros, como dispõe o art. 993, *caput*, primeira parte, do Código Civil, e como regulava o Código Comercial de 1850 em seu art. 326. Dir-se-á, portanto, que a *faceta externa* da conta de participação é o próprio sócio ostensivo (seja este uma pessoa física ou jurídica, exerça ou não uma atividade empresária), o único que, para todos os efeitos, mantém relações com o mundo exterior. É ele quem contrata em nome próprio, adquirindo direitos e contraindo obrigações em favor do empreendimento comum. Daí dizer-se que é o ostensivo *peça-chave desse esquema* (Garrigues, Joaquín. *Tratado de Derecho Mercantil*, t. III, vol. I. Madrid: Revista de Derecho Mercantil, 1964, p. 183; Broseta Pont, Manuel. *Manual de Derecho Mercantil*. Madrid: Editorial Tecnos, 1971, p. 306). Por tudo isso, o ostensivo é o único responsável perante terceiros pelas obrigações assumidas, já que o participante por nada responde com o seu patrimônio, ressalvado eventual ajuste de repartição de prejuízos celebrado entre este último e o ostensivo, pacto que, porém, possui apenas *eficácia interna* – isto é, no que concerne à relação ostensivo-participante, relação que *é toda íntima*, como bem refere Inglez de Souza (Inglez de Souza, Herculano. *Direito Commercial*: Preleções na Faculdade Livre de Sciencias Juridicas e Sociais do Rio de Janeiro compiladas por Alberto Biolchi. São Paulo: Estudos Profissionaes Salesianos, 1906, p. 72).

[226] Mac-Donald. Pessoa Jurídica..., p. 313. Da mesma forma, a doutrina de José Lamartine Corrêa de Oliveira: "a responsabilidade limitada não é uma decorrência inevitável da personalidade jurídica" (Oliveira. *A dupla crise*..., p. 261).

nem toda a sociedade que protege o patrimônio pessoal de um sócio precisa, inexoravelmente, apresentar personalidade jurídica. Para o primeiro caso, basta lembrar a sociedade em nome coletivo e a sociedade simples; para o segundo, a sociedade em conta de participação.

2.3.2. Limitação da responsabilidade nas sociedades personificadas

A responsabilidade limitada não está necessariamente ligada à personalidade jurídica, mas, sim, à efetiva transferência de bens de produção, especificamente entradas de capital, que serão organizados e empregados por um terceiro no exercício da atividade empresarial[227]. Se esse terceiro for uma sociedade, a autonomia patrimonial – corolário da personificação do ente – significará, em última análise, que os bens do patrimônio da pessoa jurídica não pertencem diretamente aos sócios ou associados, mas exclusivamente à própria pessoa jurídica: os sócios colocam-se na condição de credores do lucro obtido pela sociedade[228].

Significa, também, que é esse patrimônio que responde pelas obrigações contraídas pela pessoa jurídica, se não exclusivamente, ao menos em primeiro lugar (em razão de benefício de ordem). É que essa autonomia patrimonial, aliada à limitação da responsabilidade oferecida por alguns dos tipos societários, garante que seja interposta uma "barreira" entre o patrimônio da sociedade e o de seus sócios[229]. Neste último caso, não há sequer responsabilidade residual[230]. Seu patrimônio pessoal está salvaguardado, regra geral, das vicissitudes da atividade econômica explorada[231]. Da mesma forma, os débitos pessoais dos sócios não atin-

[227] Ciampolini Neto; Warde Jr. A "teoria histórica da disciplina da responsabilidade dos sócios"..., p. 241.

[228] Essa afirmação deve, obviamente, ser tomada com cuidado, sobretudo em relação à posição do sócio controlador, que não pode ser tomado como mero "credor" dos lucros produzidos pela pessoa jurídica, especialmente em razão da sua posição de comando sobre os rumos da sociedade.

[229] Leães. *Do direito do acionista ao dividendo...*, p. 75.

[230] "O sócio que tenha prestado a parte de capital subscrita terá solvido a sua dívida para com a sociedade nada tendo a ver com terceiros, credores desta" (Marcondes. *Limitação da responsabilidade...*, p. 268).

[231] Desde que tenha havido a efetiva e adequada transferência dos meios de produção para a sociedade e eles não tenham sido apropriados pelos sócios em momento posterior.

gem o patrimônio da sociedade, salvo indiretamente no caso de penhora e de liquidação da quota.

Não resta dúvida, assim, que a limitação da responsabilidade é a expressão máxima do princípio da separação entre pessoa jurídica e pessoas-membros, pois resulta na total exclusão de outros responsáveis que não a pessoa jurídica[232].

Como salienta Mac-Donald, "graças ao conceito de pessoa jurídica, a responsabilidade limitada do acionista pôde não mais ser considerada, como o foi por um tempo, um benefício em sentido próprio, ou seja, um privilégio, uma exceção ao princípio geral da ilimitada responsabilidade patrimonial"[233]. Segundo o Professor, a técnica da personificação da sociedade faz incidir o próprio princípio que cada qual é responsável pelas suas obrigações, em razão de que o sócio não responde pelas obrigações sociais justamente porque elas são de outra pessoa – no caso, da pessoa jurídica[234].

É princípio geral do direito obrigacional que cada qual responde por suas obrigações e atos[235-236]. Exatamente por isso, o responsável pelo

[232] Oliveira. *A dupla crise*..., p. 261.

[233] Mac-Donald. Pessoa Jurídica..., p. 313.

[234] Mac-Donald. Pessoa Jurídica..., p. 313.

[235] Da relação obrigacional existente entre credor e devedor nascem o *débito* e o *crédito*, consistentes, respectivamente, no *dever de prestar* e no *direito de receber a prestação* (Gomes, Orlando. *Obrigações*. 14ª ed. Rio de Janeiro: Forense, 2000, p. 09-10 e 17). Do inadimplemento desta obrigação por parte do devedor (falha no dever de prestar), surge para o credor o direito de responsabilizar o patrimônio daquele, sujeitando todos os bens que o compõem ao atendimento coativo da prestação (Zavascki, Teori. *Processo de execução*: parte geral. 3ª ed. São Paulo: Revista dos Tribunais, 2004, p. 190; Comparato, Fábio Konder. *Essai d' Analyse Dualiste de l' Obligation en Droit Privé*: Paris: Dalloz, França, 1964, p. 62 e ss.). Nisso consiste a *responsabilidade patrimonial*, instituto de natureza processual, que se desencadeia em decorrência da crise estabelecida pelo não cumprimento espontâneo da obrigação e pela consequente necessidade do recurso à tutela coativa do Estado para que se possa agredir o patrimônio do devedor na busca pela satisfação do crédito (Zavascki. *Processo de execução*..., p. 09-10; Galvão Telles. *Das universalidades*..., p. 111 e ss.).

[236] Adverte Larenz que a responsabilidade segue a dívida "como a sombra de seu corpo". Salienta o Professor de Kiel que "aquele que assume uma obrigação não tem apenas um dever jurídico-moral (o que, para alguns, significaria muito pouco), mas corre, efetivamente, o risco de perder seu patrimônio (ou uma parte do mesmo) por via executiva". É como se a responsabilidade que acompanha a dívida gravitasse em torno desta. Larenz, Karl. *Derecho de obligaciones*, t I. Madrid: Editorial Revista de Derecho Privado, 1958, p. 32.

adimplemento da obrigação é quase sempre o próprio obrigado, chamado *devedor*[237]. É a chamada "responsabilidade patrimonial primária", cuja sede normativa está no art. 789 do Código de Processo Civil[238]. Pela dívida da sociedade, responde a sociedade; pela dívida dos sócios, respondem os sócios.

Há situações, porém, em que a responsabilidade se dissocia da obrigação e vai atingir a esfera jurídica de um terceiro que não o devedor, como ocorre com o sócio da sociedade que não oferece limitação da responsabilidade[239]. Vale dizer, quando o sócio tem o seu patrimônio atingido, responde por dívida que não era originariamente sua, mas, sim, da sociedade[240-241] É a chamada "responsabilidade patrimonial secundária"

[237] ZAVASCKI. *Processo de execução...*, p. 193.

[238] ZAVASCKI. *Processo de execução...*, p. 193.

[239] O devedor é, a um só tempo, obrigado e responsável. Natural, portanto, que seu patrimônio responda pelas obrigações por ele contraídas. Entretanto, como referido, é juridicamente possível dissociar *débito* e *responsabilidade* ("*Schuld*" e "*Haftung*"), de modo que outras pessoas acabem respondendo pela obrigação contraída pelo devedor. Isso se dá em virtude de norma expressa (responsabilidade subsidiária de sócio, *v.g.*) ou ato de vontade (na fiança, *v.g.*), quando, então, a responsabilidade pelo cumprimento da obrigação é estendida para alcançar o patrimônio daquele que não deu origem ao débito. É a chamada *responsabilidade sem dívida*, situação em que há uma clara dissociação entre *débito* e *responsabilidade* como anteriormente se referiu. Pode-se sumariar a questão da seguinte forma: em geral, as pessoas respondem, pois devem. No entanto, em virtude de lei ou ato de vontade, terceiros podem responder por dívida alheia, não porque deram origem ao débito, mas simplesmente porque lhes é atribuída uma *responsabilidade especial* (ASSIS, Araken. *Manual da execução.* 13ª ed. São Paulo: Revista dos Tribunais, 2010, p. 227), valendo salientar que o direito de regresso que o sócio responsabilizado tem contra a sociedade decorre dessa dicotomia. Relevante, a esse propósito, a lição de SYLVIO MARCONDES: "Embora na generalidade dos casos, a dívida e a responsabilidade se reúnam, sem restrições ou limites, na figura do devedor, a discriminação desses elementos, na estrutura da relação obrigacional, seja conceitual, seja dogmática (...), tem o mérito inegável de decompor a obrigação nas duas fases possíveis de seu ciclo de atuação: uma, do cumprimento voluntário e espontâneo; outra, da execução por inadimplemento". Nesse sentido os casos de dívida sem responsabilidade e responsabilidade sem dívida (MARCONDES. *Limitação da responsabilidade...*, p. 262 e ss). Sobre o assunto, ver, essencialmente, COMPARATO, Fábio Konder. *Essai d' Analyse Dualiste de l' Obligation en Droit Privé*: Paris: Dalloz, França, 1964, p. 168 e ss., especialmente p. 211 e ss.

[240] ZAVASCKI. *Processo de execução...*, p. 193.

[241] Observa ZAVASCKI que a "doutrina predominante, na esteira do pensamento de Liebman, considera o responsável secundário como terceiro, e não como parte, na relação processual. Essa orientação, que tem como conseqüência prática mais importante a de defi-

(ou responsabilidade sem dívida), sendo o 790, II, do Código de Processo Civil um exemplo disso[242].

Na hipótese de haver responsabilidade patrimonial secundária, é importante atentar para o seguinte: (*i*) sempre que se exaurir o patrimônio do devedor é possível buscar a satisfação do crédito no patrimônio do responsável em segundo grau; (*ii*) aquele que tem a responsabilidade patrimonial secundária sempre pode exigir – observados os termos da lei processual, (isto é, desde que indique bens livres e desembargados, situados na mesma comarca, suficientes para o pagamento da dívida) – que primeiro sejam excutidos os bens do responsável em primeiro grau (com exceção daquele que contratou pela sociedade em comum, conforme o art. 990 do Código Civil), pois goza de benefício de ordem, como se depreende, por exemplo, do disposto nos arts. 1.024 do Código Civil e 795 do Código de Processo Civil. Nisto consiste o princípio da subsidiariedade.

Tanto o Código Civil quanto o Código de Processo Civil possuem dispositivos que apontam para a extensão da responsabilidade patrimonial do devedor (ou do terceiro responsável). Neles está disposto que, pelo inadimplemento das obrigações, respondem todos os bens do deve-

nir como sendo os embargos de terceiro (e não os embargos do devedor) o instrumento de defesa do responsável secundário, deve ser tomada com reservas" (Zavascki. *Processo de execução...*, p.194).

[242] "Característica fundamental da responsabilidade sem dívida é a possibilidade de ressarcimento do sujeito obrigado a pagar perante o devedor". Vale destacar que a frequentíssima hipótese de desconsideração da personalidade jurídica não admite a possibilidade de ressarcimento do sócio perante a sociedade. "Nela, o sujeito responde por dívida própria, decorrente não de um ato mas de uma atividade abusiva. Trata-se de responsabilidade societária (...)". "Seu caráter distintivo está na prática de uma atividade lesiva e no fato de que o responsável será sempre seu beneficiário, que não se confunde necessariamente com os executores da *atividade lesiva*. Assim, em uma sociedade isolada, a desconsideração atingirá o patrimônio do controlador e não do administrador que executou as suas ordens. Em uma sociedade pertencente a um grupo em que o benefício foi transferido a outra sociedade controlada e não à *holding*, será aquela e não esta a última a ser atingida pela desconsideração". E vale dizer, "o sujeito atingido pode ser responsabilizado em via principal pelo credor. É devedor e não apenas garante ou responsável. Consequentemente, é impossível o exercício de direito de regresso contra a sociedades (ou o sócio)". Comparato; Salomão Filho. *O poder de controle...*, p. 478-480.

dor (art. 391 do Código Civil), presentes e futuros, salvo as restrições estabelecidas em lei (art. 789 do Código de Processo Civil)[243-244].

[243] A dimensão da responsabilidade é explicitada por HUMBERTO THEODORO JÚNIOR: "tanto os bens existentes ao tempo da constituição da dívida como os que o devedor adquiriu posteriormente ficam vinculados à responsabilidade pela execução. (...). Pouco importa, por isso, se o objeto do devedor a penhorar existia ou não ao tempo em que a dívida foi constituída". É o *princípio da responsabilidade patrimonial* do devedor. Salvo as exceções legais, portanto, compromete o devedor todo o seu patrimônio (THEODORO JÚNIOR, Humberto. *Curso de direito processual civil*, vol. II. 44ª ed. Rio de Janeiro: Forense, 2009, p. 178). Certos bens, por razões de várias ordens, não estão sujeitos a execução forçada. Não estão sujeitos à execução os bens que a lei considera impenhoráveis (CPC, art. 648), estes enumerados pelo art. 649 do CPC, estando entre eles os móveis, pertences e utilidades domésticas que guarnecem a residência do executado, salvo os de elevado valor ou que ultrapassem as necessidades comuns correspondentes a um médio padrão de vida, os vestuários, bem como os pertences de uso pessoal do executado, salvo se de elevado valor, os livros, as máquinas, as ferramentas, os utensílios, os instrumentos ou outros bens móveis necessários ou úteis ao exercício de qualquer profissão, a quantia depositada em caderneta de poupança até o limite de 40 (quarenta) salários mínimos. Estes são exemplos de bens absolutamente impenhoráveis, salvo se o crédito foi concedido para aquisição do próprio bem (parágrafo primeiro) ou, no caso do inciso IV, se for penhora para pagamento de prestação alimentícia (parágrafo segundo). Há, também, os relativamente impenhoráveis, os quais poderão ser excutidos na falta de outros bens. São os rendimentos dos bens inalienáveis, salvo se destinados à satisfação de prestação alimentícia (CPC, art. 650). Há ainda, o caso da impenhorabilidade do imóvel de família, instituída pela Lei 8.009/90. Para todos os efeitos, esse imóvel deve ser o único utilizado pelo casal ou pela entidade familiar para moradia permanente. Na mesma situação está o imóvel pertencente a pessoas solteiras, separadas e viúvas (Súmula 364 do STJ). Vale lembrar que a impenhorabilidade compreende também o imóvel sobre o qual se assentam a construção, as plantações, as benfeitorias de qualquer natureza e todos os equipamentos, inclusive os de uso profissional, ou móveis que guarnecem a casa, desde que quitados (Lei 8.009/90, art. 1º, parágrafo único). As exceções à impenhorabilidade do imóvel de família estão nos artigos 3º e 4º da referida lei.

[244] Vale salientar a lição de GALVÃO TELLES: "(...) o patrimônio é algo que se encontra preparado, por essência, desde que nasce até que morre, para ser objeto de determinado direito; direito que sob o ponto de vista conceptual lhe anda assim indissoluvelmente ligado. Direito que na prática das coisas pode a todo o instante recair sôbre o património e a quási todo o instante sôbre ele recai. Êsse direito é o que chamamos *direito geral de execução*". "(...) é um direito *universal* porque o seu objecto imediato e específico não reside em cada um desses mesmos bens, mas no *património* respectivo, considerado como universalidade e, portanto, como objecto único e incorpóreo". "O devedor pode alienar livremente, um a um, todos os seus bens: tais alienações são válidas. Dêste modo, salvo o recurso excepcional a certas providências criadas por lei, como é o caso da acção pauliana, não têm os

Em direito societário, portanto, a regra geral é a da subsidiariedade na relação sociedade-sócios. Mesmo no caso da sociedade que não oferece limitação da responsabilidade, salvo a hipótese do sócio que contratou pela sociedade em comum, os sócios respondem pelas obrigações sociais somente depois de exaurido o patrimônio social, como dispõem os arts. 1.024 do Código Civil e 795 do Código de Processo Civil[245-246].

Mas as sociedades mais utilizadas são justamente aquelas que oferecem o benefício da limitação da responsabilidade. Com efeito, as sociedades – por regra, pessoas jurídicas no direito brasileiro, à exceção das sociedades em comum e em conta de participação –, possuem existência distinta da dos seus sócios, sejam elas sociedades de pessoas ou de capital[247]. É a ideia ínsita no novo art. 49-A do Código Civil: "A pessoa

credores outro remédio senão curvar-se perante os actos de disposição praticados pelo devedor. Isto mostra bem que o direito geral de execução não afecta especificada e individualizadamente as várias coisas que ao devedor pertencem (...)". "O direito geral de execução derrama-se e dilui-se por todo o património". "Outra razão por que ao direito geral de execução se deve atribuir, como objecto específico, o património, está no facto de os credores não terem de se cingir aos bens que já existiam na mão do devedor quando do nascimento dos seus créditos. O património, à semelhança de qualquer outra universalidade, é de conteúdo variável: assim como os bens alienados escapam ao poder de execução dos credores, assim a êsse poder ficam sujeitos os bens adquiridos". Galvão Telles. *Das universalidades...*, p. 107-108.

245 Como propriamente observa Zavascki, "nem só os bens do devedor dão suporte à responsabilidade patrimonial. Há bens, como os alienados em fraude à execução, que já estão no patrimônio de terceiro e que, mesmo assim, podem ser apreendidos para serem entregues ao exeqüente, ou penhorados e alienados para satisfazer as dívidas do executado". Entretanto, os bens transferidos em fraude à execução, "nunca se incorporaram *eficazmente* no patrimônio de terceiro". Para o Estado-juiz, "é como se jamais tivessem deixado de pertencer ao devedor". Zavascki. *Processo de execução...*, p. 192-195.

246 "Para efeito de responsabilidade patrimonial, é irrelevante a situação possessória dos bens do devedor. Sem prejuízo da preservação de eventuais vínculos contratuais legitimamente estabelecidos entre o proprietário e terceiros de boa-fé, os bens objeto de execução específica, e os penhoráveis, na execução por quantia certa, podem ser perseguidos sejam em que mãos estiverem (CPC, art. 592, III). Desapossado por força de apreensão, arresto ou penhora, reserva-se ao prejudicado a faculdade de assestar contra o exeqüente a ação de embargos de terceiro (CPC, art. 1.046)" (Zavascki. *Processo de execução...*, p. 193).

247 Na Itália e na Alemanha, diferentemente, somente as sociedades de capital possuem personalidade jurídica. Assim, a sociedade em nome coletivo e a sociedade em comandita simples, por exemplo, são sociedades não personificadas nestes países. A limitação de responsabilidade não é uma consequência lógica da pessoa jurídica. Na França, como no Bra-

jurídica não se confunde com os seus sócios, associados, instituidores ou administradores"[248].

Possuem nome, nacionalidade, domicílio, patrimônio e capacidade negocial, enfim, todos os atributos necessários para interagir no mundo jurídico, adquirindo direitos e contraindo obrigações em nome próprio, cujos efeitos patrimoniais serão suportados pelo seu patrimônio, autônomo em relação ao dos sócios. E toda essa independência[249] completa-se com a limitação da responsabilidade.

2.3.3. Efeito da limitação da responsabilidade

O mecanismo da limitação da responsabilidade permite, metaforicamente falando, que os sócios construam um muro para proteger o seu patrimônio pessoal dos credores sociais[250]. O referido benefício funciona

sil, quase todas as sociedades têm personalidade jurídica, mas nem todas oferecem limitação da responsabilidade.

[248] Do ponto de vista dogmático, é totalmente dispensável o presente artigo de lei, pois a declaração nele contida decorre do simples conceito de pessoa. E antes que se diga que o dispositivo é válido "para efeito pedagógico" – para que a Justiça do Trabalho, por exemplo, passe a respeitar a autonomia existente entre a pessoa jurídica e a pessoa dos sócios e administradores –, registre-se que não se afigura crível que um dispositivo que apenas repete o óbvio possua tal poder. Efetivamente, se aquilo que já é claro não é observado, o óbvio ululante, por mais gritante que seja, também não o será.

[249] São esclarecedoras as palavras de Ascarelli sobre a independência entre sociedade e sócio, em comentário que faz mirando a sociedade anônima: "Admitido o princípio da responsabilidade limitada era possível admitir, também, ser a pessoa do sócio indiferente à caracterização jurídica da sociedade, sendo, por isso, possível a mudança da pessoa do sócio, independentemente de uma modificação do contrato social e do consentimento dos demais sócios. Com efeito, quando o sócio é limitadamente responsável – especialmente se a ação é integralizada – pode ser, juridicamente, indiferente, em princípio, ser o acionista da sociedade, Fulano ou Beltrano". "Note-se, no entanto, o alcance deste princípio; a sociedade acaba por ser, juridicamente, independente das pessoas dos seus sócios; a pessoa do sócio desaparece e, ao contrário, campeia o capital; à variabilidade das pessoas dos sócios se contrapõe a fixidez do capital social". "O princípio de não importar a mudança dos sócios uma modificação do contrato social apresentou-se, talvez, na origem das sociedades anônimas, com um cunho ainda mais excepcional, do que o próprio princípio da responsabilidade limitada, cujos precedentes históricos eram mais frequentes e numerosos". Cf. Ascarelli. *Problemas das sociedades anônimas...*, p. 356.

[250] Leães. *Do direito do acionista ao dividendo...*, p. 75.

como um instrumento de alocação de risco[251]; um limitador de perdas, que estimula o empreendedorismo, pois o sócio pode investir em atividades mais arriscadas, com a segurança de que perderá apenas aquilo que inverteu no empreendimento[252].

Esse mecanismo está, ao lado das sociedades anônimas, dos títulos de crédito e dos seguros, no grupo dos maiores legados do direito comercial para o desenvolvimento econômico[253].

Mas o benefício da responsabilidade limitada não é algo concedido graciosamente aos sócios da sociedade limitada ou da companhia como se fosse um privilégio outorgado a pessoas afortunadas. Muito menos é um direito projetado em prejuízo de eventuais credores desatendidos em um esquema do tipo "proteja-se o empreendedor e danem-se os outros". Assim não é.

Com efeito, como destaca Simonetto, a disciplina atual do direito societário consiste em um temperamento entre a necessidade da tutela do crédito, de um lado, e a necessidade de estimular a constituição de organismos econômicos cada vez mais vastos, de outro lado. E como há interesse público tanto no estímulo à criação de grandes empresas, quanto relativamente à tutela do crédito, cria-se um relevante ponto de tensão. Nesse caso, o equilíbrio se atinge com a conjugação de dois

[251] Quando o parágrafo único do art. 49-A do Código Civil prevê que "*A autonomia patrimonial das pessoas jurídicas é um instrumento lícito de alocação e segregação de riscos, estabelecido pela lei com a finalidade de estimular empreendimentos, para a geração de empregos, tributo, renda e inovação em benefício de todos*", claramente confunde autonomia patrimonial com limitação da responsabilidade. Como já foi visto, há sociedades personificadas – portanto, com autonomia patrimonial – que não oferecem limitação da responsabilidade (sociedade em nome coletivo, por exemplo) e sociedades não personificadas que protegem o patrimônio de ao menos uma categoria de sócios (sociedade em conta de participação). A Lei da Liberdade Econômica, que introduziu o referido dispositivo legal no Código Civil, incorreu em atecnia nesse ponto.

[252] Comparato; Salomão Filho. *O poder de controle...*, p. 447. Explica Calixto Salomão Filho que "A vinculação do insucesso econômico do empresário à sua ruína pessoal é sem dúvida um 'custo muito alto' que desincentiva a atividade empresarial" (Comparato; Salomão Filho. *O poder de controle...*, p. 439).

[253] Para uma abordagem jurídico-econômica da limitação da responsabilidade, ver, entre outros, Easterbrook; Fischel. *The economic structure of corporate law...*, p. 40-62; Hansmann, Henry; Kraakman, Reinier. What is corporate law? In: *The anatomy of corporate law.* Oxford: Oxford University Press, 2004, p. 08-10.

institutos: a limitação da responsabilidade, como vetor do estímulo da concentração de capitais e do empreendedorismo, e a autonomia patrimonial da sociedade, como instrumento de garantia do crédito[254-255].

Nos dias de hoje, é senso comum que a existência de um patrimônio social (possível autonomamente apenas porque existe um ente personificado capaz de titularizá-lo) é a chave para a limitação da responsabilidade dos sócios (ou ao menos do princípio da subsidiariedade no caso das sociedades que não oferecem aquele benefício). Isso porque a existência de um patrimônio próprio constitui a garantia dos credores da sociedade, só se admitindo a limitação da responsabilidade, portanto, como uma decorrência lógica da existência de uma pessoa jurídica e de um patrimônio autônomo apto a suportar as dívidas decorrentes das relações que a sociedade trava com os outros agentes do mercado[256].

E um patrimônio só é verdadeiramente autônomo se houver a efetiva transferência dos bens de produção para a sociedade e a consequente formação de uma base econômica capaz de suportar o exercício da atividade, sem que se transfiram anomalamente riscos para terceiros (e tudo isso a depender, também, da sua não apropriação pelos sócios em momento posterior). Só assim o patrimônio social pode cumprir a sua função de produção e de garantia. Em outras palavras, a autonomia patrimonial efetiva é condição indispensável para a limitação da responsabilidade, sendo a confusão patrimonial, objeto da segunda parte da obra, a sua verdadeira antítese.

254 SIMONETTO. *Responsabilità e garanzia...*, p. 19-22.

255 Segundo FÁBIO KONDER COMPARATO, a regra da limitação da responsabilidade é uma exceção. "Trata-se de uma exceção que leva a externalidades negativas em caso de falência, mas que se justifica na necessidade, absoluta do ponto do ponto de vista macroeconômico, de proporcionar aos agentes uma porta de saída do mercado sem custos insuportáveis (como são aqueles da ruína pessoal). A responsabilidade limitada é, portanto, uma distribuição de riscos, forçada, mas necessária, feita pelo legislador" (COMPARATO; SALOMÃO FILHO. *O poder de controle...*, p. 488).

256 ASCARELLI. *Panorama do direito comercial...*, p. 150.

Parte II
Desordem Patrimonial Societária

Sabe-se que a pessoa jurídica, nascida da vontade de seus instituidores, atua no mundo jurídico como uma pessoa independente, agindo em busca do atingimento da vontade daqueles. Para tanto, entre outros atributos, possui autonomia patrimonial e, em alguns casos, chega a oferecer aos seus membros limitação da sua responsabilidade, como é o caso das sociedades limitadas e anônimas (únicas que oferecem tal benefício para todos os sócios, além das cooperativas – cujos estatutos, porém, podem prever responsabilidade subsidiária dos sócios, de acordo com art. 1.095 do Código Civil[257] – e das associações).

[257] A *sociedade cooperativa*, por sua vez, possui um sistema *sui generis* de responsabilidade dos sócios. Com efeito, os cooperados escolhem, quando da constituição da cooperativa, entre: (*i*) ter a sua responsabilidade limitada ao valor do aporte feito, mas respondendo pelo prejuízo verificado nas operações sociais na proporção em que delas tenha participação; ou (*ii*) ter responsabilidade ilimitada, quando, então, arcam com débitos da sociedade de forma subsidiária em relação à sociedade, porém ilimitada e solidariamente entre eles (Lei 5.764/71, arts. 11-13, e CC, art. 1.095). No caso da cooperativa com responsabilidade ilimitada, os cooperados respondem, além da obrigação que assumiram quanto ao pagamento de suas quotas, por todos os demais débitos da sociedade, não importando sua origem. Todavia, é importante salientar que, apesar de ilimitada e solidária, a responsabilidade dos cooperados é subsidiária (ou seja, primeiro deve-se esgotar o patrimônio social para somente então atingir o patrimônio pessoal dos sócios). Já no caso de cooperativa com responsabilidade limitada, há duas ordens de responsabilidade diferentes: (*a*) os sócios respondem limitadamente ao aporte que se comprometeram a realizar (respondem pela integralização daquilo que subscreveram do capital social), apesar de responderem pelos prejuízos decorrentes das operações inerentes ao objeto social da sociedade e que o sócio tenha participado, mas proporcionalmente ao volume de sua participação em tais opera-

A liberdade de associação (e, por consequência, de constituir uma pessoa jurídica e, dependendo do caso, de proteger o patrimônio particular) é, na verdade, um direito que os particulares possuem (art. 5º, XVII, da Constituição Federal). Mas, como todo direito, vale lembrar, deve ser exercido dentro de certos limites (art. 187 do Código Civil). No caso das pessoas jurídicas, os principais são (*i*) a estrita observância da finalidade para a qual a ordem jurídica previu a sua criação (se associação ou fundação, a exploração de um objeto qualquer, mas sem a possibilidade de distribuir lucros – objetivo não lucrativo); se sociedade, a exploração de uma atividade que visa ao lucro) e (*ii*) a separação absoluta do patrimônio da pessoa jurídica dos patrimônios particulares dos sócios, associados, instituidores e administradores[258].

Vencido o estudo do ordenamento patrimonial societário, tema da Parte I do presente livro, será objeto de análise, na Parte II, uma de suas principais disfunções: aquilo que a doutrina e a legislação convencionaram chamar de "confusão patrimonial". Nos três próximos capítulos, designados Lineamentos de uma Teoria da Confusão Patrimonial (Capítulo 3), Confusão Patrimonial nas Sociedades Isoladas (Capítulo 4) e Confusão Patrimonial nos Grupos Societários (Capítulo 5), tentar-se-á alcançar um conceito de confusão patrimonial (item 3.1), analisar a sua natureza e seus efeitos (item 3.2) e questões inerentes à prova de sua ocorrência (item 3.3), para, finalmente, examinar-se a questão nas sociedades isoladas (Capítulo 4) e nos grupos societários (Capítulo 5), mais especificamente a sua caracterização (itens 4.1. e 5.1), a sua constatação (itens 4.2. e 5.2) e a tutela dos credores (itens 4.3. e 5.3).

ções (sendo que, nesta hipótese, a responsabilidade pessoal é individual de cada cooperado pelos prejuízos decorrentes de tais operações, inexistindo solidariedade); (*b*) no entanto, em se tratando de obrigação assumida pela cooperativa em negócios que não estejam identificados especificamente com as operações previstas em seu objeto social, os sócios não assumem nenhuma responsabilidade (GONÇALVES NETO, Alfredo de Assis. *Direito de empresa*: comentários aos artigos 966 a 1.195 do Código Civil. 2ª ed. rev., atual. e ampl. São Paulo: Revista dos Tribunais, 2008, p. 440-441).

[258] E, se for sociedade, é necessário dotá-la com os meios materiais necessários para que a exploração da atividade não se torne um risco demasiado para aqueles que com ela interagem.

Capítulo 3
Lineamentos de Uma Teoria da Confusão Patrimonial

Malgrado o Código Civil, na redação original do seu art. 50, tenha apontado, expressamente, a confusão patrimonial como hipótese de abuso da personalidade jurídica, autorizando o juiz, nesse caso, a aplicar a desconsideração, não havia, até bem recentemente, no *Codex* nem na legislação esparsa, tampouco na doutrina de que se tem conhecimento, qualquer tentativa satisfatória de conceituação do fenômeno, assim como também qualquer esboço de sistematização de uma teoria que suporte a sua aplicação.

Usualmente, citam-se exemplos ou mesmo indícios da sua ocorrência, mas tal qual não se pode explicar uma enfermidade por seus sintomas ou efeitos, não se pode querer delimitar a confusão patrimonial apenas relacionando os atos que podem caracterizá-la ou mesmo os indícios de que ela esteja ocorrendo. Da mesma forma, tal qual não se diz simplesmente que é possível combater uma enfermidade com um medicamento sem demonstrar a forma adequada de ministrá-lo, a técnica de combate ao abuso da personalidade jurídica pela confusão patrimonial deve ser desvendada.

Certamente, é possível afirmar – como muitos fazem – que a confusão patrimonial é o estado de promiscuidade existente entre o patrimônio de duas ou mais pessoas, e que a sua verificação, no caso concreto, autoriza a responsabilização de um sujeito que, originalmente, não era a responsável pelo cumprimento de certa obrigação. No entanto, considera-se insuficiente tal conceito.

Em primeiro lugar, porque *promiscuidade* é um conceito indeterminado. Em segundo lugar, porque o conceito de confusão patrimonial, por si só, é incapaz de tornar operacional a proteção jurídica que o Código quer conferir aos credores. Por isso, (*i*) o que ela é, de fato, e (*ii*) como se pode prová-la judicialmente, são dois problemas que precisam ser enfrentados.

O primeiro problema (real definição do que seja a confusão patrimonial), será objeto da análise nos itens 3.1 e 3.2, *infra*. Quanto à referida insuficiência operacional, afirma-se, desde já, que é preciso construir, ao menos teoricamente (de antemão, afasta-se a necessidade de intervenção legislativa), uma teoria sistêmica para apoiar o conceito de confusão patrimonial no contexto do Código (inicia-se a abordagem dessa questão no item 3.3, *infra*, a qual restará finalizada com o exame feito nos itens 4.2 e 5.2 dos Capítulos 4 e 5, *infra*).

Só depois desse esforço inicial é que será possível investigar, mais a fundo, o fenômeno da confusão patrimonial, examinando as suas facetas mais marcantes no direito societário: a confusão patrimonial nas sociedades isoladas (Capítulo 4) e nos grupos societários (Capítulo 5).

3.1. Conceito

Não parece ter sido objeto de grande preocupação ou indagação por parte da doutrina a elaboração de um conceito de confusão patrimonial. Apesar da sua inegável utilidade prática, a noção de confusão patrimonial é, ainda, incerta. Tal fato não impede, no entanto, seja frequentemente deduzida pelos tribunais a partir de um complexo de elementos materiais que se verificam nos casos que diante deles se põem[259].

Mas mesmo que se reconheça a sua relativa operacionalidade – afinal de contas, inúmeros são os casos em que os tribunais utilizam a confusão patrimonial como fundamento para a aplicação da desconsideração da personalidade jurídica ou de outros remédios a fim de tutelar credores –, nada impede, tampouco faz menos recomendável, uma tentativa de conceituação mais acurada para o fenômeno (que além de precisar seus contornos, facilitando a sua interpretação pelo profissional do direito, permita, inclusive, apartá-lo de outros que lhe são conexos).

Recentemente, a Lei da Liberdade Econômica, que alterou, entre outros dispositivos, o art. 50 do Código Civil, melhorou sensivelmente

[259] O que se verifica também em França. Cf. HANNOUN, Charley. *Le droit et les groupes de sociétés*. Paris: LGDJ, 1991, p. 246.

o estado da técnica ao estabelecer que a confusão patrimonial se caracteriza por: (*i*) cumprimento repetitivo pela sociedade de obrigações do sócio ou do administrador ou vice-versa; (*ii*) transferência de ativos ou de passivos sem efetivas contraprestações, exceto os de valor proporcionalmente insignificante; deixando claro, ainda, que as situações anteriores são meramente exemplificativas[260]. Ainda assim, a referida alteração legislativa não resolveu, por completo, o problema, como a seguir será examinado.

3.1.1. Colocação do problema

Vejam-se dois exemplos que bem ilustram a situação.

O primeiro é o pitoresco e largamente citado caso *Pennsylvania Railroad*, de 1894. Os autores da ação foram vítimas de um acidente ferroviário em uma linha pertencente à célebre *Pennsylvania Railroad*, sociedade controladora de um grupo que explorava linhas ferroviárias através de uma série de controladas – uma das maiores empresas norte-americanas de então. Segundo consta, uma das controladas era proprietária da locomotiva acidentada, enquanto outra era titular dos vagões onde viajavam as vítimas. O maquinista era empregado registrado de uma terceira controlada, valendo a referência de que este vestia, no episódio do acidente, um uniforme com a insígnia da controladora. Finalmente, o acidente envolveu o trem de uma quarta filial. No caso em comento, discutiu-se a responsabilidade da controladora (*Pennsylvania Railroad*) pelos danos causados às vítimas, apesar de todas as sociedades se apresentarem como formalmente independentes[261]. Estar-se-ia diante de um caso de confusão patrimonial?

Antes de tentar uma resposta, importante examinar o segundo caso.

[260] Vide o disposto no inciso III do § 2º do mesmo dispositivo: § 2º Entende-se por confusão patrimonial a ausência de separação de fato entre os patrimônios, caracterizada por: I – cumprimento repetitivo pela sociedade de obrigações do sócio ou do administrador ou vice-versa; II – transferência de ativos ou de passivos sem efetivas contraprestações, exceto os de valor proporcionalmente insignificante; *III – outros atos de descumprimento da autonomia patrimonial.*

[261] O caso está retratado, entre outras obras, em ANTUNES, José Engrácia. Estrutura e responsabilidade da empresa: o moderno paradoxo regulatório. *Revista Direito GV*, v. 1, n. 2, p. 29-68, 2005, p. 56-57, nota de rodapé n. 58.

Trata-se de um julgado do Tribunal de Justiça do Rio Grande do Sul, relativamente conhecido, em que se discutia a inclusão na lide, no polo passivo, da Vontobel S.A., a quem se pretendia imputar a responsabilidade pelas dívidas de uma sociedade falida, a Modul-Hab. Segundo consta, a Vontobel S.A. foi responsabilizada porque seu nome constava nos contratos e outros papéis da Modul-Hab, inclusive em material de propaganda, sempre logo abaixo da indicação do nome desta. Vale mencionar que o contrato que deu origem à relação obrigacional e à dívida em comento, apresentava insígnias de ambas as sociedades, uma embaixo da outra. Um artifício, segundo consta do voto da lavra do relator, para facilitar a captação de clientela para os imóveis que eram oferecidos, em razão da notoriedade da primeira empresa[262]. Figurava a Vontobel S.A., portanto, no entendimento do Tribunal, como espécie de garante da operação. Importa, ainda, referir, que o acórdão deixou consignado que ambas as sociedades tinham sede no mesmo endereço, havia coincidência de sócios, sendo a própria Vontobel S.A. a controladora da Modul-Hab. Além disso, os sócios da controladora geriam a falida. Todo esse contexto foi decisivo para fazer incluir a controladora no polo passivo da ação[263].

A partir do exame desses dois casos, o que se passa a indagar é o seguinte: é possível afirmar a ocorrência de confusão patrimonial? Ou estar-se-ia diante de um caso de confusão de esferas? Existe diferença entre confusão patrimonial e confusão de esferas? Todos os elementos elencados pelos tribunais como decisivos para a responsabilização do terceiro são fatos que comprovam a existência de confusão patrimonial? Ou melhor, são fatos que caracterizam a confusão patrimonial? Ou seriam eles meros indícios? Ainda, o que é a confusão patrimonial? Quando se pode considerar que há confusão patrimonial no caso concreto? Qual a medida de intensidade para que se possa considerar que há confusão patrimonial? Quais são os seus efeitos? Por qual razão o ordenamento considera antijurídica a confusão patrimonial? Ou seja, por que ela é nociva? Como prová-la? Quais são os remédios possíveis para evitá-la e combatê-la?

262 A saber, a Vontobel S.A., hoje Vonpar S.A. e Vonpar Alimentos, são renomadas empresas no cenário gaúcho, fabricantes e distribuidoras exclusivas da Coca-Cola, e dona de marcas de alimentos como MU-MU (leite e derivados) e Neugebauer (chocolates).

263 TJRS, 4ª Câmara Cível, APC 588015719, Rel. Des. Vanir Perin, j. 11/05/1988.

Todas essas são questões a serem examinadas no presente capítulo e no próximo, começando pela demarcação da diferença entre confusão patrimonial e confusão de esferas.

3.1.2. Confusão patrimonial versus confusão de esferas

Já foi destacado[264] que a autonomia patrimonial é a verdadeira pré-condição da pessoa jurídica[265] – afinal de contas, "a pessoa jurídica nada mais é do que uma técnica de separação patrimonial[266]". Dessa forma, o direito quer que estejam bem apartados os patrimônios dos sócios e o patrimônio da sociedade (ou das sociedades quando reciprocamente consideradas), de modo que este possa cumprir as suas funções mais básicas: produção e garantia.

A confusão patrimonial é comumente descrita como *o estado de promiscuidade existente entre os patrimônios de duas pessoas*[267], hipótese em que os seus patrimônios aparecem confundidos ou misturados[268]. De forma semelhante, o § 2º do art. 50, inserido recentemente pela Lei da Liberdade Econômica, dispõe que se trata da *ausência de separação entre patrimônios*. Seria a confusão patrimonial, nesse sentido, a antítese da separação patrimonial.

Diferentemente, a confusão de esferas não pressupõe a promiscuidade patrimonial[269], mas, sim, a *impossibilidade de reconhecer se um determinado ato é imputável a uma pessoa ou a outra*[270]. É o caso, por exemplo, de sociedades com nomes praticamente idênticos, da coincidência de

[264] Capítulo 2, item 2.2.

[265] Serick. *Aparencia y realidad*..., p. 53.

[266] Ripert, Georges. *Aspectos jurídicos do capitalismo moderno*. Rio de Janeiro: Freitas Bastos, 1947, p. 60; Comparato; Salomão Filho. *O poder de controle*..., p. 450 e 470. Ver, também, Champaud. *Le pouvoir de concentration*..., p. 272; Oliveira. *A dupla crise*..., p. 302.

[267] E, para o que mais importa para o tema do presente estudo, entre uma sociedade e seus sócios, administradores ou terceiros (confusão patrimonial na sociedade isolada), ou entre várias sociedades (confusão patrimonial no grupo de sociedades).

[268] Fernandez, María Luisa de Arriba. *Derecho de grupos de sociedades*. 2ª ed. Madrid: Civitas, 2009, p. 499; Hannoun. *Le droit et les groupes de sociétés*..., p. 247.

[269] Apesar de que as duas hipóteses – confusão de esferas e confusão patrimonial – geralmente se apresentam conjuntamente no caso concreto.

[270] Fernandez. *Derecho de grupos de sociedades*..., p. 501. À p. 498, a autora sustenta que a confusão de personalidades se apresenta sob duas formas: a confusão de patrimônios e a confusão de esferas, espécies do gênero.

administradores, da verificação de sedes sociais no mesmo endereço, entre outras situações que geram uma situação de aparência, propensa a criar confiança nos terceiros, mas contrária à realidade[271].

A doutrina civilística apresenta os contornos da diferenciação existente entre patrimônio e esfera jurídica: a esfera jurídica abrange não só os direitos patrimoniais da pessoa, mas, também, as situações existenciais, como os direitos de personalidade, por exemplo, o nome e o domicílio (não avaliáveis em dinheiro). A esfera jurídica é mais abrangente e compreende o patrimônio, vindo à mente imagem de círculos concêntricos, de modo que o círculo correspondente à esfera jurídica engloba o do patrimônio.

O patrimônio, então, está compreendido na esfera jurídica de uma pessoa, mas nem tudo o que está na esfera jurídica pode ser considerado patrimônio – vide o mencionado exemplo do nome[272]. O efeito dessa diferenciação, como abaixo se verá, é que, muitas vezes, não é possível ter certeza acerca da ocorrência da confusão patrimonial, mas a confusão de esperas acaba funcionando como um forte indício de que ela esta esteja ocorrendo.

Nos modelos que seguem abaixo, trabalha-se com as pessoas "sociedade" e "sócio", sendo o círculo número "1" a área representativa do *patrimônio* e o círculo número "2" a área da *esfera jurídica*.

[271] Fernandez. *Derecho de grupos de sociedades...*, p. 499 e 501. Para Calixto Salomão Filho: "A confusão de esferas caracteriza-se em sua forma típica quando a denominação social, a organização societária ou o patrimônio da sociedade não se distinguem de forma clara da pessoa do sócio, ou então quando formalidades societárias à referida separação não são seguidas" (Comparato; Salomão Filho. *O poder de controle...*, p. 462).

[272] Mello, Marcos Bernardes de. *Teoria do fato jurídico*: plano da eficácia – 1ª parte. 8ª ed. São Paulo: Saraiva: 2013, p. 90-93; Mota Pinto, Carlos Alberto da. *Teoria geral do direito civil*. 3ª ed. Coimbra: Coimbra Editora, 1986, p. 344.

Modelo # 1 (*esfera jurídica* x *patrimônio*)

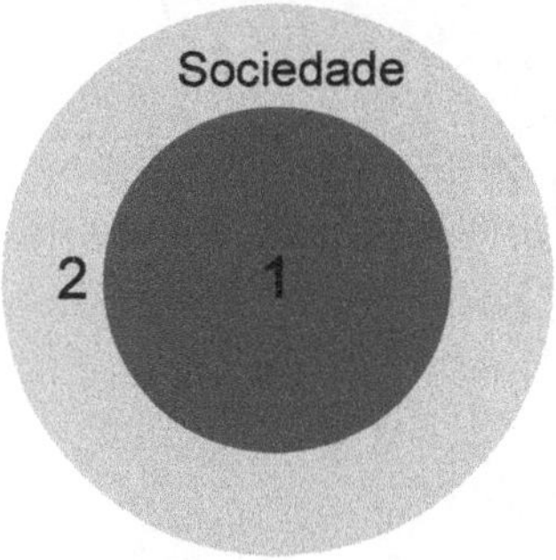

A situação idealmente projetada pelo direito ("modelo #2") apresenta tanto a esfera jurídica, como o patrimônio da sociedade e de seus sócios estando bem apartados, restando garantida, portanto, a autonomia patrimonial da sociedade e o cumprimento das funções de produção e garantia.

Modelo #2: (*autonomia patrimonial*)

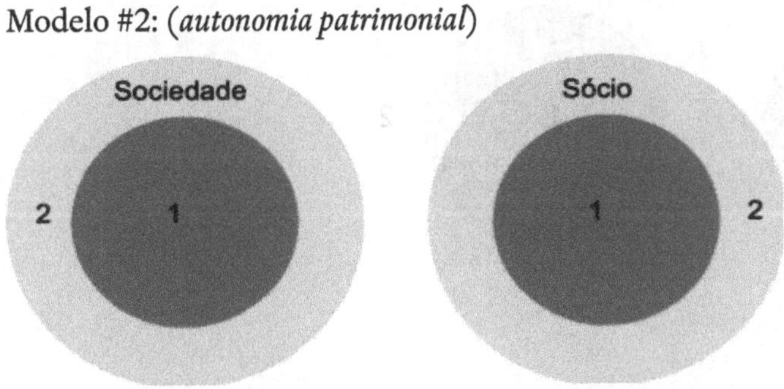

No modelo acima, tem-se ainda plena a quase centenária lição de Waldemar Ferreira: a sociedade é a sociedade. Sócios os sócios. O que é dela não é deles. O que é deles só a eles pertence e não a ela. Tem cada um o seu patrimônio. E cada um os seus direitos e obrigações[273].

Evidente que a mesma situação de autonomia patrimonial também deve ser observada entre sociedades, como, aliás, já foi objeto de exposição neste estudo e como será mais profundamente examinado no Capítulo 5, *infra*.

273 FERREIRA. *Sociedades commerciaes irregulares...*, p. 114.

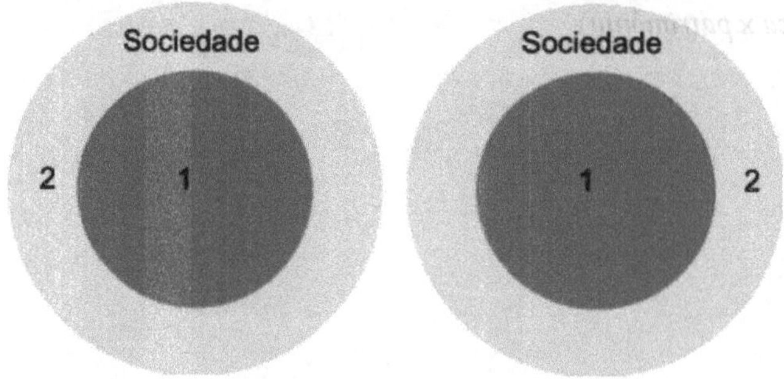

Pode ocorrer, no entanto, de situações jurídicas simples e de direitos sem estimação econômica (nome, domicílio) estarem baralhados. É o que se demonstra, graficamente, no modelo abaixo.

Modelo # 3 (*confusão de esferas*)

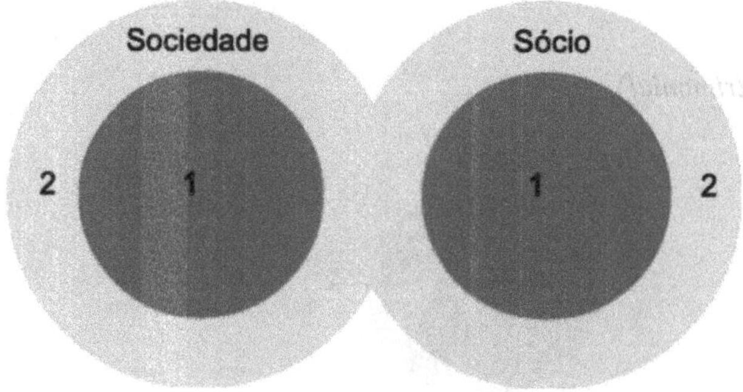

Diferentemente da confusão patrimonial, a confusão de esferas não pressupõe a promiscuidade patrimonial, mas, sim, a impossibilidade de reconhecer se um determinado ato é imputável a uma pessoa ou a outra.

Assim, seria possível divisarmos a confusão real da confusão aparente, a confusão interna da confusão externa, sempre trabalhando com a ideia de confusão patrimonial (ligada à mistura efetiva dos patrimônios) e confusão de esferas (ligada a uma situação de aparência). Veja-se, nesse sentido, o modelo abaixo:

Modelo # 4 (*confusão de esferas versus confusão patrimonial*)

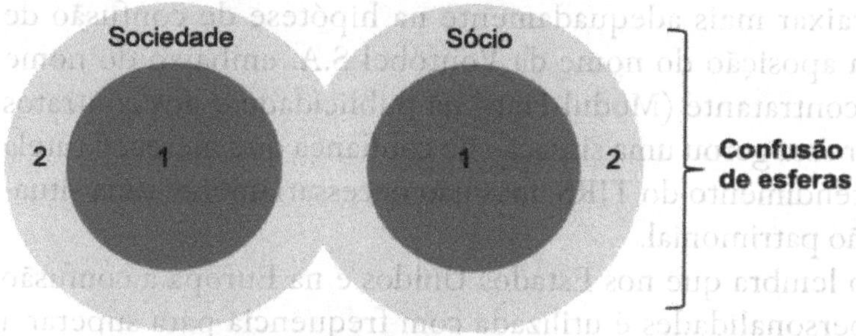

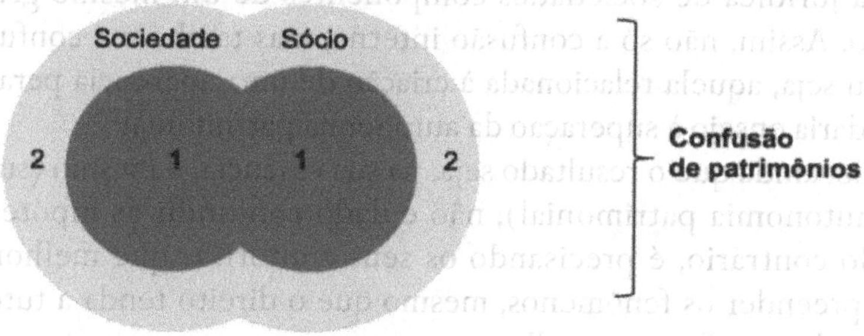

Nas hipóteses de confusão de esferas, um terceiro pode ser levado a contratar com a sociedade "A", quando, na verdade, acreditava estar contratando com a "B" (na hipotética situação de confusão de esferas entre sociedades). Essa situação é relativamente comum no caso dos grupos de sociedades, quando o terceiro crê estar contratando com a sociedade-mãe, mas, na verdade, contrata com uma subsidiária, eventualmente subcapitalizada e sem a robustez econômica da controladora.

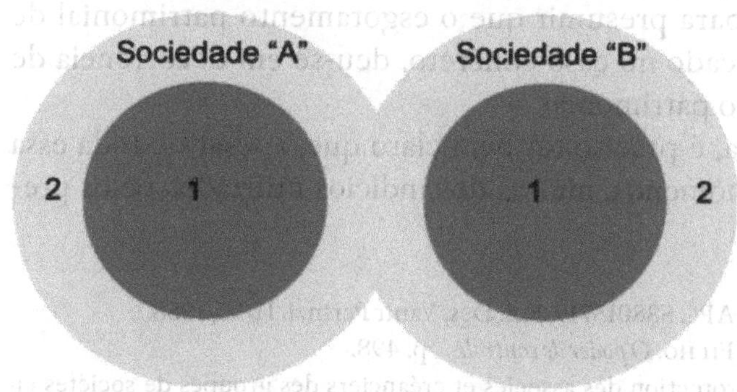

O caso Modul-Hab[274], descrito na abertura desse capítulo, também parece se encaixar mais adequadamente na hipótese de confusão de esferas, pois a aposição do nome da Vontobel S.A. embaixo do nome da sociedade contratante (Modul-Hab) na publicidade e nos contratos celebrados por esta gerou uma situação de confiança que mereceu tutela segundo o entendimento do TJRS, mas não necessariamente uma situação de confusão patrimonial.

Comparato lembra que nos Estados Unidos e na Europa a confusão aparente de personalidades é utilizada com frequência para superar a autonomia jurídica de sociedades componentes de um mesmo grupo econômico. Assim, não só a confusão interna, mas também a confusão externa, ou seja, aquela relacionada à criação de uma aparência perante terceiros, daria ensejo à superação da autonomia patrimonial[275].

Contudo, ainda que o resultado seja, na sua essência, o mesmo (superação da autonomia patrimonial), não é dado confundir as hipóteses. Muito pelo contrário, é precisando os seus contornos que melhor se pode compreender os fenômenos, mesmo que o direito tenda a tutelar os terceiros de uma forma semelhante.

É preciso, ainda, salientar outro aspecto da interação entre os fenômenos: como a confusão patrimonial e a confusão de esferas geralmente se apresentam conjuntamente, diante da enorme dificuldade de se comprovar a primeira (com efeito, é, na prática, muito difícil de saber se a confusão de esferas, a aparente confusão de personalidades, resulta de uma confusão real dos patrimônios[276], pois, afinal de contas, como saber se os patrimônios de duas pessoas estão, de fato, misturados?), os tribunais, empiricamente, passaram a se valer de fatos que consubstanciam confusão de esferas para presumir que o esgotamento patrimonial de uma sociedade, verificado no caso concreto, deu-se em decorrência de um estado de confusão patrimonial.

De qualquer forma, é preciso ter bem claro que, apesar de toda essa interação entre os fenômenos, muitos dos indícios utilizados pelos pre-

[274] TJRS, 4ª Câmara Cível, APC 588015719, Rel. Des. Vanir Perin, j. 11/05/1988.

[275] Comparato; Salomão Filho. *O poder de controle...*, p. 498.

[276] Calais-Auloy, Jean. Protection des associés et créanciers des groupes de sociétés en droit positif français. In: *Droit des groupes de sociétés*: analyse – propositions. Paris: Libraire de la Cour de Cassation, 1972, p. 153.

tórios para apontar a ocorrência da confusão patrimonial não se tratam de verdadeiros casos de mistura de patrimônios, mas, sim, de confusão de esferas, razão pela qual o contexto probatório exigido para aplicar uma medida corretiva deve ser concludente[277].

Assim, pelo que foi visto até o presente momento, e adiantando algumas conclusões que serão mais bem explicadas neste mesmo Capítulo 3, itens 3.2 e 3.3, e no Capítulo 4, item 4.3, na tentativa de bem divisar os fenômenos e seus efeitos, é possível sumariá-los da seguinte forma:

Situação jurídica	Efeitos internos e externos
Autonomia patrimonial	Higidez das funções de produção e garantia. Situação dos credores preservada.
Confusão de esferas	Mero indício de confusão patrimonial. Todavia, há a possibilidade de gerar situação de aparência (e responsabilidade civil).
Confusão patrimonial	Subutilização ou não utilização dos meios de produção. Prejuízo às funções de produção e garantia. Potencial prejuízo aos credores.
Confusão patrimonial + esgotamento patrimonial	Presunção de que o esgotamento patrimonial foi ocasionado pela situação de promiscuidade patrimonial. Prejuízo efetivo aos credores. Possibilidade de correção pela aplicação da teoria da desconsideração.

A busca pela conceituação mais precisa do que seja confusão patrimonial não se trata de fetichismo acadêmico desprovido de utilidade prática, bastando lembrar, nesse sentido, que a confusão de esferas pode ser combatida com a teoria da aparência (e responsabilidade civil pelo dano causado), diferentemente do que se dá no caso de confusão patrimonial[278] – embora se reconheça que o encaminhamento das questões pelos tribunais tenda a seguir o mesmo caminho da desconsideração da

[277] Sobre a constatação da confusão patrimonial e os diversos indícios utilizados pelos tribunais, veja-se o Capítulo 4, itens 4.1.2, 4.2.2 e 4.3.2., *infra*.

[278] Hannoun. *Le droit et les groupes de sociétés...*, p. 247.

personalidade jurídica, senão por preguiça intelectual, ao menos por cacoete[279].

Assim, fixado o caráter distintivo entre confusão patrimonial e confusão de esferas, cumpre, agora precisar, um pouco mais, o conceito daquela, não sem antes apresentar o modelo final, sumário de todas as situações examinadas neste item 3.1.2.

Modelo # 5

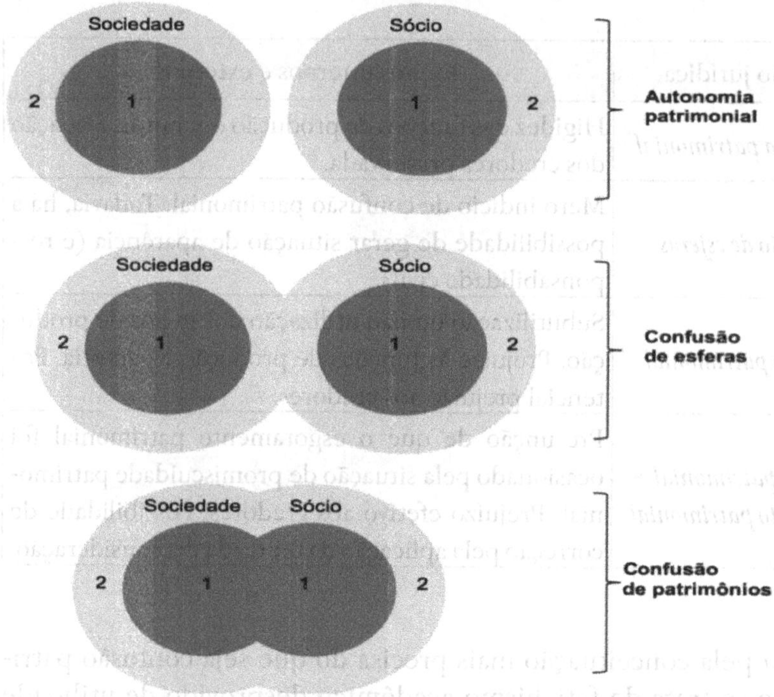

[279] Alguns dirão que, tanto utilizando a desconsideração da personalidade jurídica quanto a ação de indenização por dano sofrido, o efeito será o mesmo em termos de reparação. De fato, admite-se, os valores tendem a coincidir ou ao menos a se aproximar, mas essa coincidência, como destaca Fábio Konder Comparato em caso vizinho, é meramente fortuita, pois "perdas e danos são estimadas não apenas em função do dano sofrido pela vítima, como também pelo grau de culpa do autor do dano" (Comparato, Fábio Konder. Aparência de representação: a insustentabilidade de uma teoria. *Revista de Direito Mercantil, Industrial, Econômico e Financeiro,* v. 111, p. 39-44, jul./set. 1998, p. 43). Além disso, há diferença quanto à técnica processual, pois a indenização por dano sofrido depende de ação autônoma, enquanto a desconsideração da personalidade jurídica toma a via de incidente processual, conforme dispõem os arts. 133 e ss. do CPC.

3.1.3. Insuficiência da noção corrente e tentativa de um conceito

Não se considera suficiente a noção de que a confusão patrimonial é a *antítese da autonomia patrimonial*, ou que a confusão patrimonial é o *estado de promiscuidade existente entre o patrimônio de duas ou mais pessoas*, hipótese em que os patrimônios aparecem confundidos ou misturados, duas noções comumente utilizadas pela doutrina. Essas noções são corretas, porém ainda imprecisas. São conceitos que, no caso concreto, não permitem vislumbrar, com clareza, nem porque a confusão patrimonial é nociva para os credores[280], tampouco avaliar quão misturados devem estar os patrimônios para que se possa dizer que há confusão patrimonial no caso concreto[281].

O exame dos fundamentos apreendidos na primeira parte da obra permite construir um conceito de confusão patrimonial que evidencia o dano causado aos terceiros que entram em relação com a sociedade. Assim, confusão patrimonial consiste no *estado de promiscuidade verificado entre os patrimônios de duas ou mais pessoas, consequência da apropriação, por parte dos sócios, administradores, terceiros ou outras sociedades componentes de um grupo econômico, dos meios de produção de uma determinada sociedade*[282]. Trata-se da mais eficiente, compreensiva e ao mesmo tempo singela forma de conceituar o fenômeno. Por isso, toma-se esse conceito inicial como base, para que, a partir, seja aprofundado.

O art. 50 do Código Civil, na sua redação atualmente dada pela Lei da Liberdade Econômica, abarcou parte deste conceito ao estabelecer que "§ 2º Entende-se por confusão patrimonial a ausência de separação de fato entre os patrimônios, caracterizada por: I – cumprimento repetitivo pela sociedade de obrigações do sócio ou do administrador ou vice-versa; II – transferência de ativos ou de passivos sem efetivas contraprestações, exceto os de valor proporcionalmente insignificante". Nessa linha, os incisos I e II nada mais são do que hipóteses de *apropria-*

[280] A respeito do tema, ver o Capítulo 3, item 3.2, *infra*.

[281] A respeito do tema, ver o Capítulo 3, item 3.3, *infra*.

[282] Não só dos *bens de produção*, mas também dos *meios de produção* em sentido amplo, inclusive, portanto, o fator trabalho, por exemplo. Buscou-se a ideia de *apropriação dos meios de produção* como fonte da confusão patrimonial em WARDE JÚNIOR. *Responsabilidade dos sócios...*, p. 208 e ss.; CIAMPOLINI NETO; WARDE JR. A "teoria histórica da disciplina da responsabilidade dos sócios"..., p. 264; e em WARDE JÚNIOR. *Responsabilidade dos sócios...*, p. 208 e ss.

ção dos meios de produção da *sociedade*, como anteriormente foi conceituado.

Uma vez consignado que a confusão patrimonial decorre da *apropriação dos meios de produção da sociedade*, acrescenta-se: essa usurpação pode ocorrer tanto durante o curso do desenvolvimento das atividades sociais, por meio do desvio de posições ativas da sociedade, quanto por consequência de fatos ligados à sua constituição, em razão de insuficiente capitalização do ente societário[283].

Assim, ao invés de dizer que a confusão patrimonial é a *antítese da autonomia patrimonial*, ou que a confusão patrimonial é o *estado de promiscuidade existente entre o patrimônio de duas ou mais pessoas*, hipótese em que os patrimônios aparecem confundidos ou misturados, prefere-se, à luz do estudo das funções do patrimônio e do capital social empreendida anteriormente[284], a noção de que a confusão patrimonial compreende:

(i) A situação fática em que os meios de produção que compõem o patrimônio da sociedade foram *desviados* da sua função produtiva e se acham alocados na esfera de outrem, que os utiliza em detrimento do seu titular (em prejuízo, portanto, da função de produção) e daqueles que com ele negociam (em prejuízo da função de garantia, especialmente porque a melhor garantia para os credores é a própria capacidade de a empresa produzir resultados[285]).

(ii) A situação fática em que a pessoa jurídica se vale do patrimônio de um terceiro, seja porque foi inadequadamente capitalizada, ou porque lhe faltaram recursos no curso da exploração da empresa e estes foram transferidos em desrespeito às fórmulas legalmente admitidas[286].

Tem-se, assim, uma ideia mais compreensiva do fenômeno, abrangendo tanto a hipótese de um terceiro que usurpa o patrimônio da

[283] Ciampolini Neto; Warde Jr. A "teoria histórica da disciplina da responsabilidade dos sócios"..., p. 264 e ss.

[284] Capítulo 1, item 1.2, *supra*.

[285] Ver Tantini. *Capitale e patrimonio*..., p. 11 e 32. Em sentido semelhante, Diniz. *Subcapitalização societária*, p. 112-113, 204 e 278.

[286] A esse respeito, ver o Capítulo 1, item 1.3, *supra*.

pessoa jurídica, quanto aquele caso em que a pessoa jurídica se vale do patrimônio de um terceiro. Tanto uma quanto a outra geram efeitos potencialmente prejudiciais, sobretudo aos credores que com a sociedade se relacionam.

Importante registrar que essa segunda hipótese aparece, agora, expressamente, na redação do inciso I do § 2º do art. 50 quando utilizada a expressão "vice-versa" ("*Entende-se por confusão patrimonial a ausência de separação de fato entre os patrimônios, caracterizada por: I – cumprimento repetitivo pela sociedade de obrigações do sócio ou do administrador ou vice-versa*"). Pode-se, também, depreendê-la a partir da leitura do inciso II ("*transferência de ativos ou de passivos sem efetivas contraprestações, exceto os de valor proporcionalmente insignificante*"), uma vez que a transferência de ativos ou passivos pode se dar nos dois sentidos: da sociedade para o sócio ou administradores ou destes para aquela.

Posto isto, para traçar um perfil mais exato da confusão patrimonial, resta examinar, mais detidamente, a sua natureza, bem como seus efeitos.

3.2. Caracteres

Agora que se alcançou um conceito mais acurado do que seja a confusão patrimonial, ponto de partida para uma série de outras investigações, é preciso refletir sobre seus caracteres, especialmente sua natureza e efeitos.

3.2.1. Natureza

Mas o que seria, na essência, a confusão patrimonial? Parece que a melhor forma de descrever a confusão patrimonial é como sendo um estado fático com relevância para o direito. Por isso, dir-se-á que se trata de um *estado jurídico*, na medida em que o direito lhe empresta importante significação, especialmente no que diz respeito à tutela do interesse de terceiros que entram em relação com a sociedade.

Mas ainda é preciso averiguar por que o direito empresta uma relevante significação para a confusão patrimonial, a ponto de coibi-la, prevendo, no art. 50 do Código Civil, a desconsideração da personalidade jurídica como remédio corretivo. Nesse desiderato, será objeto de investigação o efeito nocivo da confusão patrimonial.

3.2.2. Efeitos

Quanto aos efeitos gerados pelo estado de promiscuidade patrimonial, é possível afirmar que a subutilização ou a não utilização dos ativos da empresa em sua atividade produtiva causa flagrante prejuízo à função de produção do patrimônio, à sociedade e à empresa por ela explorada, e, em última análise, aos seus credores, levando-se em consideração a função de garantia exercida pelo patrimônio, e, sobretudo, a noção de que a melhor garantia dos credores é a própria capacidade de produção de resultados[287].

Sustenta-se, assim, que a confusão patrimonial não só arruína a garantia direta dos credores ao afastar os bens da possibilidade de excussão, mas, também, e talvez até principalmente, desvia bens de sua função produtiva, causando prejuízos indiretos aos credores, que contavam com a capacidade de a empresa produzir resultados para fazer frente às obrigações assumidas – tomado o patrimônio social, portanto, numa visão menos estática e mais *dinâmica*[288].

Conclui-se, dessa forma, que a personalidade jurídica é técnica de separação patrimonial que existe em função do direito de garantia dos terceiros, mas, também, técnica que garante a função de produção. Por isso, os credores possuem a legítima expectativa de que a empresa empregue seus ativos apenas no exercício do seu objeto, cabendo ao controlador e aos administradores protegê-los da sua malversação[289].

Relativamente à segunda hipótese (quando é a sociedade que se debruça sobre o patrimônio dos sócios), não se pode concordar com aqueles que afirmam não haver nisso nenhum problema. O argumento empregado é de que a situação não prejudica os credores. Pelo contrário, aduzem que até melhora a sua condição, pois dota a sociedade de

[287] Tantini. *Capitale e patrimonio...*, p. 11 e 32. Em sentido semelhante, Diniz. *Subcapitalização societária*, p. 112-113 e 204.

[288] Mais condizente com a ideia do *going concern value*, que, aliás, informa outras áreas do direito comercial, como, por exemplo, o direito societário (lembre-se da apuração de haveres por dissolução parcial, especialmente a utilização do *método do fluxo de caixa descontado*, o mais aceito nesta seara, e que privilegia a ideia de empresa em movimento), e o direito da crise empresarial (área em que se prestigia a preservação da empresa, tanto na recuperação, quanto na falência).

[289] Os minoritários, de forma ainda mais evidente, também possuem essa legítima expectativa, mas nessa temática não se ingressará a fim de se respeitar o corte proposto para a obra.

maiores meios patrimoniais para o exercício da atividade. Todavia, não é possível aceitar tal posição, sob pena de consentir-se com o desvirtuamento do ordenamento patrimonial societário, todo ele arquitetado não só em benefício dos próprios sócios, mas, principalmente, dos credores que entram em relação com a sociedade.

Como ensina Erasmo Valladão, uma pessoa jurídica é uma unidade de coordenação e imputação independente. Do conceito de pessoa jurídica faz parte a independência de seu patrimônio (princípio da separação), razão pela qual seu ativo e passivo a nenhuma outra pessoa podem ser atribuídos, e toda e qualquer transferência patrimonial se faz formalmente, por regras próprias de direito societário, que pressupõem não só a tradição, mas também o registro, ainda que meramente contábil[290].

A separação do patrimônio deve ser efetiva e reconhecível externamente, além de documentada em livros contábeis próprios da pessoa jurídica. Por isso é que se faz a contabilidade e se registram as operações entre a sociedade e os sócios e entre aquela e os credores[291].

Como a sociedade precisa ser capitalizada adequadamente para explorar a atividade prevista em seu objeto, se não o foi, os sócios transferiram riscos que eram seus para o mercado[292], podendo, com isso, desestabilizar o próprio tráfico econômico[293]. Caso a sociedade neces-

[290] Notas de sala de aula. Teoria Geral do Direito Societário I (DCO 5885-1), disciplina cursada no primeiro semestre de 2012, no Programa de Pós-Graduação da Faculdade de Direito da Universidade de São Paulo (Mestrado/Doutorado), sob a regência do Professor Doutor Erasmo Valladão A. e N. França.

[291] Notas de sala de aula. Teoria Geral do Direito Societário I...

[292] Veja-se a explicação de Calixto Salomão Filho: "Como *free-rider* define-se o agente que quer gozar das vantagens, mas não dos custos da responsabilidade limitada, ou seja, aquele agente que usa a responsabilidade limitada não passivamente, como um meio de salvação no caso extremo de falência, mas ativamente, como elemento estratégico para a externalização de riscos em maneira diversa daquela prevista no ordenamento" (Comparato; Salomão Filho. *O poder de controle...*, p. 481, nota de rodapé 93). Noutra passagem, explica o Professor da Universidade de São Paulo: "Abuso de personalidade jurídica há (...) quando a personalidade é usada de maneira estratégica de forma a externalizar riscos e não como proteção última contra a falência pessoal" (Comparato; Salomão Filho. *O poder de controle...*, p. 494).

[293] Diniz. *Subcapitalização societária...*, p. 33. E não é só: um dos conhecidos efeitos da perda de credibilidade da organização societária como garantia da separação patrimonial é a usual exigência de os sócios prestarem garantias complementares (fianças, avais, hipotecas)

site de incremento patrimonial no curso do desenvolvimento dos negócios, os sócios devem dotá-la pelos meios formalmente previstos, como o aumento de capital[294]. Isso porque, se a sociedade falir, todos os ativos devem estar à disposição dos credores para a execução coletiva. Não pode haver dúvidas sobre o que é dos sócios e o que é da sociedade. Essas são as regras do jogo.

Todos aqueles que exploram atividade econômica por meio de uma sociedade devem estar cientes da importância do princípio da congruência entre o capital e a atividade, de que as transferências patrimoniais só se fazem formalmente e, para um ponto além do objeto do presente estudo, que o descarte da pessoa jurídica deve ser feito de acordo com as regras legalmente previstas para isso (liquidação e extinção da sociedade) caso a atividade não mais interesse aos sócios.

Para que se queira exigir que os terceiros respeitem a autonomia patrimonial existente entre a sociedade e os sócios, eles mesmos não podem corrompê-la. Essa é a precondição para a limitação da responsabilidade. Ou, nas palavras de Salomão Filho, "um sócio que queira assegurar-se de não ver seu patrimônio pessoal envolvido no insucesso do seu negócio deve dotar a sociedade do mínimo de capital necessário ao exercício de sua atividade, assegurar a rigorosa separação de sua esfera patrimonial pessoal da esfera social, bem como não usar da forma societária para benefício próprio[295]".

Assim, as transferências patrimoniais entre sócios e sociedade devem ser escrupulosamente conduzidas e registradas. Não se pode perder de vista que os sócios gozam de um benefício excepcional (a autonomia de seu próprio patrimônio perante o patrimônio social e, na maior parte dos casos, a limitação da responsabilidade), e, por isso, cabe a eles mesmos preservar essa condição, zelar para que nenhuma sombra de dúvida paire sobre a higidez da separação dos patrimônios.

para garantir os negócios travados pela sociedade, em especial quando a contraparte é uma instituição financeira. Essa sistemática acaba por "ilimitar" a responsabilidade dos sócios das sociedades de responsabilidade limitada, bem como a aumentar os custos de transação.

294 Destaca Diniz: "Se a sociedade está em desequilíbrio financeiro, o sócio tem a opção de não transferir recursos para a sociedade ou, se o fizer, deverá realizar aumento de capital social" (Diniz. *Subcapitalização societária...*, p. 168).

295 Comparato; Salomão Filho. *O poder de controle...*, p. 491.

O problema em se admitir que o aporte informal de recursos seja considerado aceitável, sob o argumento de que reforça a garantia dos credores (aporte que pode, de fato, ser, em um ou outro caso, benéfico – aqui admite-se essa possibilidade), está em desconsiderar o efeito global que esse posicionamento pode gerar ao inverter a lógica da estrita separação de patrimônios e da necessidade de formalização das transferências entre sócios e sociedade.

Invertida a lógica e uma vez subvertidas as regras societárias no que toca à questão da separação de patrimônios, pode-se chegar ao extremo absurdo de o credor ter de provar que a promiscuidade patrimonial lhe causou prejuízo para fins de responsabilização dos sócios ou administradores, quando, na verdade, o ônus de provar que a confusão patrimonial apenas reforçou a garantia dos credores só pode ser daqueles e admitida em casos excepcionalíssimos. Por isso, se houver dúvidas sobre o respeito dos sócios pela separação patrimonial e se os indícios de promiscuidade forem concludentes, a tutela dos credores torna-se imperativa em caso de insuficiência patrimonial, não importando se as transferências patrimoniais ocorrem em prejuízo ou em suposto benefício da sociedade[296].

Os sócios devem ser os maiores interessados na manutenção da autonomia patrimonial, pois, em caso de dúvida, o direito deve acudir os credores, aqueles cujo direito é mais sensível, aqueles que tomaram como

[296] Por isso, não se pode concordar com a posição de Marlon Tomazette, que sustenta: "Na nossa realidade econômica, ainda é extremamente comum a utilização de bens pessoais dos sócios em sociedades, bens preexistentes ou, eventualmente, adquiridos pelo esforço exclusivo de um sócio. Nesses casos, não podemos vislumbrar qualquer desvio da função da pessoa jurídica, que continua sendo usada legitimamente. Assim sendo, impor a desconsideração nesses casos seria desvirtuar a finalidade da desconsideração da personalidade jurídica" (Cf. Tomazette, Marlon. *Curso de Direito Empresarial*, vol. I. São Paulo: Atlas, 2008, p. 252). Na verdade, se o sócio colocou seus bens pessoais a "fundo perdido" e não pretendeu retomá-los, não haveria prejuízo aos credores (de fato, esses até seriam beneficiados). O problema, nesse caso, é que os sócios usualmente não se cercam de quaisquer cuidados no sentido de registrar a que título esses bens são disponibilizados para a sociedade, ficando sempre a dúvida sobre o elemento subjetivo envolvido na operação – o sócio teria aportado recursos informalmente de boa ou de má-fé? Esse questionamento remete ao ponto inicial: no caso de dúvida, é preferível tutelar os credores... Posto isto, parece-nos que a única situação segura para os sócios é fazer o registro sobre a que título os bens são aportados na sociedade (aumento de capital, mútuo, doação, etc.).

certa a autonomia dos patrimônios e o respeito pelas regras do jogo. Entre proteger aqueles que poderiam ter se cercado dos cuidados necessários para a constituição de uma sociedade adequadamente capitalizada e ter respeitado a autonomia patrimonial e tutelar os credores, certamente o direito deverá protegerá estes. Nesse contexto, é irrespondível a colocação de Comparato ao examinar a situação do controlador que trata o patrimônio societário como se seu fosse: "Se o controlador, que é o maior interessado na manutenção desse princípio, descumpre-o na prática, não se vê bem porque os juízes haveriam de respeitá-lo, transformando-o, destarte, numa regra puramente unilateral[297]".

Leve-se em consideração que o risco decorrente do exercício da atividade econômica recai sobre o empresário e sobre os sócios da sociedade empresária, uma vez que arriscam perder o capital investido. É isso que está na base do nosso ordenamento jurídico, é um dos fundamentos do sistema econômico capitalista. É, aliás, o que legitima a apropriação do lucro por parte dos empreendedores. Isto é, *os bônus a quem assume os ônus*.

Existe, como se sabe, a possibilidade de os empreendedores, juridicamente, limitarem o risco pela constituição de sociedades que oferecem proteção patrimonial. Nesse caso, socializam parte dele (risco), o que é perfeitamente aceitável caso os agentes do mercado que travam relações com a sociedade (*i*) aceitem o risco, (*ii*) possam mensurá-lo e (*iii*) precificá-lo adequadamente (na forma de taxa de juros), tomando isso como uma consequência natural por negociarem com uma entidade com tais características.

Mas é evidente que o desvirtuamento da estrutura societária – pela confusão patrimonial, mas também pela subcapitalização, por exemplo – pode transferir para o mercado, indevida e injustamente, um risco muito maior do que aquele calculado e aceito pelo agente econômico, causando grave distorção e transtorno social, que acaba sendo contornado pelos credores com forte poder econômico (bancos, grandes fornece-

[297] COMPARATO; SALOMÃO FILHO. *O poder de controle...*, p. 450. À página 498, salienta Comparato: "Na Alemanha Federal a confusão de patrimônios entre sociedades do mesmo grupo econômico é considerada manifestação do princípio proibitivo do *venire contra factum proprium*: quem desrespeita, na prática, a separação patrimonial consequente à personificação das sociedades não pode, depois, invocar essa mesma separação para pôr seus bens pessoais ao abrigo das execuções de credores sociais".

dores) por meio do estabelecimento de garantias contratuais, mas que acaba atingindo em cheio aqueles com baixo poder de barganha (pequenos fornecedores, entre outros)[298].

De que forma? Ora, num espiral de desconfiança, os credores mais fortes cobram pelo risco, aumentam os custos de transação e os juros médios do mercado, pressionando o custo do crédito para todos, e os mais fracos pagam a conta duas vezes: na primeira, ao assumirem o risco das transações; e na segunda, ao atuarem em um mercado com juros mais elevados.

Não fosse suficiente, quando o legislador intervém a fim de protegê-los – de forma bem-intencionada, mas nem sempre eficiente –, cria regras desastradas, como o art. 28, § 5º, CDC. Isso sem falar na jurisprudência, como a trabalhista, por exemplo, que na ânsia de proteger o trabalhador - novamente, com boa intenção, mas, por vezes, desastrosamente –, não chega a fazer uma análise sobre se houve abuso da personalidade jurídica e, se houve, quem o cometeu, responsabilizando qualquer um dos atuais ou ex-integrantes do grêmio societário (mesmo sócios com participação ínfima ou ex-sócios que saíram da sociedade ainda antes do fato gerador da responsabilização).

É por todos esses motivos, em razão dos *efeitos colaterais*, que a separação de patrimônios deve ser escrupulosamente observada. Como dizem os economistas, "há que se enxergar além da árvore; é preciso enxergar a floresta".

3.3. Prova

Se, por um lado, já é possível identificar um conceito mais preciso de confusão patrimonial, por outro, não se pode considerar que essa noção seja suficiente para, por si só, garantir a tutela dos credores. O conceito de confusão patrimonial depende de um complemento teórico-probatório que permita uma mais eficaz aplicação.

[298] Para "credores profissionais" *vs.* "credores não profissionais" (também designados "credores fortes" e "credores fracos"), ver SALOMÃO FILHO. *A sociedade unipessoal...*, p. 157. DOMINGUES. Variações sobre o capital social, p. 162-163; DINIZ. *Subcapitalização societária...*, p. 232 e ss.

3.3.1. Colocação do problema

Um simples exame da jurisprudência dos pretórios será suficiente para revelar a dificuldade gerada pela falta de um arcabouço teórico-probatório projetado para enfrentar os problemas de confusão patrimonial. Casos graves de equívocos jurisdicionais se multiplicam sem que os tribunais consigam estabelecer modelos minimamente adequados para a constatação do abuso da personalidade jurídica.

Com efeito, a confusão patrimonial é um campo marcado pela dificuldade de os credores obterem as provas necessárias para que possam reivindicar a tutela jurisdicional apta a salvaguardar seus direitos, em contraposição ao livre acesso dos sócios e administradores aos dados contábeis e financeiros que registram as operações econômicas da sociedade, capazes de revelar o esgotamento patrimonial e a usurpação dos meios de produção da sociedade[299]

Como explica Walfrido Warde, os dados contábeis e financeiros "são documentos capazes de comprovar não apenas a destinação dos recursos, mas principalmente se a insuficiência de ativos decorre de perdas inevitáveis e inerentes ao risco da empresa, ou da conduta de sócios que se apropriaram de meios de produção da sociedade[300]". A questão é especialmente sensível quando, em determinados casos, em razão da natureza do fato probando, a prova indiciária é a única possível[301], como muitas vezes ocorre nos casos de confusão patrimonial.

Tal situação é diferente, no entanto, nos casos de concurso de credores, especialmente na recuperação judicial e na falência. Nestes, o princípio da transparência e a atuação do administrador judicial possibilitam um amplo acesso à situação patrimonial da empresa, podendo revelar, com boa dose de segurança, a ocorrência da confusão patrimonial.

3.3.2. Sistemática da constatação do esgotamento patrimonial

Em primeiro lugar, é importante trabalhar com um conceito de confusão de patrimônios dentro de um contexto de insuficiência patri-

[299] Vandekerckhove, Karen. *Piercing the corporate veil.* Alphen aan den Rijn: Kluwer, 2007, p. 540; Warde Júnior. *Responsabilidade dos sócios...*, p. 327.

[300] Warde Júnior. *Responsabilidade dos sócios...*, p. 328.

[301] Knijnik, Danilo. *A prova nos juízos cível, penal e tributário.* Rio de Janeiro: Forense, 2007, p. 26-27 e 49.

monial, pois só nele é que se faz necessária a aplicação de um remédio corretivo[302]. Em segundo lugar, sustenta-se que a prova do esgotamento patrimonial não requer maiores esforços por parte do exequente. Em termos práticos, quando a pessoa jurídica devedora é citada para os termos da execução e não paga o débito, tampouco garante a execução, deve-se presumir o esgotamento do patrimônio social[303-304-305].

Qualquer exigência que se faça no sentido de impor ao exequente o ônus de comprovar a insuficiência patrimonial do devedor está em absoluta dissonância com o perfil do processo executivo. Com efeito, a execução é guiada por princípios diferentes daqueles que governam o processo de conhecimento. Enquanto neste as partes estão em situação de igualdade, na execução a atividade do juiz é dirigida em prol da satisfação do direito do exequente[306]. O credor está, portanto, em posição privilegiada.

Como ensina Liebman, a natureza e os efeitos dos atos jurisdicionais relativos ao processo de conhecimento e de execução diferem profundamente. O feito executivo pressupõe operações práticas capa-

302 A insuficiência patrimonial, ou, em outras palavras, a existência de credor desatendido, equivale ao *dano*, um dos dois pressupostos para a aplicação da teoria da desconsideração da personalidade jurídica. A saber, a aplicação da teoria, ao menos nas searas jurídicas em que ocorre de forma mais criteriosa (direito empresarial, civil e tributário), depende da verificação do dano (insuficiência patrimonial) e do abuso da personalidade jurídica (numa das suas possíveis vertentes: desvio de finalidade, confusão patrimonial, dissolução irregular, subcapitalização e fraude). A propósito, vale mencionar que, em outras searas, como é o caso do direito do trabalho, consumidor, ambiental e concorrencial, basta, de acordo com a legislação vigente, o dano, sendo desnecessário o abuso.

303 Nesse sentido: TJRJ, 3ª Câmara Cível, AI 2008.002.37710, Rel. Des. Antônio Eduardo F. Duarte, j. 14/04/2009.

304 O exaurimento do patrimônio torna-se ainda mais evidente quando o oficial de justiça, no cumprimento de mandado, não encontra bens para penhorar.

305 Sobre o conceito de presunção, ver Barbosa Moreira, José Carlos. *As presunções e a prova*. In: Barbosa Moreira, José Carlos. *Temas de direito processual*. São Paulo: Saraiva, 1977, p. 55-71.

306 A respeito do tema, vale lembrar a lição de Flávio Luiz Yarshell ao anotar que, "na prática de atos executivos, dá-se a invasão da esfera patrimonial do devedor, de tal sorte que o modelo legal deverá perseguir um ponto de equilíbrio entre valores conflitantes: de um lado, a busca da satisfação do credor e da afirmação da própria autoridade estatal; de outro, a menor oneração possível do devedor" (Yarshell, Flávio Luiz. *Tutela jurisdicional*. 2ª ed. rev. e atual. São Paulo: DPJ, 2006, p. 172).

zes de modificar a realidade dos fatos. A atividade do órgão jurisdicional é prevalentemente prática e material. "Na cognição elas (as partes) estão em posição de igualdade e de equilíbrio, pois não se sabe qual delas está com a razão". "Na execução não há mais equilíbrio entre as partes[307]". Portanto, aquele privilégio ao qual se referiu deve reverter, na prática, numa maior atenção ao princípio da efetividade do processo[308].

Justamente por isso, não se deve exigir por parte do credor qualquer diligência para provar a inexistência de bens do devedor (insuficiência patrimonial), tais como a juntada de certidões de registro de imóveis, do Departamento de Trânsito, entre outras, pois são onerosas e demoradas. É esdrúxulo exigir que o exequente empreenda um esforço ainda maior – mais um sacrifício – além daquele ao qual já foi submetido ao ter que reclamar judicialmente uma prestação que lhe é devida.

Por conseguinte, não há outra solução satisfatória a não ser fazer recair sobre o devedor o ônus de comprovar a sua solvabilidade[309] (ou,

[307] LIEBMAN, Enrico Tullio. *Processo de execução.* 3ª ed. São Paulo: Saraiva, 1968, p. 37-38.

[308] Tomando em conta essa relação entre atividade de conhecimento e atividade executiva, interessante seja lembrada a lição de CARLOS ALBERTO ALVARO DE OLIVEIRA ao anotar que "a tutela condenatória é própria e exclusiva das assim denominadas obrigações pecuniárias, antigamente chamadas de obrigações de dar dinheiro, visto que, em caso de eventual desatendimento pelo obrigado do comando condenatório, a futura execução sub-rogatória é normalmente a que melhor atende à norma de princípio da efetividade, pois é a mais adequada para extrair dinheiro do patrimônio do demandado e assim satisfazer o autor" (ALVARO DE OLIVEIRA, Carlos Alberto. *Teoria e prática da tutela jurisdicional.* Rio de Janeiro: Forense, 2008, p. 171). Da mesma forma, refere CÂNDIDO RANGEL DINAMARCO que "em prol da maior efetividade do processo executivo, correm-se riscos maiores e confia-se que o melhor serviço prestado na grande maioria dos casos pague folgadamente os males que poderão sobrevir em alguns", arrematando, adiante, que "grande é a parcela de riscos assumidos *in executivis,* em sede legislativa. Menores são os que o juiz corre, porque pouco lhe cabe julgar no processo executivo – mas, nos limites da cognição que neste se contém, ele há de julgar e fica sempre obrigado a fazê-lo à base da probabilidade suficiente e sob o risco de errar" (DINAMARCO, Cândido Rangel. *A instrumentalidade do processo.* 7ª ed. São Paulo: Malheiros, 1999, p. 259).

[309] Fabio Konder Comparato faz diferenciação entre os estados de *insolvência* e *insolvabilidade* da empresa. Nas palavras do ilustre professor: "Para a caracterização da insolvência, a doutrina moderna prefere cingir-se unicamente à sua realidade fenomenal: o inadimplemento. Insolvente é aquele que não solve as suas obrigações. Voltamos assim ao significado etimológico e à tradição romanística do vocábulo. Mas nem todo inadimplemento caracte-

em outras palavras, que o seu patrimônio não se encontra completamente exaurido). Até porque a prova do esgotamento patrimonial é diabólica. Afinal de contas, como saber se o devedor não esconde dinheiro embaixo do colchão (ou, mais realisticamente, em contas no exterior)? Como achar bens não contabilizados?

Constituía obrigação do devedor ter tomado a iniciativa de pagar o que era devido ou, no mínimo, garantir a execução para que pudesse dis-

riza a insolvência. O devedor pode deixar de adimplir porque tem sérias razões jurídicas para fazê-lo: dúvida relevante sobre o montante da dívida, exceção de contrato não cumprido, falência do credor, etc. Em todos esses casos, existe o inadimplemento, mas não há insolvência. Esta surge, pois, não de todo e qualquer inadimplemento, mas de um inadimplemento qualificado pela falta de razão de direito. Devedor insolvente é aquele que, sem escusa jurídica, deixa de solver as suas obrigações. Ele não as solve, seja porque não quer, seja porque não pode. A origem da insolvência é, numa certa medida, irrelevante para o direito: ela não obsta, em qualquer hipótese, à abertura do processo de execução coletiva. " E continua: "A inaptidão econômica a adimplir refere-se propriamente a um outro conceito: a insolvabilidade. O insolvável deixa de adimplir porque não pode fazê-lo, porque a situação econômica do seu patrimônio torna impossível a prestação devida. Assim, enquanto a insolvência é um fato que diz respeito a uma obrigação, a insolvabilidade é um estado que interessa à generalidade dos credores do devedor. A insolvência pode ocorrer sem que se verifique a insolvabilidade, como no caso de má-fé, ou de negligência de devedor inadimplente. Inversamente, o devedor pode estar insolvável sem deixar de solver suas obrigações, procedendo a liquidações precipitadas ou lançando mão de meios ruinosos ou fraudulentos para realizar pagamento (Lei de Falências, art. 2º, II). A inaptidão econômica a adimplir, característica da insolvabilidade, resulta de dois fatores: insuficiência de ativo no patrimônio do devedor (a insolvência em sentido clássico) ou a falta de meios líquidos para prestar. A primeira é uma impossibilidade definitiva: a segunda uma impossibilidade mais ou menos durável em função do crédito de que goze, ou venha a gozar, o devedor insolvável, e do tempo necessário à realização do seu ativo ilíquido. E arremata: "De um modo geral, as legislações determinam a abertura de falência ou concurso de credores apenas no caso de insolvabilidade, e não no de simples insolvência. Em nosso direito, porém, é preciso distinguir. Em matéria comercial, vigora, tradicionalmente, desde o Decreto n. 917, de 24 de outubro de 1890, o princípio da impontualidade, ou seja, da simples insolvência, como fato hábil à abertura do processo falimentar. Em matéria civil, ao contrário, somente o déficit patrimonial dá lugar ao concurso de credores (Cód. Civil art. 1.554, e Cód. Proc. Civil, art. 1.019)." In COMPARATO, Fabio Konder. *Seguro de Crédito: estudo jurídico.* São Paulo: Revista dos Tribunais, 1968, p. 46-48. Ver, ainda, PROVINCIALI, Renzo. *Tratatto di Diritto Fallimentare*, vol. II. Milano: Giuffrè, 1974, p. 287 e ss; PROVINCIALI, Renzo. *Manuale di diritto fallimentare.* 2ª ed. Milano: Giuffrè, 1951, p. 101 e ss.

cuti-la. Se não faz nem uma nem outra coisa é de se presumir o exaurimento do seu patrimônio[310]. Qualquer coisa diferente disso significa impor um ônus gravoso e desarrazoado ao credor. Essa é a única solução substancialmente justa, a única que está em plena consonância com o espírito que embebe o próprio processo de execução.

Nesse sentido, Lamartine Corrêa de Oliveira dá notícia da existência de julgados, sobretudo nos Estados Unidos, que dispensam a prova da insolvência. Ademais, expõe o posicionamento de Drobnig, para quem "se a sociedade não dispuser de meios líquidos, de fácil obtenção, para a execução do crédito, não se deverá exigir do credor que vá além, iniciando talvez morosa execução sobre bens de difícil conversão em dinheiro. Para os fins de admissão da demanda contra o sócio, estará caracterizada a insolvência da sociedade[311]".

3.3.3. Sistemática da constatação da confusão patrimonial

Examinada a questão da prova da insuficiência patrimonial, volta-se ao ponto central da discussão: a necessidade de operacionalizar a constatação da confusão patrimonial[312].

Foi dito logo acima que o conceito de confusão patrimonial depende de um complemento teórico-probatório que permita a sua aplicação. O conceito em questão é incompleto em razão da sua não operacionalidade plena caso não se construa teoricamente um sistema de constatação apropriado e que se ajuste às características do fenômeno.

Como é impossível, ou ao menos muito difícil, para um credor provar, no curso de uma ação judicial, que o patrimônio do devedor se encontra em um estado de promiscuidade, é preciso trabalhar com um conceito de confusão patrimonial que se operacionalize dentro de um sistema apto a funcionar a partir da aceitação de certas presunções, em

310 Vale lembrar o art. 94, II, da Lei 11.101/05.

311 Oliveira. *A dupla crise...*, p. 338-339.

312 Vale salientar, só o requisito da "insuficiência patrimonial", somada à confusão patrimonial (*insuficiência + confusão*), autoriza a aplicação de algum remédio corretivo apto a tutelar os credores. A simples inexistência de bens para suportar a execução não autoriza o uso da *disregard*. Exemplificativamente, TJSP, 18ª Câmara de Direito Privado, AI 991.09.054380-8, Rel. Des. Alexandre Lazzarini, j. 25/05/2010.

função de determinados indícios[313]. Como destacam Marinoni e Lima Júnior em contexto análogo, "quando impossível ou muito difícil a demonstração da alegação, não se deve exigir um grau de certeza incompatível com a situação concreta (...), aceitando-se um grau de verossimilhança suficiente, ou a verdade possível[314]".

Levando em consideração a referida dificuldade, acredita-se que a confusão patrimonial possa ser provada a partir de um sistema de constatação adequado às características específicas deste fato probando, método assentado sobre dois pilares fundamentais, que se complementam e contrabalançam como "acelerador" e "freio" do sistema: (*i*) a possibilidade de utilizar prova indiciária dentro de uma teoria sistêmica mais fluida; (*ii*) compensada por um reforço do módulo de prova[315].

3.3.3.1. Prova indiciária e teoria sistêmica fluida

Para comprovar a tese aqui sustentada, tomar-se-á emprestada a teoria sistêmica do direito falimentar, seara jurídica em que a verificação em juízo de certos indícios pode fazer presumir o estado de insolvabilidade do devedor, garantindo uma tutela mais efetiva dos credores.

Assim, tal qual a *insolvência* é o estado jurídico presumido de que o passivo exigível de uma pessoa supera o seu ativo, hipótese que autoriza a excussão do seu patrimônio por concurso de credores falimentar[316],

[313] Acerca do ceticismo em relação à chance de obtenção da verdade no processo cível, ver Reichelt, Luis Alberto. *A prova no direito processual civil*. Porto Alegre: Livraria do Advogado, 2009, p. 189 e ss.

[314] Marinoni, Luiz Guilherme; Lima Júnior, Marcos Aurélio. Fraude: configuração: prova: desconsideração da personalidade jurídica. *Revista dos Tribunais*, São Paulo, ano 90, n. 783, p. 137-164, jan. 2001, p. 161. Em sentido semelhante e também citando os autores acima, mas debruçando-se especificamente sobre o problema da subcapitalização, Diniz. *Subcapitalização societária...*, p. 238-241.

[315] O contraste entre o "acelerador" e o "freio", de certa forma, retrata o embate entre dois dos princípios estruturantes do direito processual contemporâneo, quais sejam a exigência de *efetividade do processo* e a demanda por *segurança jurídica*. Sobre o ponto, ver Alvaro de Oliveira, Carlos Alberto. *Do formalismo no processo civil* – proposta de um formalismo-valorativo. 3ª ed. São Paulo: Saraiva, 2009, especialmente p. 76-93 e Bedaque José Roberto dos Santos. *Efetividade do processo e técnica processual*. 3ª ed. São Paulo: Malheiros, 2010, p. 49-50.

[316] A própria Lei 11.101/05 admite, implícita e lateralmente, que a insolvência ou a insolvabilidade real não são requisitos para a falência ao estabelecer, no art. 153, que uma vez pagos todos os credores, se houver saldo, este será entregue ao falido. Nesse sentido,

a confusão patrimonial é o estado jurídico presumido de que o esgotamento patrimonial do devedor decorreu do desvio de bens da sociedade devedora ou de problemas na sua capitalização.

Isto é, tal qual a verificação judicial de certos fatos jurídicos – (*i*) impontualidade, (*ii*) execução frustrada e (*iii*) atos de falência –, quando não legitimamente impugnados na falência, dá ao juiz o direito de presumir a insolvabilidade do devedor, sustenta-se que, na execução singular, a verificação judicial de certos fatos dá ao magistrado o direito de presumir que a causa do esgotamento do patrimônio do devedor seja o desperdício dos ativos da empresa (ou de problemas verificados na sua capitalização) devidos à ocorrência de um estado de confusão patrimonial.

Exigir a prova direta da confusão patrimonial pode tornar impossível a tutela do credor. Como salienta Salomão Filho, "a distribuição do ônus da prova acaba por influir diretamente sobre o direito material". Exigir certas provas impossíveis de serem obtidas equivale a uma "regra de isenção de responsabilidade"[317]. Por isso, o direito tem cada vez mais acolhido a inversão do ônus da prova para fazê-lo recair sobre a parte que tem melhor condições de produzi-la (condições técnicas, ou em

a Súmula 43 do TJSP: "No pedido de falência fundado no inadimplemento de obrigação líquida materializada em título, basta a prova da impontualidade, feita mediante o protesto, não sendo exigível a demonstração da insolvência do devedor". Também no sentido de que não é preciso fazer prova de que o passivo supera o ativo (prova da insolvabilidade): TJMG, 5ª Câmara Cível, AI 1.0672.03.114323-9/003, Rel. Des. Nepomuceno Silva, j. 14/05/2009 (mais especificamente, o referido acórdão chega a destacar, expressamente, que é possível a falência de empresa com ativo superior ao passivo). É de se destacar, ainda, que os suportes fáticos da falência (impontualidade, execução frustrada e atos de falência) são meramente indiciários de que existe uma situação de *falência econômica*, mas bastam para a decretação da *falência jurídica*. O normal é que coincida a *quebra econômica* com a *quebra jurídica*, mas excepcionalmente podem não coincidir os estes dois estados: pode haver quebra econômica sem que seja decretada a quebra jurídica, como também é possível a decretação de falência (jurídica) sem que o estado de falência econômica esteja caracterizado (Cf. Rodríguez Oliveira, Nuri E. *Manual de Derecho Comercial Uruguayo*, vol. VI, t. I – Quiebra. Montevideo: FCU, 2004, p. 9 e ss.). Cf., ainda, Vigil Neto. *Teoria falimentar e regimes recuperatórios*..., p. 195-196.

317 Comparato; Salomão Filho. *O poder de controle*..., p. 505.

razão da simples posse de documentos, etc.), ideia ínsita à teoria das cargas probatórias dinâmicas[318].

Tendo como paradigma o sistema desenvolvido pelos tribunais alemães para a distribuição do ônus da prova em matéria societária, explica o Professor que as dificuldades naturalmente existentes que terceiros têm de tomar ciência de fatos ocorridos no seio da sociedade podem impor ao controlador a obrigação de prestar esclarecimentos acerca da situação interna da sociedade[319]. Esclarece Salomão Filho que "existe com relação a certos fatos específicos, além do ônus de prestar esclarecimentos, o ônus de comprovar o que foi dito. É o caso, por exemplo, do emprego de quantias sobre as quais o balanço não fornece informações suficientes e com relação às quais há uma sustentável suspeita de desvio. Nesse caso, há a obrigação de demonstrar onde foram aplicados os recursos e quais os resultados provenientes dessa aplicação[320]".

Assim, apurados judicialmente indícios suficientemente robustos de promiscuidade entre patrimônios, é possível presumir que a situação de insuficiência patrimonial decorre de um estado de confusão patrimonial[321]. Trata-se, porém, de presunção relativa, pois permanece sempre

318 Para um panorama sistemático que bem ilustra o leque de possibilidades de mudanças em matéria de regras sobre ônus de prova, observe-se as considerações de Taruffo, Michele. *La prueba.* Madrid: Marcial Pons, 2008, p. 151-152. Sobre o ponto, ver, ainda: Dall'Agnol Junior, Antônio Janyr. Distribuição dinâmica dos ônus probatórios. *Revista dos Tribunais*, São Paulo, ano 90, n. 788, jun. 2001, p. 92-107, especialmente p. 97-100; Peyrano, Jorge Walter. Informe sobre la doctrina de las cargas probatorias dinámicas. *Revista de Processo*, São Paulo, v. 38, n. 217, mar. 2013, p. 205-224; Peyrano, Jorge Walter e White, Inés Lépori (org.). *Cargas probatorias dinámicas.* Santa Fé: Rubinzal-Culzoni, 2004; Bedaque, José Roberto dos Santos. *Poderes instrutórios do juiz.* 4ª ed. São Paulo: Revista dos Tribunais, 2009, p. 117 e seguintes; Carpes, Artur Thompsen. *Ônus dinâmico da prova.* Porto Alegre: Livraria do Advogado, 2010; Moraes, Denise Maria Rodríguez. A dinamização da regra de distribuição do ônus da prova como instrumento de busca da verdade e de efetivação da justiça. *Revista de Processo*, São Paulo, v. 38, n. 226, dez. 2013, p. 61-81; Santos, Sandra Aparecida Sá dos. *A Inversão do ônus da prova como garantia constitucional do devido processo legal.* São Paulo: Revista dos Tribunais, 2002; Cremasco, Suzana Santi. *A distribuição dinâmica do ônus da prova.* Rio de Janeiro: GZ Editora, 2009.

319 Comparato; Salomão Filho. *O poder de controle...*, p. 508.

320 Comparato; Salomão Filho. *O poder de controle...*, p. 508.

321 Nesse contexto, a prova exigida deve ser robusta: TJRS, 18ª Câmara Cível, APC 70021877642, Rel. Des. Luiz Planella Villarinho, j. 04/06/2009; TJRS, 19ª Câmara Cível, AI 70025177247, Rel. Des. Guinther Spode, j. 04/11/2008; TJDFT, 5ª Turma Cível, AI 241389,

possível para os interessados comprovar que o patrimônio social foi respeitado e que as perdas tiveram origem em operações normais da sociedade.

Cabe aos interessados "abrirem os números" da sociedade e demonstrar de onde vieram as perdas que resultaram na ruína financeira da mesma. Trata-se de espécie de "ônus de esclarecimento". Como o caso é de presunção relativa, ocorre mera inversão do ônus da prova[322]. Ou melhor, havendo presunção, a parte está dispensada de produzir prova, a teor do art. 374 do CPC, e a outra parte tem o ônus de infirmar a presunção relativa. Caso não sejam prestados os esclarecimentos ou sendo eles insuficientes, os fatos alegados são reputados provados[323] (trabalha-se, portanto, com um sistema fundado naquilo que a doutrina processualística costuma designar verdade formal)[324].

Nada mais justo, porque somente a sociedade tem a possibilidade de saber qual foi a causa da sua ruína financeira. Salienta Salomão Filho que, nesses casos, "impor ao credor a demonstração de fatos internos à sociedade seria impor uma *probatio diabolica* e, na prática, impedir a responsabilização do controlador[325]". E conclui o Professor: "Pode-se perguntar até que limite é possível impor ao controlador o ônus de provar fatos internos à sociedade. Pode-se dizer que esse limite deve ser tanto

Rel. Des. Haydevalda Sampaio, j. 23/01/2006. Sobre o modelo de constatação exigido, ver o Capítulo 4, item 4.1.2, *infra*.

[322] Inversão feita com base nos arts. 351, III, 370, e, especialmente, 373, § 1º, do Código de Processo Civil. Mas é importante salientar que a inversão do ônus probatório se opera *ope iudicis*, e não *ope legis*, motivo pelo qual é indispensável o pronunciamento do juiz nesse sentido. DALL'AGNOL JUNIOR. Distribuição dinâmica dos ônus probatórios..., p. 95-96.

[323] "Diante da alegação de que se apropriou de posições ativas da sociedade, o sócio – que tem acesso a todos os demonstrativos financeiros (e demais notações contábeis) – é capaz de provar que eventual insuficiência patrimonial tem causas inerentes ao exercício regular da empresa. Não conseguir ou não querer fazê-lo é motivo suficiente para que se lhe impute responsabilidade patrimonial ilimitada pelo exercício da empresa" (WARDE JÚNIOR. *Responsabilidade dos sócios...*, p. 333).

[324] A respeito das possíveis acepções da noção de verdade no contexto probatório, ver, por todos, BELTRÁN, Jordi Ferrer. *Prueba y verdad en el derecho*. 2ª ed. Madrid: Marcial Pons, 2005, p. 55 e ss. e TARUFFO, Michele. *Uma simples verdade* – o juiz e a construção dos fatos. Madrid: Marcial Pons, 2012, p. 95-158.

[325] COMPARATO; SALOMÃO FILHO. *O poder de controle...*, p. 509.

mais elástico quanto menor seja a possibilidade de confiar em um controle interno independente[326]".

Além disso, um sistema que possibilita a utilização de indícios que levem a presunções permite que se dispensem maiores indagações acerca da intensidade da mistura que se requer para configurar a confusão patrimonial ("grau da mistura dos patrimônios"). Isso porque, se houve esgotamento patrimonial e o devedor não conseguiu demonstrar contabilmente que ele ocorreu em razão de operações normais da empresa, pode-se presumir que a confusão patrimonial foi *grave o suficiente* para causar a ruína financeira da sociedade[327].

Parece que a intensidade da confusão patrimonial possui relevância mais intensamente apenas no contexto concursal. Como examinado nos itens 5.3.3.2 e 5.3.3.3, *infra*, será necessário elaborar um conceito de "confusão patrimonial grave", designada "confusão patrimonial estrutural", para justificar a adoção de mecanismos corretivos mais extremos, como a consolidação substancial e a extensão dos efeitos da falência. Por outro lado, tanto no caso de recuperação judicial quanto no de falência, a constatação da confusão patrimonial resta facilitada pelo princípio da transparência que preside esses regimes – consubstanciado em uma série de regras de natureza informativa presente na Lei 11.101/2005, bem como pelo acesso irrestrito que o administrador judicial tem relativamente aos dados e informações da empresa –, o que dispensa, aparentemente, a utilização do sistema de constatação acima proposto.

3.3.3.2. Reforço do módulo de prova

A natureza da prova utilizada (prova indiciária) e a gravidade da medida com que se quer combater o abuso da personalidade jurídica (desconsideração) recomendam um reforço do módulo de prova. Assim, se por um lado é possível provar a confusão patrimonial através da verificação

[326] Comparato; Salomão Filho. *O poder de controle...*, p. 509.

[327] Vale destacar que se trata de responsabilidade objetiva, isto é, que prescinde do exame da culpa. Cf. STJ, 3ª Turma, REsp 279.273/SP, Rel. Min. Ari Pargendler; Rela. para o acórdão Mina. Nancy Andrighi, j. 04.12.2003. A esse respeito, refere Luis Alberto Reichelt que a regra constante do art. 378 do Código de Processo Civil é calcada "em uma presunção construída sob a égide de um padrão de normalidade, que é a conformidade dos lançamentos contábeis e da escrituração dos livros à realidade da vida empresarial" Reichelt, Luis Alberto. *A prova no direito processual civil...*, p. 273.

de certos indícios, por outro é preciso salientar que o conjunto probatório existente nos autos deve ser robusto e conclusivo (levando ao referido *reforço no módulo de prova*). Importante examinar os fundamentos disso.

3.3.3.2.1. Primeiro motivo: gravidade da medida

Dada a gravidade dos efeitos decorrentes do reconhecimento da confusão patrimonial, é difícil aceitar que a formação do convencimento do julgador se dê por simples *preponderância de provas*, resultando num convencimento do tipo "é provável que haja confusão patrimonial".

Esse *standard* de constatação (preponderância de provas) é suficiente na grande maioria dos litígios envolvendo direitos patrimoniais disponíveis (ex: ação de cobrança, ação indenizatória). Nesses casos, vence a parte que tiver do seu lado a preponderância das provas[328]. Mas, em matéria de abuso da personalidade jurídica, que tem por efeito a responsabilização de alguém (sócio, administrador ou terceiro) por dívida de outrem (da sociedade), parece clara a necessidade de um *standard* de constatação do fato probando mais exigente (do que a simples preponderância de provas).

Por ser considerada uma medida extrema e excepcional, a aplicação da teoria da desconsideração da personalidade jurídica demanda efetiva prova do preenchimento de seus requisitos específicos[329], cujo ônus recai forçosamente sobre o requerente[330]. E a prova deve ser, conforme expressões utilizadas com frequência pelos tribunais: "robusta", "concludente", "cabal", "inequívoca", "contundente".

Simples suspeitas de abuso da personalidade jurídica não dão ensejo à aplicação da *disregard*, pois trata-se de medida extrema e de graves repercussões[331]. O *standard* exigido para a constatação da confusão

[328] Knijnik. *A Prova nos juízos cível, penal e tributário...*, p. 31 e ss., especialmente p. 37.

[329] STJ, 4ª Turma, REsp 256.292/MG, Rel. Min. Ruy Rosado de Aguiar, j. 15/08/2000.

[330] Oliveira. *A dupla crise...*, p. 329.

[331] "(...) pedido de desconsideração da personalidade jurídica, que, por ser medida excepcional, só pode ser decretada mediante prova cabal de abuso" (TJRS, 18ª Câmara Cível, APC 70021877642, Rel. Des. Luiz Planella Villarinho, j. 04/06/2009). "A desconsideração do véu corporativo exige prova robusta do uso fraudulento da sociedade, com o fito de lesar terceiros" (TJRS, 19ª Câmara Cível, AI 70025177247, Rel. Des. Guinther Spode, j. 04/11/2008). "Apenas indícios não são suficientes para tal medida devendo as provas

patrimonial é que a ocorrência do fato probando (efetiva existência da mistura de patrimônios) seja mais do que *provável*. É preciso que seja *altamente provável*[332]. Ocorre, portanto, um aumento do ônus de provar, em decorrência da maior gravidade do erro judiciário[333], a saber: no caso sob análise, a responsabilização de alguém por dívida de terceira pessoa, em especial na hipótese de extensão dos efeitos da falência.

3.3.3.2.2. Segundo motivo: natureza da prova

Mas, além da gravidade das consequências decorrentes da aplicação da *disregard*, outro fator recomenda cautela e reforço do módulo de prova: a natureza da prova indiciária.

A prova indiciária, também chamada prova indireta[334], é aquela que leva o julgador a *presumir* a ocorrência de um determinado fato a partir da verificação de certas circunstâncias provadas no processo. Em outras palavras, a presunção, resultante do exame dos indícios, é a atividade por meio da qual o juiz deduz a existência de um fato desconhecido (*fato probando*) a partir de um fato conhecido (*indício*), formando seu convencimento por meio de um juízo de probabilidade: se ocorreu "A" + "B" +

serem contundentes" (TJDFT, 5ª Turma Cível, AI 241389, Rel. Des. Haydevalda Sampaio, j. 23/01/2006). Quando se trata de decisão que estende os efeitos da falência de uma empresa a outra, "todas as cautelas devem ser tomadas" (STJ, 3ª Turma, MC 15.526/SP, Rela. Mina. Nancy Andrighi, j. 22/09/2009). É medida que deve ser deferida apenas em "situações excepcionais" (STJ, 5ª Turma, REsp 968.564/RS, Rel. Min. Arnaldo Esteves Lima, j. 18/12/2008). Ver, ainda, na linha de que é preciso comprovar o abuso, STJ, 4ª Turma, REsp 744.107/SP, Rel. Min. Fernando Gonçalves, j. 20/05/2008.

332 Por óbvio é impossível quantificar quando um conjunto probatório é robusto, concludente, etc. O que o estudo da *Teoria dos Modelos de Constatação* oferece são pautas móveis, auxiliares à tarefa judicial, que apontam pura e simplesmente para um padrão mais ou menos exigente em termos de ônus da prova, em decorrência da gravidade dos direitos em jogo no processo. Sobre o ponto, ver: Walter, Gerhard. *Libre apreciación de la prueba*: investigación acerca del significado, las condiciones e limites del libre convencimiento judicial. Bogotá: Editoral Temis Librería, 1985, p. 211. Knijnik, Danilo. *A Prova nos juízos cível, penal e tributário...*, p. 31 e ss., especialmente p. 45-46 e Reichelt. *A prova no direito processual civil...*, p. 212.

333 Knijnik. *A Prova nos juízos cível, penal e tributário...*, p. 31 e ss., especialmente p. 45.

334 Para a distinção entre *prova direta* e *prova indireta*, ver Taruffo, Michele. *La prova dei fatti giuridici*. Milano: Giuffrè, 1992, p. 426-432; Santos, Moacyr Amaral. *Prova judiciária no cível e no comercial*, vol. I. 3ª ed. São Paulo: Max Limonad, s/d, p. 54; Santos, Moacyr Amaral. *Prova judiciária no cível e no comercial*, vol. V. 2ª ed. São Paulo: Max Limonad, 1955, p. 329-330.

"C" (indícios – *fatos conhecidos*), é provável que "D" tenha ocorrido (*fato desconhecido*)[335].

Os indícios possuem tanto valor quanto qualquer outra prova na formação do convencimento do julgador[336]. Há, inclusive, quem pondere que as testemunhas podem faltar com a verdade, enquanto os indícios, não; pois a prova testemunhal sempre impõe ao julgador um juízo de credibilidade sobre a pessoa do depoente[337]. Além de não haver hierarquia previamente estabelecida entre os meios de prova para fins de formação do convencimento do juiz[338], é importante lembrar que, em razão da natureza do fato probando, em determinadas situações – como no caso da confusão patrimonial – a prova indiciária é a única possível (como, também, em alguns casos de fraude contra credores e simulação, por exemplo)[339].

Porém, apesar de não haver hierarquia previamente estabelecida entre os meios de prova, é preciso admitir que a prova indiciária apresenta características intrínsecas que levam a um necessário reforço no ônus de provar, sobretudo quando o conjunto probatório está composto exclusivamente por indícios. Isso se dá porque, quando se utiliza a prova indiciária, trabalha-se com fatos indiretos, o que, por si só, resulta em uma maior chance de erro judiciário. Por isso, dá-se o necessário reforço do modelo de constatação do fato probando. O conjunto probatório

[335] TARUFFO. *La prova dei fatti giuridici...*, p. 429-431; PATTI, Salvatore. *Commentario del Codice Civile Scialoja-Branca*. Della prova testimoniale – della presunzioni: art. 2721-2729. Bologna: Zanichelli, 2001, p. 77-78 e 81. SANTOS. *Prova judiciária...*, p. 330-332. CAMBI, Eduardo. *A prova cível* – admissibilidade e relevância. São Paulo: Revista dos Tribunais, 2006, p. 360 e ss. Sobre a aplicação da ideia de probabilidade em matéria de prova, ver REICHELT, Luis Alberto. *A prova no direito processual civil.* Porto Alegre: Livraria do Advogado, 2009, p. 196-218 e ss. E BELTRÁN, Jordi Ferrer. La valoración racional de la prueba. Madrid: Marcial Pons, 2007, p. 91 e ss.

[336] KNIJNIK. *A Prova nos juízos cível, penal e tributário...*, p. 26-27 e 49.

[337] KNIJNIK. *A Prova nos juízos cível, penal e tributário...*, p. 26-27.

[338] Trabalhando o tema na perspectiva da tradição espanhola, refere MOVELLÁN, Pedro Álvares Sánches de. *La prueba por presunciones* – particular referencia a su aplicación judicial en supuestos de responsabilidad extracontractual. Granada: Editoral Comares, 2007, p. 145-146 que inexiste norma que imponha ou proíba o uso de prova indireta na formação do convencimento judicial. Essa também é a orientação vigente na realidade brasileira.

[339] KNIJNIK. *A Prova nos juízos cível, penal e tributário...*, p. 27.

deve ser mais robusto, sob pena de, assim não sendo, reputar-se não comprovado o fato[340].

Há, portanto, dupla razão para se exigir prova mais robusta quando o fato probando é a existência de confusão patrimonial e quando se trabalha com prova exclusivamente indiciária. A primeira decorre dos efeitos da medida corretiva que se requer adotar, capaz de gerar graves repercussões na esfera patrimonial de terceira pessoa. A segunda, pelas características da prova indiciária, meio probatório tão valioso quanto os demais, mas cuja falibilidade (probabilidade de erro) é maior em função de que se articula com provas indiretas.

Ganha importância, nesse contexto, o *conjunto probatório*, isto é, os elementos de prova conjuntamente considerados[341]. Como salienta Knijnik, examinando separadamente cada indício, pode não ser possível a formação de um convencimento por parte do julgador; porém, examinando-os em conjunto, é viável que o magistrado chegue à conclusão diversa[342].

Com efeito, sendo necessário que o acontecimento do fato desconhecido (confusão patrimonial) extrapole o campo da simples possibilidade, atingindo o grau de probabilidade que racionalmente convença o julgador de que é muito improvável a sua não ocorrência, ganha relevo o conjunto probatório existente nos autos. Assim, um simples indício que, sozinho, pouco diz, pode, em conjunto com outros existentes no processo, fazer gritar a confusão patrimonial[343].

Daí a importância de articular os elementos probatórios carreados aos autos, não só os indícios, mas também a prova oral, por exemplo. É lícito concluir, assim, que provas não tão concludentes isoladamente, quando combinadas em um conjunto probatório, sendo, obviamente,

340 Knijnik. *A Prova nos juízos cível, penal e tributário...*, p. 41-42.

341 Cambi, Eduardo. *A prova cível...*, p. 381 e ss., destaca a importância do que chama de *critério da concordância* para fins de formação do convencimento judicial no emprego de indícios e presunções. Na Itália, vale lembrar a posição de Patti, Salvatore. *Commentario del Codice Civile Scialoja-Branca...*, p. 129-130, ao consignar, como critérios para a afirmação da "eficácia probatória" das presunções, as noções de *gravidade, precisão* e *concordância.*

342 Knijnik. *A Prova nos juízos cível, penal e tributário...*, p. 49-50.

343 Knijnik. *A Prova nos juízos cível, penal e tributário...*, p. 49-50.

concordantes entre si, podem conduzir o julgador a uma manifestação segura acerca da ocorrência da confusão[344].

Só procedendo desse modo para se trabalhar com maior segurança quando o remédio (desconsideração) é amargo e a prova possui tal natureza. A esse propósito, para salientar as consequências que podem advir da desconsideração, basta lembrar que um dos possíveis efeitos da aplicação de teoria por confusão patrimonial é a extensão dos efeitos da falência para outras sociedades que se supõe componham um mesmo grupo econômico de fato da falida, situação de extrema gravidade cujas consequências são, por vezes, nocivas até para os credores (vide Capítulo 5. Item 5.3.3.2, *infra*).

Em razão de tudo o que foi exposto, caso o juiz não consiga formar um convencimento concludente acerca da existência de confusão patrimonial, a hipótese de abuso da personalidade jurídica deve ser afastada. Não se pode prescindir desse modelo rigoroso de constatação da existência de confusão patrimonial, pois, do contrário, começar-se-á a enxergar o referido abuso por toda a parte, trazendo muita insegurança para o tráfico mercantil, e, sobretudo, uma condição muito interessante para os "oportunistas de plantão".

344 Knijnik. *A Prova nos juízos cível, penal e tributário...*, p. 49-50.

Capítulo 4
Confusão Patrimonial na Sociedade Isolada

A empresa é a célula central da economia de mercado, a instituição que define a civilização contemporânea[345]. Por sua vez, a sociedade, chamada "empresa coletiva", corresponde à segunda fase do processo evolutivo dos veículos de exploração da atividade econômica[346].

Explica Engrácia Antunes que, a partir da Revolução Industrial, com a passagem de uma economia artesanal e mercantil a uma economia fundada na produção em massa, o modelo atomístico-concorrencial de inúmeras pequenas empresas individuais deu lugar, paulatinamente, à concentração da atividade econômica e ao domínio dos vários setores do mercado por grandes empresas monopolísticas. Nesse cenário, o protagonista principal deixou de ser a empresa individual, explorada por uma

[345] Comparato. A Reforma da Empresa..., p. 57; Comparato, Fabio Konder. Estado, empresa e função social. *Revista dos Tribunais,* São Paulo, v. 732, ano 85, p. 38-46, out. 1996; Antunes. Estrutura e responsabilidade..., p. 29.

[346] As principais formas ou estruturas jurídico-empresariais são a empresa individual, a empresa coletiva (societária) e a empresa de grupo (Cf. Antunes. Estrutura e responsabilidade..., p. 29). Nessa linha, a empresa individual, correspondente ao nosso antigo comerciante individual, corresponde à primeira fase do processo evolutivo da exploração da atividade econômica. Sobre a histórica do comércio e do comerciante, ver, entre outros, Le Goff, Jacques. *Mercadores e banqueiros da Idade Média.* São Paulo: Martins Fonte, 1991; Le Goff, Jacques. *A bolsa e a vida* – usura na Idade Média. São Paulo: Editora Brasiliense, 1995; Schmidt, Max Georg. História do comércio mundial. Rio de Janeiro: Athena, sem ano; Lefranc, Georges. História breve do comércio. Lisboa: Verbo, 1962; Pirenne, Henri. História econômica e social da Idade Média. São Paulo: Mestre Jou, 1973; Lopez, Robert. *A revolução comercial da Idade Média*: 950-1350: Lisboa: Presença, 1976.

pessoa física, e passou a ser a empresa coletiva ou societária, explorada por uma pessoa jurídica[347].

O sistema econômico então emergente trouxe consigo novas exigências para o exercício da atividade empresarial; entre elas a necessidade de comunhão de recursos (*exigências de natureza financeira*), organização empresarial mais complexa, consubstanciada em uma gestão profissionalizada e na utilização intensiva de força laboral (*exigências de natureza organizativa*), além da desejável limitação de risco e de estabilidade decorrente de uma organização não sujeita às vicissitudes que podem se abater sobre os sócios (*exigências de natureza legal*). A todas essas necessidades a empresa individual não podia atender. Somente a sociedade comercial, instituto mais elaborado e complexo, podia fazê-lo[348].

No modelo predecessor, dominante no período anterior ao capitalismo industrial dos séculos XVIII e XIX, havia um nexo claro entre poder e responsabilidade, pois a regra era a de que o empresário respondia com todo o seu patrimônio pelo risco da empresa[349]. Tal quadro começou a mudar radicalmente com a ascensão da empresa societária, a qual está assentada no dogma fundamental da autonomia patrimonial (construída a partir da teoria da *personalidade jurídica*), pressuposto da *limitação da responsabilidade*[350].

Como já exposto, admitida a personalidade jurídica da sociedade, pareceu bastante natural que os sócios não respondessem pelas dívidas desta, pelas dívidas de um sujeito de direito diverso, que, por sua vez, responde ilimitadamente por suas obrigações[351]. Isto porque a sociedade

[347] ANTUNES. Estrutura e responsabilidade..., p. 32.

[348] ANTUNES. Estrutura e responsabilidade..., p. 32.

[349] ANTUNES. Estrutura e responsabilidade..., p. 31. E vale lembrar: "Empresário significava originalmente chefe de aventuras – que dirige tarefa arriscada e assume riscos: na França, no início do século XVI, a palabra entrepreneur surgiu para designar os chefes de expedições militares e ao menos dede 1780 era empregada para representar empreiteiros que contratavam a execução de obras públicas a preço certo assumindo o risco do custo da construção. Quando a empresa se difundiu como organização produtiva típica da economia moderna, passou a significar o chefe da empresa, que assume os riscos da atividade produtiva. Essa evolução da palavra em língua francesa põe em destaque os aspectos de liderança e disposição de aceitar riscos como notas características do papel de empresário" (LAMY FILHO; PEDREIRA. *A Lei das S.A*..., p. 49).

[350] ANTUNES. Estrutura e responsabilidade..., p. 33-34.

[351] ASCARELLI. *Problemas das sociedades anônimas*..., p. 344.

passou a constituir um ente economicamente autônomo e juridicamente independente, dotado de seus próprios direitos e obrigações, e de um patrimônio próprio para suportar a atividade explorada[352].

Mas tudo isso a depender da absoluta e clara separação de esferas dos acionistas e da sociedade em si[353]. Com efeito, na medida em que o sócio se afasta da gestão direta e já não mais se aproveita imediatamente dos resultados da atividade econômica, a irresponsabilidade pelos resultados torna-se aceitável e, sobretudo, uma exigência para a participação no empreendimento de risco. A partir daí, a entidade empresária estará instrumentalizada não só com patrimônio autônomo e apto a suportar o exercício da atividade, mas também com órgãos sociais através dos quais os sócios exercerão os seus direitos. Ao invés do imediato aproveitamento dos resultados da atividade, os sócios passam à condição de "meros credores". Essas são as condições que legitimam a limitação da responsabilidade de todos os sócios, verificada pela primeira vez nas companhias coloniais do séc. XVII[354].

A separação absoluta das esferas patrimoniais e a limitação da responsabilidade – diga-se de passagem, corolários da livre circulação dos títulos representativos do capital – foram concebidas especialmente para as sociedades anônimas envolvidas em atividades de interesse do Estado (primeiramente a colonização das terras de além-mar), em atenção às necessidades econômicas de cada época.

Foi só depois, em uma lenta e contínua marcha rumo à extensão desses atributos, que os particulares puderam fazer uso das sociedades anônimas, primeiro com autorização estatal (nesse período foram construídas as grandes estradas de ferro na Inglaterra e nos Estados Unidos[355]), depois com ampla liberdade (desde que obedecidas às con-

[352] Antunes. Estrutura e responsabilidade..., p. 34. Vale lembrar, a pessoa jurídica é técnica de separação patrimonial. Cf. Champaud. *Le pouvoir de concentration...*, p. 272; Comparato; Salomão Filho. *O poder de controle...*, p. 450 e 470; e Oliveira. *A dupla crise...*, p. 302.

[353] Antunes. Estrutura e responsabilidade..., p. 34.

[354] Ferri, Giuseppe. Potere e responsabilità nell'evoluzione della società per azione. *Rivista delle società*, p. 35-55, 1956, especialmente p. 36-37; Antunes. Estrutura e responsabilidade..., p. 34; Warde Júnior. *Responsabilidade dos sócios...*, p. 05 e 16.

[355] Sobre o desenvolvimento das companhias e as diversas fases da sua evolução, cf. Lamy Filho; Pedreira. *A Lei das S.A....*, p. 19-101 (e 103 e ss. Sobre a sociedade anônima no Brasil).

dições legais), para, finalmente, no período que compreendeu o final do século XIX e início do século XX, verificar-se aquilo que Menezes Cordeiro chamou de *democratização da limitação da responsabilidade*, em razão da criação legislativa da sociedade limitada[356] e da disseminação dos empresários com responsabilidade limitada e, de forma bem mais contundente, das sociedades unipessoais[357-358].

[356] Cordeiro. *Manual de direito das sociedades...*, p. 377.

[357] É importante deixar consignado, desde já, que o empresário individual de responsabilidade limitada (EIRELI), previsto no art. 980-A do Código Civil, tem a natureza de sociedade unipessoal, segundo sustenta-se. São indícios disso a utilização das expressões: (1) capital *social* no caput do art. 980-A; (2) firma ou denominação *social* no § 1º; (3) outra modalidade *societária* no § 3º; (4) bem como a opção pela regência subsidiária pelas regras das sociedades limitadas, tal como preceitua o § 6º. Ademais, pouco importa que o legislador tenha adotado a expressão "Da Empresa Individual de Responsabilidade Limitada" para o Título I-A, do Livro II da Parte Especial do Código. Título não muda a natureza das coisas. Nesse sentido, vale lembrar que o próprio Livro II da Parte Especial do Código Civil, designado "Do Direito de Empresa", deveria se chamar "Da Atividade Negocial", pois regula institutos utilizados por agentes econômicos empresariais e não empresariais, como é o caso da sociedade simples, por exemplo. Em razão disso, optou-se por não abrir um item específico para as empresas individuais de responsabilidade limitada ao lado das sociedades e dos grupos societários, preferindo delas cuidar, quando necessário for, dentro do ponto onde se tratou das sociedades isoladas.

[358] É importante destacar, também, que a confusão patrimonial sempre foi um problema intimamente ligado à sociedade unipessoal. Por isso, onde a sociedade unipessoal foi admitida pela ordem jurídica, ou mesmo onde os particulares tentaram disfarçá-la por vias obliquas, o fenômeno sempre suscitou problemas e controvérsias, não sendo de se estranhar a constatação de que o emprego da teoria da desconsideração da personalidade jurídica encontra seu terreno mais fértil no campo da sociedade unipessoal (Cf. Comparato; Salomão Filho. *O poder de controle...*, 436). Vale dizer, antes que o ordenamento jurídico brasileiro possibilitasse a constituição da empresa individual de responsabilidade limitada (EIRELI), era bastante comum a prática de se constituir sociedade apenas para alcançar o benefício da responsabilidade limitada. Nesses casos, a pluripessoalidade, meio necessário para a proteção patrimonial, era alcançada por meio da interposição de um sócio de palha ou presta-nome, pessoa que não tinha qualquer interesse na atividade econômica e que cumpria a única função de compor o número mínimo para a constituição do veículo societário – geralmente em um esquema do tipo 99% – 1% ou algo próximo a isso. Mas, mesmo que a constituição de sociedades nesses moldes pudesse ser encarada como um indício de desvio, sempre foi extremamente difícil provar, na prática, a constituição da *sociedade fictícia*, especialmente porque não se pode simplesmente presumir a simulação nesses casos. Todavia, algumas situações podem indicar a existência de uma sociedade fictícia, possibilitando a utilização de remédios corretivos quando conjugadas com outros indícios de que se

trata de sociedade simulada. É o caso, por exemplo, de sociedade que opera sempre no limite de poder pagar um alto pró-labore ao sócio detentor da quase totalidade do capital social, sem que sobre nada, nunca, para o sócio com participação ínfima, em termos de participação nos lucros (Sobre a sociedade fictícia, ver COMPARATO; SALOMÃO FILHO. *O poder de controle...*, p. 440-446. FÁBIO KONDER COMPARATO destaca que muito se tem falado em negócio indireto ou simulação quando o assunto é sociedade fictícia. Sobre o negócio indireto, cf. ASCARELLI. *Problemas das sociedades anônimas...*, p. 101-175. Para uma crítica à expressão sociedade simulada, ver os comentários de Calixto Salomão Filho em COMPARATO; SALOMÃO FILHO. *O poder de controle...*, p. 446). Outra questão controversa é da sociedade amplamente dominada por um sócio (mesmo que não se conteste a qualidade de sócio dos minoritários e o caráter societário da organização, isto é, mesmo que não se trate de sociedade fictícia). Salienta FÁBIO KONDER COMPARATO que "parte da doutrina germânica, desde fins do século passado, havia sustentado a conveniência, de *jure condendo*, de se afastar a limitação da responsabilidade, perante os credores sociais, do acionista que, embora não único, exerce de fato um poder incontrastável na companhia" (COMPARATO; SALOMÃO FILHO. *O poder de controle...*, p. 446). Descreve o Professor da Universidade de São Paulo que, em um artigo publico em 1931, MOSSA retomou a tese, falando em acionista 'soberano', sendo que, após a guerra, BIGIAVI defendeu-a com ardor. Todavia, doutrinariamente, a tese não logrou muitos adeptos, embora a jurisprudência, de modo esporádico, a tenha adotado. De qualquer forma, salienta que ASCARELLI estava entre os opositores dessa tese, ao considerar "o critério do controle muito incerto, pois ao lado dos casos de controle totalitário ou quase (totalitário), há também situações em que um acionista, ou grupo de acionistas, com menos da metade do capital votante, domina efetivamente a sociedade. Sem falar, então, do controle externo, exercido, por exemplo, pelo maior credor da sociedade" (COMPARATO; SALOMÃO FILHO. *O poder de controle...*, p. 447. No original, mas em edição distinta da citada, ver ASCARELLI. *Problemas das sociedades anônimas...*, p. 139 e ss., nota de rodapé n. 99b). Ainda com base na doutrina de ASCARELLI, COMPARATO salienta que "mesmo identificado o titular efetivo do controle social, nem por isso ele passa a ser considerado empresário, para o direito". A "tese do acionista 'soberano' parece desconhecer o fato de que somente em casos marginais uma sociedade funciona sem uma organização do poder de controle. Portanto, a seguir-se a lógica do raciocínio, na quase totalidade das sociedades anônimas haveria uma transposição da responsabilidade social para o patrimônio do acionista". Explica o mestre que "esse resultado seria altamente danoso sob o aspecto econômico. O acionista majoritário, que mais arrisca na empresa, seria fatalmente penalizado em confronto com o pequeno investidor, ou o simples especulador. Não se pode esquecer de que a responsabilidade limitada é fator de progresso econômico, pois, permitindo um maior afluxo de capitais para as atividades produtivas, contribui para uma redução relativa de custos e preços" (COMPARATO; SALOMÃO FILHO. *O poder de controle...*, p. 447). "Também não se pode dizer que a responsabilidade limitada seja uma contrapartida da falta de poder do acionista, transpondo-se assim para o campo das sociedades anônimas, uma tese que procura explicar, tradicionalmente, a limitação da responsabilidade do armador, no direito

4.1. Caracterização

Mas a democratização da limitação da responsabilidade também houve por consequência democratizar o problema da confusão patrimo-

marítimo. A responsabilidade limitada do acionista, ao contrário, é fundada no princípio da integridade do capital, como margem mínima de solvabilidade da companhia. É em torno desse princípio que se organiza todo um sistema de publicidade, inexistente nos demais tipos societários, e se reforça a responsabilidade de administradores e fiscais" (Comparato; Salomão Filho. *O poder de controle...*, p. 447-448). "Finalmente, aduziu Ascarelli, a tese da extensão da responsabilidade dos débitos sociais ao acionista 'soberano' nada mais preconiza do que a transformação das atuais anônimas em sociedades comanditárias, o que representa autêntica involução nessa matéria". "A sociedade em comandita não oferece maior garantia aos credores sociais do que a anônima, pois a experiência do direito francês, no século passado, prova que os grandes capitalistas (e verdadeiros empresários no sentido econômico) preferem confiar o cargo de gerentes ou sócios comanditados a 'homens-de--palha'. Aliás, não está demonstrada a maior incidência de casos de insolvabilidade da sociedade anônima relativamente aos demais tipos societários; nem o Estado parece muito convencido disso, pois impõe a forma anônima para o exercício de algumas empresas que devem oferecer absoluta garantia aos seus credores, como os bancos e as seguradoras" (Comparato; Salomão Filho. *O poder de controle...*, p. 448). Mas, se restar provada a confusão patrimonial entre a sociedade e o seu controlador, salienta Ascarelli que os tribunais podem, excepcionalmente, buscar a satisfação dos credores nos bens deste (Comparato; Salomão Filho. *O poder de controle...*, p. 448). Ensina ainda Fábio Konder Comparato que, na verdade, "o que Bigiavi preconizava era realmente isso. Ele distinguia o sócio ou acionista 'soberano', do 'soberano qualificado' ou 'tirano', porque, embora ambos tenham o controle social, o último confunde o seu patrimônio pessoal com o da sociedade, degradando-o, assim, à condição de simples instrumento de sua atividade individual" (Comparato; Salomão Filho. *O poder de controle...*, p. 448). Salienta Calixto Salomão Filho, outrossim, que não basta que o sócio detenha 95% do capital social ou mais para responsabilizá-lo. É necessário o abuso da personalidade jurídica (Comparato; Salomão Filho. *O poder de controle...*, p. 450). Nada obstante, corroborando a tese de que a confusão patrimonial sempre foi um problema intimamente ligado à sociedade unipessoal, a jurisprudência enxerga como indício de mistura de patrimônios (ou ao menos como elemento facilitador dessa situação) a existência de sócios com participações ínfimas ante a presença de um controlador quase totalitário (exemplificativamente, TJRS, 1ª Câmara Cível, AI 70032006603, Rel. Des. Luiz Felipe Silveira Difini, j. 15/09/2009), com o que se concorda. Sobre a sociedade unipessoal, ver Salomão Filho, Calixto. *Sociedade unipessoal.* São Paulo: Malheiros, 1995. Antevendo o problema da confusão patrimonial na utilização da EIRELI, ver Diniz. *Subcapitalização societária*, p. 17 (nota de rodapé n. 3). Ver, ainda, Vieira, José Rodrigo Dorneles. *A sociedade unipessoal como reforma necessária para preencher a lacuna existente no regime jurídico da atividade econômica no Brasil.* Dissertação (Mestrado em Direito). Faculdade de Direito da Universidade Federal do Rio Grande do Sul, Porto Alegre, 2011.

nial, objeto de exame no Capítulo 3, *supra*. A promiscuidade patrimonial societária pode se apresentar tanto em relação à sociedade isolada (quando, então, a mistura de patrimônios ocorrerá entre o patrimônio desta e o de seus sócios, administradores ou terceiros) quanto em relação à sociedade integrante de um grupo societário (situação em que os patrimônios das sociedades componentes do grupo é que estarão misturados), a qual será objeto de exame no Capítulo 5, *infra*. Abaixo serão expostas as formas mais corriqueiras de confusão patrimonial nas sociedades isoladas.

4.1.1. Usurpação dos ativos da sociedade

Usualmente, a confusão patrimonial decorre de um domínio absoluto ou quase absoluto do controlador sobre a sociedade, passando ele a servir-se do seu patrimônio das mais variadas formas. As situações mais comuns envolvem a utilização, por parte dos sócios e administradores, de bens da sociedade (e vice-versa), o desvio grosseiro de recursos financeiros da sociedade para sustentar o seu estilo de vida (por meio das retiradas de valores "na boca do caixa", do pagamento de contas pessoais, etc.). Essas situações foram parcialmente descritas no § 2º inserido no art. 50 do Código Civil pela Lei da Liberdade Econômica quando restou estabelecido que a confusão patrimonial se caracteriza pelo "cumprimento repetitivo pela sociedade de obrigações do sócio ou do administrador ou vice-versa" e "transferência de ativos ou de passivos sem efetivas contraprestações", além de "outros atos de descumprimento da autonomia patrimonial".

São comportamentos assaz comuns na prática, em que os sócios, em especial o sócio controlador, simplesmente não enxergam nenhuma diferença entre o seu patrimônio pessoal e o patrimônio da sociedade, agindo como se tudo fosse uma coisa só. Não é o caso de tentar examinar as razões de tais condutas, tão corriqueiros quanto perniciosas. Provavelmente derivam de questões sociais, econômicas e psicológicas. Chama a atenção, no entanto, o enorme despreparo do empreendedor, especialmente o iniciante, no que diz respeito às regras de separação patrimonial e às obrigações básicas incidentes sobre todos os empresários (registro prévio, contabilização das operações, levantamento periódico das demonstrações financeiras).

4.1.2. Distribuição disfarçada de lucros

Além dos casos mais gritantes de usurpação do patrimônio social, não se pode esquecer das hipóteses de distribuição ilícita de recursos da sociedade para os sócios, compreendidas no que o Regulamento do Imposto de Renda (Decreto 9.580 de 2018 – RIR) chama *distribuição disfarçada de lucros*[359].

Segundo o art. 528 do RIR, presume-se distribuição disfarçada de lucros no negócio pelo qual a pessoa jurídica: (*i*) aliena, por valor notoriamente inferior ao de mercado, bem do seu ativo a pessoa ligada; (*ii*) adquire, por valor notoriamente superior ao de mercado, bem de pessoa ligada; (*iii*) perde, em decorrência do não exercício de direito à aquisição de bem e em benefício de pessoa ligada, sinal, depósito em garantia ou importância paga para obter opção de aquisição; (*iv*) transfere a pessoa ligada, sem pagamento ou por valor inferior ao de mercado, direito de preferência à subscrição de valores mobiliários de emissão de companhia; (*v*) paga a pessoa ligada aluguéis, *royalties* ou assistência técnica em montante que excede notoriamente ao valor de mercado; e (*vi*) realiza com pessoa ligada qualquer outro negócio em condições de favorecimento, assim entendidas condições mais vantajosas para a pessoa ligada do que as que prevaleçam no mercado ou em que a pessoa jurídica contrataria com terceiros. Quase todas são hipóteses que geram confusão patrimonial.

Salienta Walfrido Warde que "a transferência de propriedade, da sociedade para os sócios, de quaisquer outras posições ativas (além da distribuição de lucros na forma da lei) – sem que decorram da dissolução e liquidação de sociedade, retirada ou exclusão de sócio na forma da lei – configura apropriação, pelos sócios, de meios de produção da sociedade e, portanto, o que se pode chamar de pagamento indevido de dividendos[360]".

[359] WARDE JÚNIOR. *Responsabilidade dos sócios...*, p. 311 e ss. Sobre a distribuição disfarçada de lucros, ver SCHOUERI, Luís Eduardo. *Distribuição disfarçada de lucros*. São Paulo: Dialética, 1996.

[360] WARDE JÚNIOR. *Responsabilidade dos sócios...*, p. 312.

4.1.3. Aporte informal de recursos

Finalmente, a confusão patrimonial resta caracterizada quando os sócios aportam, informalmente (isto é, sem a observância das fórmulas legalmente previstas) recursos para manter em operação a sociedade inadequadamente capitalizada ou que sofreu perdas no exercício da atividade. E, como já foi exposto quando do exame dos efeitos da confusão patrimonial (Capítulo 3, item 3.2.3), não se pode considerar adequado o aporte informal de recursos, sob pena de se consentir com o desvirtuamento do ordenamento patrimonial societário, todo ele arquitetado não só em benefício dos próprios sócios, mas principalmente dos credores que entram em relação com a sociedade.

4.2. Constatação

Exceto no caso das sociedades submetidas a concurso de credores, quando se tem acesso facilitado à situação patrimonial da empresa, a constatação da confusão patrimonial na sociedade isolada é feita a partir da utilização de uma sistemática fundada na verificação judicial de indícios que, se não forem amplamente rechaçados, podem fazer presumir o abuso da personalidade jurídica.

4.2.1. Sistemática

Como salientado, sendo impossível – ou ao menos muito difícil – provar, no curso de uma ação judicial, que o patrimônio do devedor se encontra em um estado de promiscuidade patrimonial, é importante que o credor possa trabalhar com um conceito de confusão patrimonial mais fluido: isto é, que se operacionalize dentro de um sistema que permita a utilização de indícios.

Os repertórios de jurisprudência apresentam um elenco muito extenso de indícios de confusão patrimonial. Obviamente, não se pode chegar ao absurdo de afirmar, categoricamente, que a verificação de qualquer dessas hipóteses, isoladamente, aponte para um caso de confusão patrimonial. No entanto, a verificação, no caso concreto, de uma ou mais dessas situações, dependendo do contexto, pode gerar uma presunção de que houve malversação da pessoa jurídica.

4.2.2. Indícios

Como já foi dito, a confusão patrimonial é um campo marcado pela dificuldade de os credores obterem as provas necessárias para que possam reivindicar a tutela jurisdicional apta a salvaguardar seus direitos. Por isso, usualmente, trabalha-se com um sistema fundado em indícios, mesmo que as evidências, em muitos casos, sequer consubstanciem atos ilícitos ou casos concretos de mistura de patrimônios. Nada obstante, as hipóteses abaixo elencadas quase sempre são levadas em consideração para a configuração da confusão patrimonial, segundo demonstra o repertório dos tribunais.

É o caso da constatação de que sócios ou administradores residem no mesmo endereço da sede da pessoa jurídica[361]. Certamente não há nenhuma norma que proíba tal situação, mas não há como negar que são bastante altas as chances de haver mistura de patrimônios nesse caso. Imagine-se, por exemplo, que os residentes utilizam água e luz pagas pela sociedade, apenas para ficar com um exemplo bem comezinho. Por isso, muitas vezes os tribunais tendem a considerar esse um forte indício de promiscuidade patrimonial.

Nesse contexto, também é bastante comum que funcionários da empresa prestem serviço na residência dos sócios ou dos administradores e vice-versa, sobretudo executando serviços de faxina e de motorista. São hipóteses em que há evidente subutilização de "ativos" da empresa, pois o funcionário poderia estar executando mais tarefas em prol da atividade social ou até seria possível contratá-lo por apenas meio turno, economizando os recursos da empresa. Diferentemente da questão logo acima examinada, a presente hipótese trata-se propriamente de confusão patrimonial, não de mero indício.

De confusão patrimonial também se trata o caso de utilização, pelos sócios ou administradores, de bens adquiridos pela pessoa jurídica ou vice-versa, por exemplo, eletrodomésticos e veículos[362]. No mesmo sen-

[361] TJRS, 19ª Câmara Cível, APC 70038848545, Rela. Desa. Mylene Maria Michel, j. 30/08/2011; TJSP, 22ª Câmara de Direito Privado, APC 9154258-68.2007.8.26.0000, Rel. Des. Matheus Fontes, j. 02/09/2009; TJSP, 25ª Câmara de Direito Privado, AI 1196556003, Rel. Des. Antônio Benedito Ribeiro Pinto, j. 23/09/2008.

[362] "Trata-se de bens encontrados no apartamento do executado (diretor), que não apresenta justificativa razoável; são bens que não podiam ter sido adquiridos para um hospital, como o embargante (televisão, vitrola, geladeira doméstica)". Trecho da APC 9.247 do TJSP, julgada pelo Des. Edgard de Moura Bittencourt, colacionado por Rubens Requião em *Abuso de Direito e Fraude Através da Personalidade Jurídica ("Disregard Doctrine")* in: Aspectos Modernos do Direito Comercial, vol. I. São Paulo: Saraiva, 1977, p. 80-81. Tal julgado consti-

tido, o pagamento de contas pessoais dos sócios e administradores por parte da pessoa jurídica[363] (colégio dos filhos, TV a cabo, etc.) e desta por aqueles[364]. Essa última hipótese está hoje positivada Código Civil: "*Entende-se por confusão patrimonial a ausência de separação de fato entre os patrimônios, caracterizada por: I – cumprimento repetitivo pela sociedade de obrigações do sócio ou do administrador ou vice-versa*" (CC, art. 50, § 2º, II).

Também é muito comum, como se afirmou, o desvio de recursos financeiros da sociedade para sustentar o estilo de vida dos sócios e administradores, com as conhecidas retiradas de valores "na boca do caixa", "vales", transferências injustificadas de valores[365].

Nessa linha, também configura confusão patrimonial a concessão de empréstimos da pessoa jurídica para os sócios[366], especialmente quando ocorrem fora das condições de mercado. Evidente, no entanto, que o empréstimo feito pelo sócio à sociedade não é proibido, tampouco configura qualquer ilícito, desde que feito com equilíbrio nas prestações e na remuneração dos juros[367].

Além da concessão de empréstimos, também pode configurar confusão patrimonial a hipótese de a sociedade dar bens seus em garantia de dívidas de seus administradores[368] ou sócios, ou caucionar dívidas dos familiares destes[369]. Na mesma linha, os tribunais já consideraram haver confusão patrimonial em situação na qual ocorreu o oferecimento

tui, no Brasil, uma hipótese *avant la lettre* de aplicação da desconsideração da personalidade jurídica.

363 TJRS, 16ª Câmara Cível, AI 70027929462, Rela. Desa. Ana Maria Nedel Scalzilli, j. 30/04/2009.

364 Galgano. *Diritto commerciale...*, p. 195.

365 TJRS, 6ª Câmara Cível, AI 70027163344, Rel. Des. Antônio Corrêa Palmeiro da Fontoura, j. 19/02/2009.

366 TJRS, 6ª Câmara Cível, AI 70027163344, Rel. Des. Antônio Corrêa Palmeiro da Fontoura, j. 19/02/2009; TJDFT, 2ª Turma Cível, AI 20030020076195, Rel. Des. Carmelita Brasil, j. 17/11/2003.

367 Diniz. *Subcapitalização societária*, p. 175. Tokars, Fábio. *Sociedades limitadas*. São Paulo: LTr, 2007, p. 193.

368 Exposição dos votos de caso julgado pelo Tribunal de Justiça de São Paulo e relatado por Oliveira. *A dupla crise...*, p. 530-531.

369 Decisão *Cour de Cassation* proferida no ano de 1971 relatado por Oliveira. *A dupla crise...*, p. 465.

à penhora, por parte da sociedade, de bens dos sócios[370]. Aliás, não costuma ser visto com bons olhos os casos em que os sócios garantem, sistematicamente, obrigações da sociedade[371], sobretudo porque nesses mesmos casos a sociedade provavelmente está subcapitalizada[372].

A propósito, há decisões no sentido de que uma sociedade evidentemente subcapitalizada faz pressupor que as atividades são mantidas com os recursos dos próprios sócios, havendo, portanto, mistura de patrimônios[373]. A doutrina também vê nesse desequilibro um fator perigoso para a autonomia patrimonial[374].

A ressalva a ser feita aqui diz respeito à inexistência da figura do capital mínimo no Brasil[375], tampouco de uma regra expressa sobre a necessidade de congruência entre capital e objeto social[376] – situação que acabará por determinar a responsabilização dos sócios pelos tribunais apenas nos casos de *manifesta subcapitalização* (isto é, nas situações-limite, em que o capital declarado e formalmente aportado pelos sócios seja irrisório em relação não só ao objeto social, mas também quando confrontado com o movimento financeiro da empresa, com o número de funcionários e com outros elementos que se possa levar em consideração no caso concreto).

370 TJRS, 10ª Câmara Cível, AI 70026520924, Rel. Des. Luiz Ary Vessini de Lima, j. 25/09/2008.

371 Galgano. *Diritto commerciale...*, p. 195.

372 Está nominalmente subcapitalizada a sociedade que, não tendo capital adequado às atividades constantes do objeto, busca supri-lo com empréstimos fornecidos por terceiros mediante garantias dadas pessoalmente pelos sócios, seja por avais ou fianças, seja por garantias reais sobre bens de sua propriedade (cf. Oliveira. *A dupla crise...*, p. 389). "Se se tratar de crédito concedido por estranho à sociedade, com base em garantias concedidas por sócio (tendo sido tal crédito o meio financeiro que permitiu à sociedade sobreviver, apesar da insuficiente capitalização), não se poderá negar a habilitação do crédito do terceiro; mas a massa terá direito regressivo contra o sócio que garantiu o mútuo concedido pelo terceiro" (Oliveira. *A dupla crise...*, p. 389).

373 TJSP, 33ª Câmara de Direito Privado, AI 990.09.300253-1, Rel. Des. Luiz Eurico, j. 12/04/2010.

374 Diniz. *Subcapitalização societária*, p. 278-279.

375 Ressalvados os casos de instituições financeiras, seguradoras, EIRELI, etc., já referidos anteriormente.

376 Apesar de o princípio da congruência entre capital e objeto ser deduzido por parte da doutrina a partir das regras gerais de direito societário, como também já se teve a oportunidade de expor.

Isso se dá em razão da enorme dificuldade para se definir qual é, de fato, o nível adequado de capitalização de uma sociedade: ponto que gera discussão acalorada mesmo nos países que adotam a figura do capital mínimo[377]. A título de exemplo, basta lembrar toda a discussão em torno do nível ótimo entre capital próprio e capital de terceiros para o financiamento da empresa[378].

Em razão do exposto, sobretudo pela inexistência da figura do capital mínimo no Brasil, é preciso ser conservador e admitir a presunção de confusão patrimonial e, por via de consequência, a responsabilização de sócios, tão somente na hipótese de subcapitalização extrema (aquela que mais se aproxima da não capitalização ou, ao menos, de uma capitalização feita por meios transversos – leia-se, por aportes informais)[379]. Ademais, há que se observar se essa falta de capital próprio não possa

[377] Na Europa, a figura do capital mínimo está presente na Alemanha (para as S.A. e Ltda.), Itália (para as S.A. e Ltda.), Espanha (para as S.A. e Ltda.), França (para as S.A), Portugal (para as S.A.), Reino Unido (para as S.A. de capital aberto), por exemplo. Para uma tabela com os respectivos valores, DOMINGUES. *Variações sobre o capital social...*, p. 140-141. Criticando o capital mínimo e sugerindo seja ele eliminado do direito comunitário europeu, ver, na mesma obra, especificamente p. 158-167. Relativamente aos problemas decorrentes da eliminação do capital mínimo e sugerindo a aplicação da teoria da desconsideração (com base na "subcapitalização manifesta") para resolvê-los, ver, na mesma obra, p. 167 e ss., especialmente p. 171. Sobre o capital mínimo, ver, ainda, na mesma obra, p. 100-101 e 130-171.

[378] DOMINGUES. *Variações sobre o capital social...*, p. 387-389. A esse propósito, vejam-se as considerações do autor à p. 387: "Deve sublinhar-se que – apesar de se tratar de uma questão controversa na doutrina – nada na lei obriga, ao menos de forma directa, a que a principal fonte de financiamento da sociedade seja efectuada através de capitais próprios (*v.g.*, através do capital social), nem sequer a que haja uma qualquer proporcionalidade entre capitais próprios e alheios ou de adequação do capital social relativamente à actividade desenvolvida pela sociedade". Para uma sumária conceituação de capital próprio e de terceiros, DINIZ. *Subcapitalização societária*, p. 121-124.

[379] Pela desconsideração da personalidade jurídica apenas em caso de subcapitalização extrema, SALOMÃO FILHO. SALOMÃO FILHO. *Sociedade unipessoal...*, p. 132-133 e DOMINGUES. *Variações sobre o capital...*, p. 393. Sobre a existência de um movimento doutrinário pela aplicação de sanções no caso de *manifesta* subcapitalização – o que se faz por requalificação (no caso de subcapitalização nominal) ou desconsideração (no caso de subcapitalização material) –, ver DOMINGUES. *Variações sobre o capital...*, p. 389-393.

ser temperada pela demonstração de que a sociedade se valeu de outra fonte formal de financiamento[380].

Importante, ainda, examinar duas outras situações. No caso de dissolução irregular[381], há jurisprudência farta no sentido de presumir a

[380] Essa última observação, com a qual se concorda, é de DOMINGUES. *Variações sobre o capital...*, p. 392 (nota de rodapé n. 1529).

[381] Toda vez que a sociedade deixa de existir de fato, deixando de formalizar a sua dissolução perante o registro competente, considera-se que houve dissolução irregular (TJSP, 31ª Câmara de Direito Privado, AI 990101273209, Rel. Des. Luis Fernando Nishi, j. 29/06/2010; TJRS, AI 70019516897, 10ª Câmara Cível, Rel. Des. Jorge Alberto Schreiner Pestana, j. 28/06/2007; TJRS, AI 70013820667, 17ª Câmara Cível, Rel. Des. Jorge Luís Dall'Agnol, j. 26/12/2005). Presume-se que houve dissolução irregular quando a empresa deixa de funcionar no endereço indicado no contrato social sem que os sócios apontem nova sede (STJ, 2ª Turma, REsp 1.144.607/MG, Rel. Min. Castro Meira, j. 20/04/2010). Tão reiteradas foram as decisões nesse sentido, que o referido entendimento restou sumulado pelo STJ: "Presume-se dissolvida irregularmente a empresa que deixar de funcionar no seu domicílio fiscal, sem comunicação aos órgãos competentes, legitimando o redirecionamento da execução fiscal para o sócio-gerente" (Súmula 435 de 2010). Mas essa presunção pode ser elidida caso sejam acostadas aos autos notas fiscais, balanços, declarações de rendimentos ou outros documentos que possam provar que está em atividade (TJRS, 16ª Câmara Cível, APC 70020445904, Rel. Des. Paulo Augusto Monte Lopes, j. 05/09/2007). A dissolução irregular fica caracterizada quase sempre da mesma forma: um oficial de justiça, ao cumprir diligência no endereço cadastrado junto aos órgãos de registro do empresário, encontra as portas da empresa fechadas. Vizinhos relatam que o negócio não funciona há tempos ou que se mudou para local incerto e não sabido sem qualquer aviso ou comunicação. Uma vez certificado o ocorrido pelo serventuário da justiça, resta caracterizada dissolução irregular (exemplificativamente: TJSP, 18ª Câmara de Direito Privado, AI 990093303485, Rel. Des. Jurandir de Souza Oliveira, j. 30/06/2010). A causa geralmente é o desinteresse no prosseguimento da atividade ou, mais comumente, a inviabilidade econômica do negócio. Como a empresa insolvente não consegue se dissolver regularmente (lembre-se da exigência, por parte das Juntas Comercias, das Certidões Negativas de Débito), pois o liquidante haveria que admitir a falência, simplesmente não são tomadas as providências necessárias para a regular dissolução da sociedade, liquidação de suas obrigações e extinção da pessoa jurídica. Assim, o simples "fechamento de portas" costuma ser o caminho natural. Nesses casos, é possível verificar ilicitudes de ao menos duas ordens. Vale dizer, se por um lado os particulares têm o direito de constituir pessoa jurídica para o exercício das mais diversas atividades, por outro o uso desse direito torna-se abusivo quando os mesmos não cumprem as exigências legalmente previstas para o "descarte" da pessoa jurídica. Ademais, se a sociedade fechou, há presunção de que os bens foram distribuídos em benefício dos sócios ou de terceiros e em prejuízo dos credores (STJ, 3ª Turma, REsp 45.366/SP, Rel. Min. Ari Pargendler, j. 25/05/1999). A situação torna-se ainda mais grave na hipótese em

confusão patrimonial em face da suposição de que os bens sociais são distribuídos em benefício dos sócios ou de terceiros e em prejuízo dos credores[382]. Na mesma linha, os tribunais já consideraram indício de confusão patrimonial a exploração efetiva do objeto social quando a empresa já havia se declarado inativa perante a Receita Federal do Brasil[383].

Finalmente, vale destacar a conhecida prática de constituição sucessiva de pessoas jurídicas com a intenção deliberada de abandonar as antigas com suas dívidas, seguindo a exploração da atividade com outra livre dos antigos encargos. Trata-se da chamada *"Phoenix company"* ("empresa-Fênix"), que ressurge das cinzas livre das dívidas que gravavam a antiga sociedade[384].

São indícios dessa situação: a utilização de razões sociais ou denominações similares[385]; a promiscuidade no uso de marcas[386]; a utilização,

que os sócios constituem nova sociedade para explorar a mesma atividade da antiga sociedade, quando, na realidade, poderiam – melhor, deveriam – utilizar a mesma (exemplificativamente: TJSP, 1ª Câmara do 1ª Grupo, AI 992010393420, Rel. Juiz Vieira de Moraes, j. 19/02/2002). Na verdade, parte da jurisprudência sustenta que essa é a única forma de dissolução irregular que poderia dar ensejo à desconsideração da personalidade jurídica (uma espécie de "dissolução irregular qualificada"), pois nestes casos fica patente o intuito de ludibriar os credores. Tal posição, no entanto, não é unânime, sendo a personalidade de muitas sociedades desconsiderada com base em simples dissolução irregular. Vale mencionar, ainda: a dissolução irregular tem sido uma das principais formas de responsabilizar sócios-gerentes pelo não pagamento de tributos quando do encerramento das atividades da mesma (STJ, 2ª Turma, Edcl nos Edcl no AgRg no REsp 1.095.672/SP, Rel. Min. Humberto Martins, j. 20/05/2010; STJ, 3ª Turma, REsp 45.366/SP, Rel. Min. Ari Pargendler, j. 25/05/1999).

382 STJ, 3ª Turma, REsp 45.366/SP, Rel. Min. Ari Pargendler, j. 25/05/1999; TJSP, 20ª Câmara de Direito Privado, AI 990.09.308259-4, Rel. Des. Correia Lima, j. 22/02/2010; TJMG, 16ª Câmara Cível, AI 1.0024.08.957320-8/001(1), Rel. Des. Nicolau Masselli, j. 17/12/2008; TJRS, 5ª Câmara Cível, AI 70013772850, Rela. Desa. Ana Maria Nedel Scalzilli, j. 12/04/2006.

383 TJRS, 6ª Câmara Cível, AI 70008518961, Rel. Des. Artur Arnildo Ludwig, j. 26/05/2004.

384 Gower, L. C. B.; Davis, Paul. *Principles of modern company law*. 8th ed. London: Sweet & Maxwell, 2008, p. 224 e ss.

385 Decisão proferida pela Corte de Cassação francesa no ano de 1919 e citada por Comparato; Salomão Filho. *O poder de controle...*, p. 498.

386 TJSP, 14ª Câmara de Direito Privado, AI 7354191-0, Rel. Des. Thiago de Siqueira, j. 05/08/2009; 18 N. Y. 2d, 414, 223 N. E. 2d 6 (1966), citado por Antunes. Estrutura e responsabilidade..., p. 56-57, nota de rodapé n. 58.

por uma sociedade, do nome da outra, para a realização de negócios em seu proveito[387]; e a utilização de contratos, documentos em geral, cartas ou impressos com o nome e/ou logomarca de duas pessoas jurídicas[388], inclusive da mesma assinatura de correspondência[389]. Esses indícios que tanto podem indicar a existência de um grupo societário de fato, situação em que a mistura de patrimônios é bastante provável, quanto mesmo a constituição sucessiva de pessoas jurídicas.

Por isso, os tribunais também costumam considerar relevante a verificação de que duas pessoas jurídicas exploram o mesmo ramo de atividade[390] ou ramos muito próximos[391], a coincidência de clientela – geralmente a hipótese em que os clientes da sociedade antiga foram direcionados para a nova pessoa jurídica –[392], assim como a constatação de que houve transferências suspeitas de valores e outros bens da empresa devedora para aquela que se supõe sucessora[393], desvio injusti-

[387] Decisão *Cour de Cassation* proferida no ano de 1970 e citada em por Oliveira. *A dupla crise...*, p. 466.

[388] TJRS, 6ª Câmara Cível, MS 70009860396, Rel. Des. Artur Arnildo Ludwig, j. 15/12/2004; TJRS, 4ª Câmara Cível, APC 588015719, Rel. Des. Vanir Perin, j. 11/05/1988.

[389] Decisão proferida pela Corte de Cassação francesa no ano de 1919 e citada em por Comparato; Salomão Filho. *O poder de controle...*, p. 498.

[390] TJPR, 14ª Câmara Cível, AI 647777-8, Rel. Des. Guido Döbeli, j. 17/03/2010; TJSP, 37ª Câmara de Direito Privado, AI 991.09.041164-2, Rel. Des. Eduardo Siqueira, j. 03/03/2010; TJSP, 15ª Câmara de Direito Privado, AI 990.09.343708-2, Rel. Des. Edgard Jorge Lauand, j. 23/02/2010; TJSP, 14ª Câmara de Direito Privado, AI 7354191-0, Rel. Des. Thiago de Siqueira, j. 05/08/2009; TJRS, 16ª Câmara Cível, AI 70027929462, Rela. Desa. Ana Maria Nedel Scalzilli, j. 30/04/2009; TJRS, 6ª Câmara Cível, AI 70027062900, Rela. Desa. Liége Puricelli Pires, j. 19/03/2009; TJRS, 20ª Câmara Cível, APC 70021920178, Rel. Des. Rubem Duarte, j. 04/06/2008; TJMG, AI 1.0024.05.846233-4/005(1), Rel. Des. Célio César Paduani, j. 31/01/2008; TJRS, 6ª Câmara Cível, AI 70010089951, Rel. Des. Artur Arnildo Ludwig, j. 16/02/2005; TJRS, 6ª Câmara Cível, MS 70009860396, Rel. Des. Artur Arnildo Ludwig, j. 15/12/2004.

[391] TJRS, 5ª Câmara Cível, AI 70013241930, Rela. Desa. Ana Maria Nedel Scalzilli, j. 26/05/2006.

[392] TJSP, 14ª Câmara de Direito Privado, AI 7354191-0, Rel. Des. Thiago de Siqueira, j. 05/08/2009; TJRS, 6ª Câmara Cível, AI 70010089951, Rel. Des. Artur Arnildo Ludwig, j. 16/02/2005.

[393] TJRS, 17ª Câmara Cível, AI 70018151886, Rela. Desa. Elaine Harzheim Macedo, j. 08/03/2007.

ficado de patrimônio[394], utilização de conta bancária de terceiros para o recebimento de valores[395], entre outras situações similares.

Nesses casos, costumam colaborar para o contexto probatório a percepção de testemunhas no sentido de que as empresas formalmente distintas são, de fato, a mesma empresa, ou de que uma sucedeu a outra[396].

Pelo mesmo motivo, os tribunais consideram relevante a coincidência entre as datas do encerramento das atividades da empresa devedora e o início das atividades daquela que se supõe sucessora (a extinção da devedora e a criação de uma nova sociedade que a sucede)[397], bem como a criação de nova empresa para explorar o mesmo ramo de atividade, com a doação das quotas da sociedade descartada para parentes, amigos ou terceiros, geralmente "laranjas" sem patrimônio algum[398].

Obviamente, as hipóteses narradas não constituem uma lista exaustiva, servindo apenas como uma amostra de como o Judiciário pode valer-se de certos fatos para presumir a ocorrência de confusão patrimonial quando o contexto probatório for conclusivo[399], mesmo quando o fato base da presunção não for por si só um caso direto de mistura de patrimônios.

394 TJMG, AI 1.0024.05.846233-4/005(1), Rel. Des. Célio César Paduani, j. 31/01/2008; TJRS, 6ª Câmara Cível, AI 70010089951, Rel. Des. Artur Arnildo Ludwig, j. 16/02/2005.

395 TJRS, 10ª Câmara Cível, AI 70027884972, Rel. Des. Luiz Ary Vessini de Lima, j. 15/12/2008.

396 TJRS, 20ª Câmara Cível, APC 70021920178, Rel. Des. Rubem Duarte, j. 04/06/2008.

397 TJSP, 15ª Câmara de Direito Privado, AI 990.09.343708-2, Rel. Des. Edgard Jorge Lauand, j. 23/02/2010; TJMG, 18ª Câmara Cível, AI 1.0148.07.047202-9/001(1), Rel. Des. Guilherme Luciano Beata Nunes, j. 16/12/2008; TJRS, 20ª Câmara Cível, APC 70024047037, Rel. Des. José Aquino Flores de Camargo, j. 15/10/2008; TJRS, 5ª Câmara Cível, AI 70013241930, Rela. Desa. Ana Maria Nedel Scalzilli, j. 26/05/2006.

398 TJRS, 6ª Câmara Cível, AI 70027062900, Rela. Desa. Liége Puricelli Pires, j. 19/03/2009.

399 "(...) pedido de desconsideração da personalidade jurídica, que, por ser medida excepcional, só pode ser decretada mediante prova cabal de abuso" (TJRS, 18ª Câmara Cível, APC 70021877642, Rel. Des. Luiz Planella Villarinho, j. 04/06/2009); "A desconsideração do véu corporativo exige prova robusta do uso fraudulento da sociedade, com o fito de lesar terceiros" (TJRS, 19ª Câmara Cível, AI 70025177247, Rel. Des. Guinther Spode, j. 04/11/2008); "Apenas indícios não são suficientes para tal medida devendo as provas serem contundentes" (TJDFT, 5ª Turma Cível, AI 241389, Rel. Des. Haydevalda Sampaio, j. 23/01/2006).

4.3. Tutela dos credores

Como exposto linhas atrás, de uma maneira geral, o direito brasileiro prevê, à semelhança do que acontece na generalidade dos países da *Civil Law*, (*i*) um *sistema preventivo* ancorado no instituto da capital social, e (*ii*) um *sistema repressivo* mais ou menos bem delineado e fundado na utilização da teoria da desconsideração da personalidade jurídica.

Relativamente ao sistema preventivo, ao menos duas medidas poderiam mitigar o problema da confusão patrimonial, tornando a tutela dos credores mais eficiente pelo aperfeiçoamento do mecanismo do capital social:

(1) Em primeiro lugar, senão a adoção da figura do capital mínimo – que, como referido, encontra resistência mesmo nos países que a positivaram como regra geral –, acredita-se que a estruturação de uma teoria da *subcapitalização societária* pode incentivar a capitalização adequada das sociedades e desestimular o aporte informal de recursos por receio da sanção – na forma de *responsabilização*[400];

(2) Em segundo lugar, pode mitigar o problema da confusão patrimonial a introdução, no Brasil, de uma disciplinada da *perda grave do capital*, capaz de remediar os efeitos da erosão do capital por sucessivas perdas, o único ralo por onde os recursos da sociedade escapam sem que o sistema do capital social vigente possa controlar[401-402].

[400] Doutrinariamente, esse movimento já começou com a tese de GUSTAVO SAAD DINIZ (*Subcapitalização societária...*). Jurisprudencialmente, no entanto, apesar da existência de alguns julgados precursores (ex: TJRS, 1ª Câmara Cível, APC 70010566529, Rel. Des. Irineu Mariani), ainda se está muito longe de um rigor teórico e metodológico que permita afirmar que a teoria da subcapitalização granjeou aceitação dos tribunais pátrios. Sobre este ponto, ver DINIZ. *Subcapitalização societária...*, p. 144-145.

[401] DOMINGUES. *Variações sobre o capital...*, p. 316.

[402] Interessante registrar, ainda, uma terceira via, embora não ancorada diretamente no instituto do capital social: a teoria do *deepening insolvency*, segunda a qual é possível responsabilizar administradores e controladores que, diante da situação de desagregação patrimonial da empresa, não adotam medidas compatíveis com a gravidade da crise, como o pedido de recuperação judicial ou a autofalência. A teoria em questão está ancorada na crença de que, em uma empresa insolvente, os administradores passam a ter deveres fiduciários também para com os credores, devendo tomar medidas para evitar o agravamento

Como se sabe, a proteção conferida pelo capital social no direito brasileiro proíbe a distribuição de recursos aos sócios em prejuízo ao patrimônio social[403], mas não obsta a sua erosão em decorrência da verificação de sucessivos prejuízos. Em razão disso, uma sociedade com capital social nominal robusto, mas cujo patrimônio líquido já tenha caído a zero, pode seguir operando no mercado sem qualquer consequência legal (seja no sentido de os sócios terem de incrementar a situação patrimonial da sociedade, seja no sentido de obrigatoriamente informarem essa situação aos terceiros que negociam com ela).

A partir daí, duas são as consequências básicas:

(i) A ocorrência de sinalização equívoca aos agentes de mercado, que, eventualmente, tomam o capital social apontado no contrato/estatuto como sinal de capacidade econômica[404];
(ii) O incentivo aos aportes informais (que geram confusão patrimonial) pela simples inexistência de uma consequência para a perda grave do capital.

Em outras palavras, não havendo a necessidade de ajustar o capital nominal à real situação patrimonial da sociedade e de outras consequências para a *perda grave* (como a dissolução obrigatória), os sócios acabam, muitas vezes, aportando recursos informalmente, contribuindo para um estado geral de *desprestígio* da figura do capital social e da própria separação de patrimônios, e fazendo desse estado de confusão algo tido como aceitável. Não é à toa que a inexistência de uma disciplina para a perda

da crise e o dano ao mercado. Sobre o tema, ver: Aragão, Leandro Santos de. Deveres dos administradores de sociedades empresárias em dificuldades financeiras: a teoria do *deepening insolvency* no Brasil. In: Castro, Rodrigo Monteiro de; Aragão, Leandro Sandos de (coord.). *Direito societário*: desafios atuais. São Paulo: Quartier Latin, 2009, p. 178-185.

403 Para a distribuição de lucros, é necessário que, de acordo com os dados contabilísticos, o ativo líquido supere o valor do capital social e das reservas indisponíveis. Domingues. *Variações sobre o capital*..., p. 316.

404 Daí porque os credores profissionais (leia-se instituições financeiras) valem-se das demonstrações financeiras e não da cifra do capital social para medir a capacidade econômica das sociedades.

grave do capital faz a própria figura do capital social parecer quase fantasiosa para alguns[405].

Invertendo-se o ângulo de análise: se houvesse uma consequência para a perda do capital (como a dissolução forçada), os sócios se preocupariam em disponibilizar, formalmente, novos recursos à sociedade quando pudessem fazê-lo, em vez de optarem – muitas vezes por simples desleixo – pelos aportes informais (que geram a confusão patrimonial e o próprio desprestígio das formas societárias), contribuindo para a fiabilidade da organização societária[406-407].

[405] Em razão disso, a generalidade dos países europeus consagrou a disciplina da *perda grave do capital*, qualquer que seja a sua causa. Trata-se uma disciplina baseada no art. 17º da Segunda Diretiva, com a qual se pretende evitar que, de perda em perda, todo o patrimônio seja inteiramente consumido sem qualquer alteração da cifra constante no contrato/estatuto social, frustrando as expectativas dos credores – e, acrescenta-se: contribuindo para o desprestígio do capital social e da separação patrimonial. DOMINGUES. *Variações sobre o capital...*, p. 328-329. Sobre os antecedentes históricos da disciplina da *perda grave do capital*, na mesma obra, p. 332 e ss. Sobre os dois modelos de regulação da perda grave do capital, na mesma obra, p. 339 e ss. Resumidamente, contrapõem-se o modelo francês (*reativo*) ao alemão (*informativo*). O modelo francês (*reativo*) está consubstanciado na máxima: "recapitaliza ou liquida", o qual também é adotado na Itália e na Espanha. O modelo alemão (*informativo*) está consubstanciado na necessidade de dar conhecimento aos sócios da situação de perda grave (informação meramente interna). No entanto, em se tratando de *perda total*, quando o "passivo exigível" supera o "ativo", a administração deve instaurar o processo de insolvência. Próximos ao modelo meramente informativo estão o direito inglês e o direito português. Interessante notar que o revogado art. 336, I, do Código Comercial autorizava a dissolução judicial, "antes do período marcado no contrato", no caso de impossibilidade de preenchimento do "intuito e fim social, como nos casos de perda inteira do capital social, ou deste não ser suficiente".

[406] A questão toda é tão simples quanto grave: o desleixo dos próprios sócios relativamente à organização societária e às formalidades legalmente previstas (seja pela capitalização manifestamente insuficiente, pelos aportes informais ou mesmo pela constante apropriação por eles dos meios de produção da sociedade) geram um estado generalizado de promiscuidade patrimonial, que desacredita as formas societárias diante do público em geral. Esse estado generalizado de descrédito, se não é consequência única – e, de fato, não é –, ao menos contribui, decisivamente, para a aplicação ensandecida da teoria da desconsideração da personalidade jurídica pelos tribunais, cujo principal exemplo está na seara laboral.

[407] Além disso, o capital social poderia ter, de fato, a função que o imaginário popular espera dele: a de *referencial de robustez financeira* da sociedade, consubstanciando-se ao menos em um elemento indiciário no qual os terceiros podem basear as relações de crédito que travam com a sociedade. DOMINGUES. *Variações sobre o capital...*, p. 331.

Essas medidas consistiriam no "fecho da abóboda[408]", no complemento que falta para garantir a defesa do patrimônio por uma disciplina mais completa do capital social, moralizando o sistema de direito societário e reduzindo a necessidade de mecanismos corretivos de tutela dos credores.

Posto isto, afora os mecanismos preventivos, quando se trata de confusão patrimonial nas sociedades isoladas, o remédio previsto no ordenamento jurídico brasileiro é a aplicação da teoria da desconsideração da personalidade jurídica para fins de responsabilidade[409].

4.3.1. Remédio

Nesse sentido, dispõe o art. 50 do Código Civil expressamente que "em caso de abuso da personalidade jurídica, caracterizado pelo desvio de finalidade, ou pela confusão patrimonial, pode o juiz decidir, a requerimento da parte, ou do Ministério Público quando lhe couber intervir no processo, desconsiderá-la para que os efeitos de certas e determinadas relações de obrigações sejam estendidos aos bens particulares dos administradores ou sócios da pessoa jurídica beneficiados direta ou indiretamente pelo abuso".

Assim, a confusão patrimonial é considerada hipótese de abuso da personalidade jurídica, que autoriza a aplicação da teoria da desconsideração da personalidade jurídica como remédio apto a tutelar o direito dos credores prejudicados. Como quase poeticamente destaca Wormser,

[408] A expressão é de Paulo de Tarso Domingues (Domingues. *Variações sobre o capital...*, p. 329).

[409] Não é objeto central do presente estudo o exame da teoria da desconsideração da personalidade, já exaustivamente estudada aqui e alhures. Sobre o tema, ver, entre outros: Wormser, Maurice. *Disregard of the corporate fiction and allied corporation problems.* New York: Baker, Voorhis and Company, 2000 (reimpressão da edição de 1927); Verrucoli, Piero. *Il superamento della personalità giuridica delle società di capitali nella Common Law e nella Civil Law.* Milano: Giuffrè, 1964; Serick. *Aparencia y realidad...*; Dobson, Juan M. *El abuso de la personalidad jurídica (en el derecho privado).* Buenos Aires: Ediciones Depalma, 1985; Requião, Rubens. Abuso de Direito e Fraude Através da Personalidade Jurídica ("Disregard Doctrine"). In: ____. *Aspectos Modernos do Direito Comercial,* vol. I. São Paulo: Saraiva, 1977; Oliveira. *A dupla crise...*; Salomão Filho, Calixto. A Teoria da Desconsideração da Personalidade Jurídica. In: ____. *O novo Direito Societário.* 4ª ed. rev. e ampl. São Paulo: Malheiros, 2011, p. 232-271.

assim como a noite sucede ao dia, as cortes desconsiderarão a personalidade jurídica sempre que essa for utilizada inadequadamente[410].

A técnica da desconsideração é uma reafirmação da própria pessoa jurídica como centro autônomo de imputação de direitos e deveres[411]. A necessidade de uma decisão judicial para desconsiderar a pessoa jurídica, quando presente o abuso, dá a justa medida da consideração que se tem por ela. A medida excepcional visa a salvaguardar o próprio sistema, para que não entre ele também em colapso (crise)[412].

A essa altura, como se pretendeu demonstrar, sabe-se que a limitação da responsabilidade está condicionada à efetiva e adequada transferência, por parte dos sócios, dos meios de produção necessários ao exercício da empresa, bem como da sua posterior não apropriação durante o curso da atividade[413]. Somente preenchidos esses requisitos é que se pode impor aos credores que exerçam seus direitos exclusivamente sobre o patrimônio social. Por isso, nas situações em que não se verificarem essas condicionantes, chega-se à conclusão de que a tutela dos credores far-se-á por simples imputação de responsabilidade aos sócios, aos administradores ou a terceiros.

[410] WORMSER. *Disregard of the corporate fiction*..., p. 9.

[411] OLIVEIRA. *A dupla crise*..., p. 465. A teoria da desconsideração da personalidade jurídica deve ser encarada como uma "válvula de escape" do sistema, pois é justamente a sua existência que permite a manutenção do instituto da *pessoa jurídica* e da própria *limitação da responsabilidade*, pois, se tal remédio não existisse, ter-se-ia que recorrer a medidas mais drásticas para coibir os abusos e as fraudes com o uso da pessoa jurídica, tais como acabar de vez com a separação patrimonial ou com a limitação da responsabilidade na medida em que se constasse que essas estivessem servindo como instrumento para a realização de fins iníquos, num esquema do tipo: *constatada a doença, mata-se o paciente*.

[412] OLIVEIRA. *A dupla crise*..., p. 594.

[413] Acertada, nesse sentido, a ideia de que a "limitação da responsabilidade decorre, grosso modo (...), da alienação das entradas de capital e da completa transferência do poder de dispor delas e dos demais meios de produção. Nesses casos, os sócios, a despeito de suas vantagens políticas, são equiparados a credores da sociedade, a quem não se pode atribuir qualquer responsabilidade patrimonial" (CIAMPOLINI NETO; WARDE JR. A "teoria histórica da disciplina da responsabilidade dos sócios"..., p. 248). À página 254, explicam os autores que "As vantagens políticas, que se materializam, por exemplo, no direito de votar nas deliberações assembleares, têm a precípua função de potencializar a satisfação do direito de crédito sobre lucros eventualmente experimentados, adquirido pelos sócios em contraprestação às entradas de capital. Prestam-se apenas a tentar influenciar a vontade social na adoção de estratégias e ações capazes de maximizar o lucro".

A apropriação dos meios de produção de uma sociedade limitada ou anônima pelos seus sócios faz deles, segundo a concepção de Ciampolini Neto e Walfrido Warde, sócios-empresários, tais quais são os sócios de uma sociedade em nome coletivo, por exemplo, tornando a sua responsabilidade *ilimitada* em relação às obrigações sociais, pois os seus patrimônios pessoais, juntamente com o patrimônio da sociedade, cumprem função de produção e de garantia[414].

Assim, segundo os citados autores, a responsabilização dos sócios em situação de promiscuidade patrimonial com a sociedade dá-se em razão de um juízo de ineficácia da limitação da responsabilidade, o qual resulta em uma decisão de imputação de responsabilidade[415].

Por isso, tendo o direito societário todo um arcabouço de defesa do patrimônio social pelo capital social[416], não haveria razão para se promover a tutela dos credores, nesses casos, pela teoria da desconsideração da personalidade jurídica para fins de responsabilidade. O direito societário clássico, diga-se assim, já teria todas as ferramentas para promover a tutela dos credores[417]. Seria, portanto, a desconsideração da personalidade jurídica para fins de responsabilidade despicienda e até mesmo exógena em relação ao direito societário.

Manifesta-se, aqui, simpatia pela tese que sustenta a desnecessidade da teoria da desconsideração da personalidade jurídica para tutelar os credores no caso de confusão patrimonial, sobretudo pela sua correção técnica. No entanto, uma vez que se chega a resultados semelhantes – seja considerando ineficaz a pessoa jurídica (teoria da desconsideração), seja considerando não obtida a limitação da responsabilidade (imputação de responsabilidade nos moldes da "disciplina histórica da responsabilidade dos sócios[418]") – e sendo a teoria da desconsideração uma

[414] Ciampolini Neto; Warde Jr. A "teoria histórica da disciplina da responsabilidade dos sócios"..., p. 254-257, 268 e 282, exemplificativamente.

[415] No mesmo sentido, mas com ênfase no problema da subcapitalização, Diniz. *Subcapitalização societária*, p. 78 e ss.

[416] Veja-se o item 1.3 do Capítulo 1, *supra*.

[417] Nesse sentido a tese defendida em Warde Júnior. *Responsabilidade dos sócios...*; e Ciampolini Neto; Warde Jr. A "teoria histórica da disciplina da responsabilidade dos sócios"...

[418] "A chamada 'disciplina histórica da responsabilidade dos sócios' afirma-se como hipótese teórica lançada por Walfrido Jorge Warde Júnior, em concorrência e, portanto, crítica à teoria da desconsideração da personalidade jurídica e a sua aplicação no direito brasileiro"

ferramenta já conhecida e amplamente difundida, não há porque não se possa tomar uma pela outra, desde que identificados e respeitados os requisitos para sua aplicação.

Em outras palavras, uma vez que se chega aos mesmos resultados práticos, não se vê porque a teoria da desconsideração não possa ser o veículo da imputação da responsabilidade no caso da confusão patrimonial. Seja qual for a teoria, o resultado será o mesmo: *a modificação do centro de imputação* de responsabilidade, que passa da sociedade para o sócio, administrador ou terceiro, conforme o caso.

4.3.2. Alcance

Mas, tão importante quanto identificar o mecanismo apto a tutelar os direitos dos credores é examinar quem pode ser responsabilizado e a extensão dessa responsabilidade.

Isso porque há que se ter muito cuidado quando da aplicação da teoria da desconsideração, pois a sua utilização desmedida e sem a observância dos requisitos autorizadores pode ser tão danosa quanto a situação iníqua que se quer combater. Trata-se de "exorcizar o diabo com o demônio"; portanto, todo cuidado é pouco no uso da *disregard*, disse-o, com argúcia, Polo Diez[419]. Por isso, sistematizar os limites à teoria da desconsideração é importantíssimo, sob pena de criar-se insegurança jurídica insuportável[420].

Examinando a questão, percebe-se que o art. 50 do Código Civil, além de apontar os legitimados para requerer a desconsideração da personalidade jurídica[421], como foi visto anteriormente, indica também os

(Ciampolini Neto; Warde Jr. A "teoria histórica da disciplina da responsabilidade dos sócios"..., p. 241, à nota de rodapé de n. 01).

[419] Serick. *Aparencia y realidad*..., p. 18 (prólogo de Antonio Polo Diez) e 25.

[420] Comparato; Salomão Filho. *O poder de controle*..., p. 490.

[421] O art. 50 do Código Civil e também o art. 133 do Código de Processo Civil são claros ao apontar (*i*) a *parte prejudicada* pelo inadimplemento da obrigação e (*ii*) o *Ministério público* (quando lhe couber intervir no processo) como os naturais legitimados para requerer a aplicação da *disregard* (o MP pode mover a ação civil pública contra pessoa jurídica objetivando indenização por dano ambiental (STJ, 2ª Turma, REsp 1.063.788/RJ, Rel. Min. Castro Meira, j. 23.06.2009) ou aos consumidores (STJ, 3ª Turma, REsp 279.273/SP, Rel. Min. Ari Pargendler; Rela. para o acórdão Min. Nancy Andrighi, j. 04.12.2003), por exemplo. Em caso de procedência da ação, se no curso da execução se verificar a insuficiência patrimonial da pessoa jurídica, é possível que o Ministério Público requeira a desconsideração

possíveis responsabilizados: (*i*) *administradores* e (*ii*) *sócios*. Além disso, contudo, não ia muito longe, como seria desejável. É que, diante da vagueza do art. 50, era possível perceber certa arbitrariedade da jurisprudência que, ao aplicar a teoria da desconsideração, muitas vezes responsabiliza todo e qualquer administrador ou sócio sem perquirir se o sujeito em questão teve ou não alguma participação com o abuso perpetrado ou, ao menos, deveria ter tomado providências para evitá-lo.

Em decorrência disso, muitas vezes a responsabilização de alguns sujeitos se afigurava arbitrária e manifestamente injusta. Menos mal que a nova redação do art. 50, dada pela Lei da Liberdade Econômica, procurou restringir a aplicação da *disregard* aos administradores ou sócios da pessoa jurídica "beneficiados direta ou indiretamente pelo abuso". Mas mesmo que tenha havido uma melhora no texto da lei, teme-se pela forma como os tribunais entenderá a hipótese de benefício indireto da confusão patrimonial.

Por isso, diante da vagueza da lei e da diversidade das situações fáticas que se põem diante dos tribunais, cabe à doutrina seguir apontando algumas diretrizes. Nesse sentido, a melhor linha é aquela que preconiza que "os administradores ou sócios da pessoa jurídica a que se refere a parte final do art. 50 são aqueles que perpetraram o abuso da personalidade jurídica, não necessariamente a totalidade dos sócios e dos administradores[422]". Vale dizer, há que se responsabilizar o sócio ou o administrador que deu causa a má utilização da pessoa jurídica ou aquele que dela se beneficiou[423].

da personalidade jurídica da executada para responsabilizar sócios, administradores ou outras pessoas jurídicas. Também é possível verificar pedidos de desconsideração formulados pelo Ministério Público quando esse intervém como *custos legis* em ação de alimentos, em que o pai, por exemplo, escondeu seus bens atrás de uma pessoa jurídica para não pagar pensão alimentícia). Além disso, há alguma jurisprudência no sentido de autorizar ao *juiz* a determinação, *de ofício*, do superamento da personalidade jurídica (STJ, 3ª Turma, REsp 370.068/GO, Rela. Mina. Nancy Andrighi, j. 16/12/2003; TJRS, 16ª Câmara Cível, AI 70013372545, Rela. Desa. Helena Ruppenthal Cunha, j. 25/01/2006).

[422] MAC-DONALD. Pessoa Jurídica..., p. 363.

[423] Nessa linha, mas com foco no problema da subcapitalização, DINIZ. *Subcapitalização societária*..., p. 237.

Geralmente esta figura é o controlador[424], aquele que tem o poder de organização e direção da atividade[425], aquele que "deve servir a empresa e não servir-se dela"[426]. Assim, responsabilização deve atingir, por regra, estes sujeitos[427-428]. Essa diretriz põe em foco a *análise da conduta* de sócios e administradores, sem, contudo, acrescentar elemento subjetivo de difícil cognição no momento de aplicação da *disregard*. Não se trata, por óbvio, de querer examinar a intenção do agente, mas sim de extrair dados objetivos a partir da conduta dele: elementos que podem orientar a aplicação da teoria.

Ao examinar qual sócio efetivamente se beneficiava com transferências irregulares de recursos, qual administrador utilizava indevidamente bens da sociedade, não se está aplicando a desconsideração da personalidade jurídica na sua vertente subjetiva – tão criticada pela doutrina. Muito pelo contrário, o que se busca é objetivar e acurar o remédio por

[424] E é importante relembrar: quanto mais um sócio domina a sociedade, maiores são as chances de que ele cometa um abuso, como misturar seu patrimônio com o da sociedade. Não por acaso as maiores incidências de confusão patrimonial costumam envolver sociedades unipessoais e os grupos de subordinação. Ver, ainda, Diniz. *Subcapitalização societária*, p. 237.

[425] Comparato. *Função social da propriedade dos bens de produção...*, p. 77.

[426] Comparato. A Reforma da Empresa..., p. 70.

[427] Atualmente, o pedido de desconsideração toma a forma de incidente, de acordo com os artigos 133 e ss. do Código de Processo Civil. A desconsideração para responsabilização por dívida da sociedade, em geral, dar-se-á no contexto de uma execução singular ou coletiva, pois é nessas situações que resta comprovada a insuficiência patrimonial. E, vale dizer: "o sujeito atingido pode ser responsabilizado em via principal pelo credor. É devedor e não apenas garante ou responsável. Consequentemente, é impossível o exercício de direito de regresso contra a sociedade (ou o sócio)" (Comparato; Salomão Filho. *O poder de controle...*, p. 480.).

[428] Muitas vezes, faz-se essencial que o requerimento de desconsideração esteja acompanhado de um pedido de que a medida seja deferida *inaudita altera parte*, ou, no mínimo, seja determinada a indisponibilidade dos bens daqueles que serão responsabilizados. Essas medidas podem ser essenciais para evitar que o patrimônio de sócios e administradores se dissipe diante da ameaça de responsabilização, tendo sido admitida pelos pretórios. Nessa linha, mas sendo necessário considerar a positivação do incidente de desconsideração pelo novo Código de Processo Civil e as diferenças em relação ao sistema anterior: STJ, 4ª Turma, REsp 686.112/RJ, Rel. Min. João Otávio de Noronha, j. 08/04/2008; STJ, 3ª Turma, REsp 370.068/GO, Rela. Mina. Nancy Andrighi, j. 16/12/2003; TJSP, 8ª Câmara de Direito Privado, APC 994.04.077560-7, Rel. Des. Salles Rossi, j. 03/03/2010; TJSP, 14ª Câmara Cível, AI 991090190689, Rel. Des. Pedro Ablas, j. 30/09/2009; TJRS, 6ª Câmara Cível, AI 70027062900, Rela. Desa. Liége Puricelli Pires, j. 19/03/2009.

meio da avaliação das condutas dos indivíduos, buscando justamente atingir aqueles que merecem ser responsabilizados[429].

Diniz, embora com foco no problema da subcapitalização societária – outra hipótese de abuso da personalidade jurídica –, propõe três critérios a serem examinados no caso concreto que podem, com algum ajuste, auxiliar na delimitação do alcance dos efeitos da desconsideração por confusão patrimonial:

(1) Nível de acesso ao poder decisório;
(2) Possibilidade de interferir/modificar a decisão que acarreta o ato abusivo;
(3) Participação/envolvimento direto do agente no benefício gerado pelo ato abusivo[430].

A partir daí, é possível vislumbrar que, usualmente, a figura envolvida com a malversação do patrimônio social é o controlador, aquele que tem, de fato e de direito, o poder de organização e direção da atividade, como foi dito linhas atrás.

Em um segundo momento (mas tão somente em um segundo momento e mediante um acurado exame do caso concreto) – e na mesma linha de orientação –, podem ser atingidos aqueles que, em função do seu dever de sócio ou de administrador, deveriam evitar o mau uso da personalidade jurídica, aqueles que tinham o dever de manter a separação patrimonial[431].

Por fim, e apenas em situações especialíssimas, poder-se-ia responsabilizar os demais integrantes do quadro social ou da administração, desde que efetivamente beneficiados pelo ato abusivo. E vale dizer, o *benefício indireto* mencionado na nova redação do art. 50 não pode ser fruto de simples ilações desprovidas de uma robusta caracterização, sob pena de se acrescentar no sistema um elemento de abertura desmedido, capaz de gerar grande insegurança. Com efeito, parece desarrazoado responsabilizar aquele sócio que não possui nenhuma relação com o dia a dia da sociedade e que muito remotamente pode ter se beneficiado com algum ato de confusão patrimonial.

429 Nessa linha, Diniz. *Subcapitalização societária...*, p. 236-237.

430 Diniz. *Subcapitalização societária...*, p. 237.

431 Fernandez. *Derecho de grupos de sociedades...*, p. 499-500.

Responsabilizar um investidor do mercado de capitais chega a ser impensável. Os sócios minoritários, sem capacidade de decisão, por regra, não poderão ser responsabilizados[432]. Eis um ponto sobre o qual todos aqueles que pensam cuidadosamente sobre o assunto estão de acordo. Nesse sentido, acertadamente tem se posicionado o Superior Tribunal de Justiça[433]. Assim, e em resumo, seguindo a linha de raciocínio de que *não há responsabilidade sem poder*, há que se considerar o afastamento da imputação de responsabilidade relativamente ao sócio sem influência na gestão da sociedade ou do administrador que não atua na condução econômico-financeira da sociedade[434].

Como destaca Diniz, "a transferência da responsabilidade para os sócios", por exemplo, "dependerá de seu nível de acesso à estrutura de poder, que pode ser decrescente se o objeto de análise for, nessa ordem, sociedade limitada, sociedade anônima de capital fechado e sociedade anônima de capital aberto[435]". Portanto, na tutela dos credores, os tribunais devem observar quem deu causa à confusão patrimonial para fins de responsabilização.

Além disso, em determinados casos, também é possível responsabilizar outra pessoa jurídica, ainda que esta não seja sócia ou pertencente a um mesmo grupo econômico. Basta que haja fortes indícios de confusão patrimonial[436]. Nessa linha, e com muito mais razão, é plenamente possível responsabilizar sociedades do mesmo grupo, ainda que não possuam laços societários diretos[437]. A mera existência de grupo econômico sem a presença dos requisitos de que trata o art. 50 não autoriza a desconsi-

[432] FERNANDEZ. *Derecho de grupos de sociedades...*, p. 499-500. Também nessa linha, mas com atenção específica no problema da subcapitalização, DINIZ. *Subcapitalização societária*, p. 236-238.

[433] STJ, 3ª Turma, REsp 786.345/SP, Rel. Min. Humberto Gomes de Barros, j. 26/11/2008; STJ, 2ª Turma, REsp 8.711/RS, Rel. Min. Peçanha Martins, j. 21/10/1992. Ainda no mesmo diapasão, ver, também: TJDFT, 5ª Turma Cível, APC 20050110841376, Rel. Des. Jesuino Rissato, j. 24/06/2009.

[434] Nessa linha, mas com ênfase no problema da subcapitalização, DINIZ. *Subcapitalização societária...*, p. 152, 236-237, 281 e 285.

[435] DINIZ. *Subcapitalização societária...*, p. 154.

[436] TJRS, 5ª Câmara Cível, AI 70023931066, Rel. Des. Leo Lima, j. 27/08/2008; TJMG, 18ª Câmara Cível, AI 1.0148.07.047202-9/001(1), Rel. Des. Guilherme Luciano Beata Nunes, j. 16/12/2008.

[437] STJ, 4ª Turma, REsp 1.071.643/DF, Rel. Min. Luis Felipe Salomão, j. 02/04/2009.

deração da personalidade da pessoa jurídica, conforme bem esclarece o § 4º (inserido pela Lei da Liberdade Econômica). Mas essa hipótese será examinada no Capítulo 5.

Da mesma forma, é possível responsabilizar pessoas físicas que estejam em situação de promiscuidade patrimonial ainda que essas não sejam formalmente sócias nem administradoras da sociedade, especialmente quando a pessoa se porta como tal, inclusive firmando contratos[438] (não se trata aqui de responsabilização decorrente da tutela da confiança, mas de responsabilizar um potencial sócio oculto, que não figura no contrato ou no estatuto social porque não pode ou não lhe convém).

Assim, a conclusão a que se pode chegar é de que não apenas sócios e administradores podem ser responsabilizados por confusão patrimonial, mas também quaisquer terceiros cujos patrimônios estejam misturados com o patrimônio da sociedade. Então, em resumo, encontram-se os seguintes possíveis atingidos: (*i*) o administrador[439]; (*ii*) sócio controlador ou minoritário[440], sociedade do mesmo grupo ou sócio oculto; ou (*iii*) outra pessoa física ou jurídica que não seja sócia nem administradora, mas que tenha se beneficiado do abuso da personalidade jurídica.

4.3.3. Limites

Mas outros limites devem ser estabelecidos. Sustenta Salomão Filho, com razão, que mesmo "a confusão patrimonial deverá ficar afastada como critério de desconsideração caso se demonstre que sua existência ou probabilidade de sua ocorrência era conhecida dos credores no momento da contratação[441]". Se a confusão patrimonial tenha ou pudesse ter sido

[438] TJRS, 10ª Câmara Cível, AI 70027884972, Rel. Des. Luiz Ary Vessini de Lima, j. 15/12/2008.

[439] Vale lembrar: aquele que perpetrou o abuso ou que, em função do seu dever de administrador, deveria evitar o mau uso. Nesse caso, os credores, em função do previsto nos arts. 1.016 do Código Civil e 159, § 7º, da Lei das S.A., teriam ação de responsabilidade contra os administradores, apesar de que, em função da praticidade, tendam a se valer do art. 50 do Código Civil.

[440] Apenas se tiveram participação no ato abusivo ou dele se beneficiaram.

[441] Comparato; Salomão Filho. *O poder de controle...*, p. 493. Também nessa linha, mas com vistas no problema da subcapitalização, Diniz. *Subcapitalização societária*, p. 231. Este autor, à p. 232-233, sustenta que a situação dos credores profissionais, em especial das instituições financeiras, deve ser um capítulo à parte na aplicação da *disregard*, em razão do

levada em conta pelo credor no momento da contratação, não há que se falar em utilização abusiva da pessoa jurídica[442]. "Assim, credores profissionais que negociaram e cobraram pelo risco de menor separação patrimonial não foram vítimas de abuso da personalidade jurídica. O mesmo não se pode dizer dos credores incapazes de conhecer ou negociar riscos. Para eles, qualquer infringência à separação patrimonial sócio-sociedade caracterizará abuso da personalidade jurídica[443]".

Nesse contexto, dentro da equação de aplicação da teoria da desconsideração da personalidade jurídica, caberá ao devedor executado ou à pessoa que se quer responsabilizar a prova de que o credor tinha ciência do menor grau de separação patrimonial e de que ele levou isso em consideração quando da contratação.

Ainda, a desconsideração precisa ser vista como um *instrumento de correção* da malversação da personalidade jurídica, não como um castigo ou uma pena[444]. A consequência disto aparece quando da aplicação da teoria, pois seus efeitos devem ficar circunscritos à correção do uso inadequado da personalidade jurídica, buscando tão somente a restituição das coisas ao estado em que se encontrariam caso não houvesse a má utilização do instituto.

Vale dizer, a pretexto de castigar os envolvidos, não se pode pretender ir além, imputando-lhes responsabilidade ilimitada para todos os casos[445]. Enfatiza-se: o sócio não passa a ter responsabilidade ilimitada; o alcance da responsabilidade é o prejuízo sofrido pelo credor, e nada mais. Verificada a confusão patrimonial no caso concreto, a sua responsabilização é episódica.

poder de barganha diferenciado destes agentes, da sua possibilidade de precificar e cobrar pelo risco a que se expõem.

442 Comparato; Salomão Filho. *O poder de controle...*, p. 494.

443 Comparato; Salomão Filho. *O poder de controle...*, p. 494. Para "credores profissionais" vs. "credores não profissionais" (também designados "credores fortes" e "credores fracos"), ver Salomão Filho. *A sociedade unipessoal...*, p. 157; Domingues. Variações sobre o capital social, p. 162-163; ver, ainda, Diniz. *Subcapitalização societária*, p. 234-236.

444 Oliveira. *A dupla crise...*, p. 397.

445 Aqui discorda-se de uma das principais conclusões da tese de Warde Júnior. *Responsabilidade dos sócios...*, p. 333 e ss.

Capítulo 5
Confusão Patrimonial no Grupo Societário

No imaginário coletivo, o termo "grupo" evoca uma impressão de grandeza, de poder econômico, associado à existência de incontáveis ramificações e participações misteriosas, cujas unidades são coordenadas por um órgão central de decisão[446]. Um grupo societário é tudo isso e muito mais.

O grupo de sociedades corresponde à terceira fase do processo evolutivo dos veículos de exploração de atividade econômica – isto é, das formas organizativas da empresa[447]. Decorre do fenômeno concentracionista nascido em fins do século XIX e sedimentado no século XX, com o advento da chamada Terceira Revolução Industrial, como consequência da globalização da economia, fenômeno dos tempos modernos que é resultado da multinacionalização das próprias empresas[448-449].

[446] Walch, D. Analyse de la structure d'un groupe français. In: *Droit des groupes de sociétés*: analyse – propositions. Paris: Libraire de la Cour de Cassation, 1972, p. 18.

[447] Antunes. Estrutura e responsabilidade..., p. 35.

[448] Champaud. *Le pouvoir de concentration...*, p. 04 e ss., e, especialmente 195-205; Antunes. Estrutura e responsabilidade..., p. 35. À p. 05, Claude Champaud explica que o fenômeno concentracionista, do qual o fenômeno grupal faz parte, decorreu da crescente necessidade de concentração de capitais, mormente para a exploração de alguns ramos da economia, tais como a indústria mineira, a indústria siderúrgica, os transportes e as indústrias novas.

[449] Para uma visão histórica dos grupos, cf. Champaud. *Le pouvoir de concentration...*, especialmente às p. 199-204. À p. 199, o referido autor alude à Casa de Médici como um ancestral das entidades grupais, mas ressalta que o início da era dos grupos apenas começou no final do séc. XIX, quando as sociedades por ações puderam acumular o capital necessário para o início dos empreendimentos gigantescos e universais. Sobre a Casa de Médici, ver

Os grupos de sociedades nada mais são do que o resultado desse movimento, assim como também o são de uma evolução jurídica verificada no seio do próprio direito societário contemporâneo, que passou a admitir, mas não sem antes um grande trauma, o controle intersocietário[450-451].

o interessantíssimo ensaio de COMPARATO, Fábio Konder. Na proto-história das empresas multinacionais – O Banco Médici de Florença. *Revista de Direito Mercantil, Industrial, Econômico e Financeiro*, v. 54, p. 105-111, 1984.

450 ANTUNES. Estrutura e responsabilidade..., p. 36. Sobre a relação entre *controle* e *grupo*, ver PRADO, Viviane Muller. *Conflito de interesses nos grupos societários*. São Paulo: Quartier Latin, 2006, p. 105 e ss. À p. 108 a autora destaca que "nos grupos, em geral, a controladora não tem intenção de exercer apenas os seus direitos de sócio. Ela tem interesses econômicos externos à mera obtenção de lucros no desenvolvimento da atividade empresarial e, por esta razão, exerce o controle de forma coordenada, transformando o conjunto de sociedades controladas em uma unidade econômica. O elemento que diferencia a relação de simples dependência e a de grupo refere-se a uma especial forma de exercício do poder de controle, que tem por parâmetro não o interesse da sociedade isolada, mas a política grupal". Trata-se, portanto, de uma *situação de integração*, não de mero controle, como afirma ANNA BEATRIZ ALVES MARGONI. Cf. MARGONI, Anna Beatriz Alves. *A desconsideração da personalidade jurídica nos grupos de sociedades*. Dissertação (Mestrado em Direito). Faculdade de Direito da Universidade de São Paulo, São Paulo, 2011, p. 166. É *controle qualificado* ("uma especial forma de exercício do controle"), pois extrapola a perseguição dos simples interesses inerentes à qualidade de sócio, mesmo que de sócio controlador, para desaguar numa situação em que o controle é instrumento que determina a integração econômica entre as unidades (sociedades), a fim de permitir a exploração grupal de uma mesma atividade (unidade econômica na diversidade jurídica). Tal situação, no entanto, não encontra respaldo legal, pois a legislação simplesmente silencia sobre os grupos de fato e sua caracterização. Por outro lado, a jurisprudência do STJ, dessa vez com acerto, parece já ter captado a essência da questão quando menciona que a *direção unitária* é elemento caracterizador do grupo. Sobre esse ponto, ver MARGONI. *A desconsideração da personalidade jurídica nos grupos de sociedades*..., p. 166-167 e 175.

451 Sobre o referido trauma, vale destacar a lição de Engrácia Antunes: "(...) *o actual Direito das Sociedades é um ramo jurídico que jaz sobre um paradoxo regulatório*. Para melhor compreender este argumento, é necessário começar por deixar aqui claramente enfatizado que o fenómeno do controlo intersocietário ('maxime', a participação de sociedades no capital de outras sociedades) era unanimemente rejeitada pelas leis, pelos tribunais e pela doutrina das primitivas ordens jurídico-societárias, seja nos países da 'Common Law' seja da 'Civil Law': por muito estranho que isso possa soar aos ouvidos do juscomercialista dos nossos dias, a verdade histórica é que os pais fundadores do Direito das Sociedades Comerciais encaravam o fenómeno do controlo intersocietário como algo absolutamente incompatível com o arquétipo fundamental da sociedade comercial autónoma, qualificando-o como

Não é, por certo, objeto do presente estudo o exame exaustivo dos caracteres do grupo de sociedades, o que já foi feito, com maior ou menor êxito, pela doutrina especializada[452]. Cumpre dizer, no entanto,

fenómeno anormal ou, na melhor das hipóteses irrelevante. Este entendimento originário, bem vistas as coisas, nada tinha de bizarro. Não se pode perder de vista que o direito societário deve a sua existência a longa e penosa luta política e económica travada em torno da autonomização da sociedade comercial como sujeito de direito: ora, este 'pedigree' histórico acabou por ser responsável pela instituição de um arquétipo legal de sociedade (...) ao qual repugnava compreensivelmente, sob pena de um ostensivo contra-senso, qualquer forma de degradação dessa autonomia e soberania, conseguidas a tanto custo". "Contudo, apenas algumas décadas após o seu nascimento histórico 'oficial', numa daquelas evoluções aleatórias em que a história é fértil, os legisladores societários de todo o mundo acabariam, sob pressão do mundo dos negócios, por começar a contemporizar tacitamente com o estabelecimento de determinadas relações de domínio entre sociedades e, mais tarde, por consagrar mesmo expressamente determinados instrumentos legais que, renegando as raízes genealógicas deste ramo, visavam precipuamente permitir a uma sociedade adquirir e exercer o controlo do aparelho de governo de outra ou outras sociedades: o pioneiro e mais relevante caso consistiu na admissibilidade de pessoas jurídicas (inclusive sociedades), e não apenas indivíduos, poderem ser titulares do capital de sociedades comerciais; mas muitos outros mecanismos (de natureza estatutária, organizativa ou contratual) se lhe acabariam por seguir, numa espiral vertiginosa que ainda hoje não parou. Desta forma, o mesmo ramo jurídico que tão zelosa e custosamente conseguira impor na ordem jurídica o modelo da empresa unissocietária como pessoa jurídica autónoma e soberana era agora responsável pela introdução de mecanismos legais e institucionais aptos a destruir essa autonomia e a subverter essa soberania – não surpreende assim que, face a tais nóveis sociedades 'de soberania limitada', tenha qualificado tal evolução como uma verdadeira 'degradação do direito societário'. Antunes. Estrutura e responsabilidade..., p. 50-51.

[452] Na doutrina estrangeira, ver, essencialmente, Champaud. *Le pouvoir de concentration...*, p. 195-304; Petitpierre-Sauvain, Anne. *Droit des societés et groupes de sociétés*: responsabilité de l'actionnaire dominant, retrait des actionnaires minoritaires. Genève: Georg, 1972; Antunes, José Engrácia. *Os grupos de sociedades*: estrutura e organização jurídica da empresa plurissocietária. Coimbra: Almedina, 1999. No direito brasileiro, entre outros, ver Comparato, Fábio Konder. Os grupos societários na nova Lei de Sociedade por Ações. In: Ensaios *e pareceres de direito empresarial*. Rio de Janeiro: Forense, 1978; Bulgarelli, Waldirio. *O direito dos grupos e a concentração das empresas*. São Paulo: Livraria e Editora Universitária de Direito, 1975; Lobo, Jorge. *Grupo de sociedades*. Rio de Janeiro: Forense, 1978; Munhoz. *Empresa contemporânea...*; Pereira Neto, Edmur. Anotações sobre os grupos de sociedades. *Revista de Direito Mercantil, Industrial, Econômico e Financeiro*, São Paulo, v. 82, nova série, p. 30-38, 1991; Prado, Viviane Muller. *Conflito de interesses nos grupos societários*. São Paulo: Quartier Latin, 2006; Diniz, Gustavo Saad. *Os grupos societários*: da formação à falência. Rio de Janeiro: Forense, 2016; Vio, Daniel de Avila. *Grupos societários*: ensaio sobre

que o conceito de grupo (de subordinação[453]) consiste em um *conjunto mais ou menos vasto de sociedades, que, conservando formalmente a sua própria autonomia jurídica, encontram-se subordinadas a uma direção econômica unitária exercida por outra sociedade*[454].

Essa a estrutura empresarial prevalecente na economia contemporânea[455], pois consiste no instrumento que mais bem se adapta às exigências da competitiva economia global[456]. Tanto é assim que os grupos se desenvolvem na bonança do crescimento econômico, mas também na recessão, quando as sociedades buscam proteção em estruturas empresariais mais robustas[457].

Os grupos econômicos foram criados justamente para racionalizar a exploração empresarial. Eles permitem a harmonização e mesmo a unificação das atividades das várias unidades que o compõem, de modo a racionalizar a produção, reduzindo custos e gerando margens de lucros mais altas, criando verdadeiras "economias internas de escala"[458].

Ainda, a manutenção da individualidade formal das sociedades permite, ao mesmo tempo, uma gestão descentralizada das diversas unida-

os grupos de subordinação, de direito e de fato, no direito societário brasileiro. São Paulo: Quartier Latin, 2016.

453 Os *grupos de coordenação*, formados por consórcio de empresas, por exemplo, não serão tratados no presente estudo, pois fogem do seu escopo. Sobre o assunto, na doutrina nacional, ver Penteado, Mauro Rodrigues. *Consórcio de empresas.* São Paulo: Livraria Pioneira Editora, 1979.

454 Antunes. Estrutura e responsabilidade..., p. 35; Petitpierre-Sauvain. *Droit des societés et groupes de sociétés*..., p. 01.

455 Petitpierre-Sauvain. *Droit des societés et groupes de sociétés*..., p. 03-04; Comparato; Salomão Filho. *O poder de controle*..., p. 436. Dados provenientes dos Estados Unidos, da Europa e do Japão indicam uma inequívoca tendência para o grupamento das sociedades. Assim, 88% das sociedades no Japão, 70% na Alemanha, 65% nos Estados Unidos, 60% na França e 55% na Inglaterra estão integradas em uma estrutura grupal. Cf. Antunes. Estrutura e responsabilidade..., p. 35.

456 Tombari. *Diritto dei gruppi*..., p. 01-03.

457 Champaud. *Le pouvoir de concentration*..., p. 05 e 203. O referido autor, à página 203, conta que antes da Primeira Guerra o desenvolvimento dos grupos já havia se iniciado fortemente na França, continuando com o desenvolvimento econômico verificado no pós-guerra e, paradoxalmente, mesmo na crise de 1929. Constatou-se, assim, que tanto o desenvolvimento econômico quanto a depressão são dois fatores favoráveis para a eclosão e o aumento dos grupos.

458 Comparato; Salomão Filho. *O poder de controle*..., p. 499.

des com uma comunhão de objetivos, enquanto a estrutura do grupo permite aliar a concentração de capitais da grande empresa conjuntamente com a flexibilidade da pequena, tudo isso com o isolamento de riscos[459]. Por isso que os grupos econômicos tendem a dominar os mercados, sobretudo aqueles em que são exigidos pesados investimentos[460-461]. E assim, "o átomo cedeu lugar à molécula", passando o grupo societário a ser o ator central do sistema econômico em escala global[462].

Mas se os grupos econômicos são fonte de numerosas vantagens em termos de organização da atividade empresarial, é indubitável também que são acompanhados de complexos problemas jurídicos, sobretudo relacionados à tutela dos credores[463]. Nesse contexto, longe de combatê-los ou simplesmente ignorá-los, é papel do direito tentar discipliná-los em função dos múltiplos interesses que gravitam em torno deles[464].

5.1. Caracterização

Os grupos societários caracterizam-se pela peculiar e potencialmente perigosa combinação de *independência jurídica* e *dependência econômica* relativamente às sociedades grupadas[465]. Tal situação afeta diretamente todos aqueles que possuem direitos sobre o patrimônio de qualquer das sociedades, sobretudo minoritários e credores, que correm graves riscos de lesão aos seus direitos em função da total perda da autonomia patrimonial delas[466].

[459] Hannoun. *Le droit et les groupes de sociétés...*, p. 159.

[460] Comparato; Salomão Filho. *O poder de controle...*, p. 499.

[461] A propósito das vantagens do grupo como forma de organização da empresa, ver, essencialmente, Champaud. *Le pouvoir de concentration...*, p. 05 e 205-209; Antunes, José Engrácia. *Os grupos de sociedades...*, p. 36-44.

[462] Antunes. Estrutura e responsabilidade..., p. 36.

[463] Tombari. *Diritto dei gruppi...*, p. 03-04.

[464] Comparato; Salomão Filho. *O poder de controle...*, p. 499.

[465] Champaud, Claude. Les méthodes de groupement des sociétés. *Revue Trimestrielle de droit commercial*, Paris, Sirey, n. 04, p. 1003-1.044, out./dez. 1967, p. 1.020.

[466] Hertig, Gerard; Kanda, Hideki. Creditor protection. In: *The anatomy of corporate law.* Oxford: Oxford University Press, 2004, p. 74; Champaud. Les méthodes de groupement des sociétés..., p. 1.020.

5.1.1. Perda da autonomia de gestão

No grupo econômico de subordinação, as sociedades controladas perdem grande parte de sua autonomia de gestão empresarial em função da persecução do interesse geral do grupo[467]. Essa perda de autonomia de gestão tende quase que inexoravelmente por se traduzir em perda de autonomia patrimonial, haja vista que os patrimônios sociais tendem a se confundir[468], sobretudo em razão das praticamente inevitáveis transferências de ativos de uma sociedade para outra, bem como da distribuição de custos, prejuízos e lucros entre as empresas grupadas[469]. Não por outro motivo os grupos societários, assim como as sociedades unipessoais, são hipóteses em que o risco de confusão patrimonial é maior[470].

A par de uma aparente *autonomia jurídica*, a *unidade de gestão* subsiste relativamente às decisões de repercussão para a economia global do grupo. Tal se verifica, por exemplo, pela elaboração de um orçamento geral para todo o grupo, inclusive pelo planejamento de uma política de investimento e organização da produção (escolha de quais atividades devem ser exploradas, abandono das menos rentáveis, fechamento de

[467] Champaud. *Le pouvoir de concentration...*, p. 276; Comparato; Salomão Filho. *O poder de controle...*, p. 357 e 499-500. Ver, ainda, STJ, 1ª Turma, REsp 767.021/RJ, Rel. Min. José Delgado, j. 16/08/2005 (julgado em que se considerou relevante, para fins de responsabilização de outras sociedades do mesmo grupo econômico por dívida fiscal, a constatação que os negócios da sociedade eram conduzidos em funções dos interesses do grupo, como se todo ele uma empresa só fosse). No RMS 12.872/SP, de relatoria da Mina. Nancy Andrighi, julgado em 24/06/2012, o STJ estendeu os efeitos da falência para as demais sociedades do grupo em função da *unidade gerencial e patrimonial* verificada entre elas, o que teria causado deliberada confusão entre os credores.

[468] Comparato; Salomão Filho. *O poder de controle...*, p. 357-358.

[469] Comparato; Salomão Filho. *O poder de controle...*, p. 499-500; Champaud. *Le pouvoir de concentration...*, p. 275. A mecânica de funcionamento do conjunto de empresas grupadas "tende (...) não só à possibilidade de restrição ou supressão da distribuição de lucros, em uma ou em todas as sociedades que o compõem, como também a uma restrição na própria produção desses lucros". Quer dizer, "o interesse particular de uma sociedade pode ser sacrificado ao interesse geral do grupo" (Comparato; Salomão Filho. *O poder de controle...*, p. 406.). Nesse contexto, como não admitir o prejuízo do credor da unidade específica cuja capacidade de produzir lucros foi arruinada em decorrência do estado de confusão patrimonial?

[470] Oliveira. *A dupla crise...*, p. 610.

fábricas) e pela consideração da relevância recíproca das diversas atividades[471].

Eis o fenômeno da *unidade econômica* na *pluralidade jurídica*, que se manifesta quase sempre da mesma forma: pela transferência de lucros ou de prejuízos pelos mais variados meios entre as empresas do grupo, pela determinação de que a sociedade filiada se especialize em determinada linha de produção, sem possibilidade de ampliar a sua atuação, com o objetivo de se evitar a concorrência entre empresas componentes do grupo, pela centralização, na sociedade *holding*, das atividades de pesquisa, serviços financeiros, contabilidade, suporte jurídico, treinamento e relações públicas do grupo[472].

Nesse contexto, várias são as tarefas assumidas pela sociedade-mãe, entre elas o planejamento e supervisão dos investimentos e da produção, o planejamento das aquisições importantes de maquinário, o lançamento de novos produtos e a fixação de diretrizes de produção, o planejamento da comercialização, a direção e a supervisão dos dirigentes, bem como o estabelecimento de uma política geral relativa aos funcionários, além da unificação da administração financeira e contábil[473].

Também é recorrente que algumas das sociedades grupadas não possuam outros clientes nem outros fornecedores senão as outras sociedades do próprio grupo. Nesses casos, a fixação das margens de comercialização é igualmente comum, tudo em função dos interesses do grupo[474]. Assim, não sem razão é possível chamar a sociedade controlada de "escrava" da controladora[475-476].

[471] Petitpierre-Sauvain. *Droit des societés et groupes de sociétés...*, p. 12-13.

[472] Champaud, Claude. Recherche des critères d'appartenance à un groupe. In: *Droit des groupes de sociétés*: analyse – propositions. Paris: Libraire de la Cour de Cassation, 1972, p. 34; Petitpierre-Sauvain. *Droit des societés et groupes de sociétés...*, p. 12-16; Comparato; Salomão Filho. *O poder de controle...*, p. 358.

[473] Petitpierre-Sauvain. *Droit des societés et groupes de sociétés...*, 1972, p. 15.

[474] Hertig; Kanda. Creditor protection..., p. 75; Champaud. Recherche des critères d'appartenance à un groupe..., p. 33-34

[475] Serick. *Aparencia y realidad...*, p. 118.

[476] É interessante lembrar que nos grupos de fato não pode haver sujeição de uma sociedade a outra, sob pena de responsabilidade dos administradores e do controlador. Vale transcrever o que diz a Lei das S.A.: Art. 245. Os administradores não podem, em prejuízo da companhia, favorecer sociedade coligada, controladora ou controlada, cumprindo-lhes zelar para que as operações entre as sociedades, se houver, observem condições estrita-

A formação dos profissionais de talento dos grupos, especialmente quando o controle pertence a um banco de investimento, efetua-se na própria estrutura grupal. Assim, durante certo tempo, os jovens gestores são alocados em cargos de direção nas diferentes sociedades controladas – período durante o qual se familiarizam com os mais diversos aspectos do negócio grupal, sem jamais perder o sentimento de que estão a serviço da sociedade controladora. De tal forma, a carreira deles está estreitamente ligada à existência do próprio grupo, o que facilita a manutenção e a coesão necessária à direção unitária deste[477].

Em casos extremos, a sociedade-mãe chega a fazer o controle da produção, a administração dos estoques, a centralização das atividades de compras e comercialização dos produtos e serviços, a coordenação das atividades de embalagem e expedição, além da prestação serviços de câmbio e proteção cambial, da administração das movimentações bancárias, a contratação de seguros para as diversas sociedades-filiais e a organização da administração de imóveis[478].

Não raras vezes, o financiamento das atividades das unidades-filhas depende da sociedade dominante, seja através da concessão direta de empréstimos, pela pressão que esta pode exercer sobre seus próprios banqueiros para que concedam crédito a elas, seja pela possibilidade de

mente comutativas, ou com pagamento compensatório adequado; e respondem perante a companhia pelas perdas e danos resultantes de atos praticados com infração ao disposto neste artigo. Art. 117. O acionista controlador responde pelos danos causados por atos praticados com abuso de poder. § 1º São modalidades de exercício abusivo de poder: a) orientar a companhia para fim estranho ao objeto social ou lesivo ao interesse nacional, ou levá-la a *favorecer outra sociedade*, brasileira ou estrangeira, em prejuízo da participação dos acionistas minoritários nos lucros ou no acervo da companhia, ou da economia nacional. Note-se que, no caso do art. 245, o administrador estará sempre entre a cruz e a espada, embora tendam a sempre se submeter à espada, pois se assim não o fizerem, simplesmente perdem o emprego. Agora, relativamente à tutela dos credores, apesar de o art. 159, § 7º, da Lei das S.A. revelar uma legitimação do acionista contra o administrador que a ele tiver causado prejuízo (à semelhança do art. 1.016 do Código Civil), o principal "canal" de responsabilização do administrador por confusão patrimonial tende a ser, por razões práticas e por expressa autorização legal (art. 50 do Código Civil), a desconsideração da personalidade jurídica.

[477] Champaud. *Le pouvoir de concentration...*, p. 102-103.

[478] Petitpierre-Sauvain. *Droit des societés et groupes de sociétés...*, p. 15.

alcançar os mercados de capitais internacionais[479]. Na verdade, há uma percepção geral de que a controladora possui um compromisso moral de honrar eventuais dívidas de suas controladas, de modo que o crédito da controlada corresponde ao crédito geral do grupo[480].

Verifica-se um elevando grau de interdependência das empresas grupadas nas suas operações de crédito. Garantias cruzadas, cláusulas de *cross default*, *covenants* dos mais variados tipos costumam amarrar as sociedades do grupo de tal forma que elas se tornam financeiramente indissociáveis. O mercado de crédito as trata como uma coisa só e as operações levam em consideração a situação do grupo como um todo. Se uma sociedade dispõe de ativos livres, a instituição financeira exige que seja dado em garantia do cumprimento da obrigação de outra. Se uma sociedade entra em crise, o grupo todo experimenta uma redução do seu crédito. Essa é uma realidade inescapável.

5.1.2. Contratações intragrupo fora das condições de mercado

Quanto à relação existente entre diversas entidades componentes do grupo econômico, vale salientar que os contratos celebrados entre elas muito raramente seguem as condições normais de mercado, podendo, inclusive, servir como eficiente ferramenta para a usurpação dos direitos de minoritários e credores[481]. Assim, contratos de licença para a utilização de marcas, patentes de invenção e de modelos de utilidade, desenhos industriais, direitos autorais e *software*, bem como os contratos de fornecimento de matérias-primas de produtos semiacabados ou a simples venda da produção dificilmente seguem a lógica e os preços praticados nas relações entre empresas[482].

No caso dos grupos multinacionais, a sociedade controlada, com sede em determinado país, pode ser proibida, pela direção central do grupo, de exportar a sua produção a fim de não concorrer com a filial de outro país, ou simplesmente pode ficar subordinada a uma política geral de

[479] Walch. Les relations à l'intérieur du groupe du point de vue financier..., p. 89. Ver, também, Petitpierre-Sauvain. *Droit des societés et groupes de sociétés...*, p. 17; Champaud. Recherche des critères d'appartenance à un groupe..., p. 34.

[480] Walch. Les relations à l'intérieur du groupe du point de vue financier..., p. 90.

[481] Hertig; Kanda. Creditor protection..., p. 74.

[482] Comparato; Salomão Filho. *O poder de controle...*, p. 358;

repartição do mercado mundial[483]. E, para facilitar a remessa dos lucros para o exterior, é comum que a sociedade-mãe, sediada no exterior, imponha à controlada contratos de *know-how* ou de prestação de serviços dos mais variados tipos[484-485].

De um lado, a *independência jurídica* das sociedades grupadas, que permanecem formalmente como entidades dotadas de individualidade jurídica e patrimonial; do outro, a *unidade econômica* do conjunto, que se comporta no mercado como uma empresa unitária: daí porque a expressão "empresa plurissocietária" bem explica a situação da maioria dos grupos. Uma paradoxal contradição entre a situação de direito e a realidade dos fatos[486].

Tudo isso é fartamente sabido e corresponde à normal estrutura dos grupos societários: foi justamente para isso que eles foram criados, e essa é a realidade inafastável[487]. Com efeito, os grupos econômicos – correspondentes à terceira fase evolutiva dos veículos para a exploração de atividade econômica referida anteriormente[488] – vieram para ficar, e a reboque instalou-se uma nova realidade subjacente, consubstanciada em um estado em que os patrimônios das várias sociedades componentes do grupo se comunicam com enorme fluidez.

Aqui está o ponto nodal. Entre todas as divergências de opinião acerca dos grupos societários que se pode verificar na doutrina especializada, em uma coisa a generalidade dos autores concorda: o grupo

[483] COMPARATO; SALOMÃO FILHO. *O poder de controle...*, p. 358.

[484] COMPARATO; SALOMÃO FILHO. *O poder de controle...*, p. 358.

[485] Sobre o assunto, importante é a disciplina dos preços de transferência (*transfer pricing*). "Por preço de transferência entende-se, na doutrina internacional, o valor cobrado por uma empresa na venda ou transferência de bens, serviços ou propriedade intangível, a empresa a ela relacionada. Tratando-se de preços que não se negociaram em um mercado livre e aberto, podem eles desviar-se daqueles que teriam sido acertados entre parceiros comerciais não relacionados, em transações comparáveis nas mesmas circunstâncias". Por isso, essas operações entre partes relacionadas se prestam a desviar lucros, por exemplo. Cf. SCHOUERI, Luís Eduardo. *Preços de transferência no direito tributário brasileiro.* São Paulo: Dialética, 1999, p. 12.

[486] ANTUNES. Estrutura e responsabilidade..., p. 47-48.

[487] COMPARATO; SALOMÃO FILHO. *O poder de controle...*, p. 358.

[488] ANTUNES. Estrutura e responsabilidade..., p. 35.

de sociedades causou graves perturbações no direito das sociedades[489]. Esses problemas decorrem justamente da fluidez dos patrimônios referida anteriormente.

Explica Munhoz que "o surgimento dos grupos de sociedades (...) afeta a estrutura patrimonial autônoma, na medida em que transforma os patrimônios das diversas sociedades em instrumentos para a realização de um interesse global, distinto daquele que seria ostentado por cada uma delas se atuassem de forma isolada[490]". A dependência de uma sociedade controlada pode chegar a um ponto em que se trate economicamente de um prolongamento da controladora[491].

5.1.3. Livre transferência de ativos e passivos

Nesse contexto, os "ativos e passivos de cada sociedade transformam-se em ativos e passivos de todo o grupo, sendo transferidos e alocados entre seus diversos integrantes, no exclusivo interesse deste, segundo a estratégia empresarial globalmente concebida para enfrentar as exigências econômicas de cada momento[492]".

Vem à mente o princípio dos vasos comunicantes, pertencente à Física, mas destacado por Champaud para explicar a situação patrimonial das sociedades grupadas, em razão de que os patrimônios destas estariam em tal situação de fluidez, que lembrariam os vasos comunicantes, recipientes ligados através de um duto aberto (utilizado para testar a densidade de líquidos nos laboratórios)[493].

Explica Munhoz que "o princípio dos vasos comunicantes pode ser aplicado à perfeição, quando se trata de examinar a realidade patrimo-

[489] Champaud. *Le pouvoir de concentration...*, p. 195 e 272. Wiedemann, referindo-se aos grupos, utiliza-se de uma significativa expressão: "*...einen Drachen mit vielen Häuptern*" – um dragão com muitas cabeças" (cf. *Die Unternehmensgruppe im Privatrecht*, Tübingen, J.C.B. Mohr, 1988, p. 10, citado no prefácio dos Profs. Erasmo Valladão A. e N. França e José Alexandre Tavares Guerreiro à obra de André Antunes Soares de Camargo, *Transações entre partes relacionadas*, Almedina, 2013, p. 5)

[490] Munhoz. *Empresa contemporânea...*, p. 134. Cf., também, Champaud. Les méthodes de groupement des sociétés..., p. 1.021.

[491] Serick. *Aparencia y realidad...*, p. 139.

[492] Munhoz. *Empresa contemporânea...*, p. 134.

[493] Champaud. *Le pouvoir de concentration...*, p. 275-276; Champaud. Les méthodes de groupement des sociétés..., p. 1.021. Ver, também, Petitpierre-Sauvain. *Droit des societés et groupes de sociétés...*, p. 28.

nial dos grupos de sociedades, pois a transferência de recursos financeiros entre seus membros se dá em nível elevado e com grande frequência, a ponto de serem considerados como autênticas *organizações de mercado interno*[494]".

Descreve o Professor que "os grupos, ao promoverem a separação entre sociedade e empresa, ao constituírem *unidade econômica* e *diversidade jurídica*, procuram a alocação ideal dos recursos financeiros, tecnológicos e humanos entre as diversas sociedades que os compõem, sempre no contexto de uma estratégia empresarial comum[495]". Busca-se a realização dos objetivos do grupo, de tal forma que o interesse da sociedade isolada cede frente ao *interesse grupal*[496].

Vale lembrar que "uma das funções econômicas primordiais dos grupos é propiciar maior eficiência, em razão da sinergia criada pela transferência de recursos entre seus membros[497]". Pois é justamente em razão dessa alocação fluida dos recursos nos grupos econômicos – determinada por uma direção central em prol da maior eficiência empresarial e dos interesses do grupo – que a autonomia patrimonial deixa de existir[498]. Tudo isso em função da criação de uma espécie de "superempresa", uma "empresa de 2º grau", "cuja existência apenas se torna possível justamente graças à perda da autonomia ou 'canibalização', em maior ou menor grau, daquelas empresas de 1º grau[499]".

Sobre a direção da organização grupal, Munhoz destaca que a política financeira, em alguns casos, chega a apresentar elevado grau de centralização "ficando a cargo da sociedade dominante, ou de uma sociedade do grupo exclusivamente encarregada dessa função, a administração do dia a dia financeiro das unidades integrantes[500]". Para cumprir com esse desiderato, normalmente cabe a essa unidade cuidar dos pagamen-

[494] MUNHOZ. *Empresa contemporânea...*, p. 135. Ver, também, COMPARATO; SALOMÃO FILHO. *O poder de controle...*, p. 358.

[495] MUNHOZ. *Empresa contemporânea...*, p. 135. Cf., também, HANNOUN. *Le droit et les groupes de sociétés...*, p. 162 e ss.

[496] PETITPIERRE-SAUVAIN. *Droit des societés et groupes de sociétés...*, p. 18.

[497] MUNHOZ. *Empresa contemporânea...*, p. 135.

[498] MUNHOZ. *Empresa contemporânea...*, p. 136; PETITPIERRE-SAUVAIN. *Droit des societés et groupes de sociétés...*, p. 18.

[499] ANTUNES. Estrutura e responsabilidade..., p. 48.

[500] MUNHOZ. *Empresa contemporânea...*, p. 136.

tos e recebimentos, do planejamento do fluxo de caixa, da política de obtenção de novos recursos, dos reinvestimentos e da distribuição de dividendos, além da definição dos orçamentos e metas financeiras[501]. A integração é tamanha, que "é comum a criação de um *caixa único*, centralizando todas as operações financeiras do grupo[502]".

As transferências de recursos entre as sociedades grupadas ocorrem nas mais diversas direções: da sociedade dominante para as dominadas; destas para aquela; ou mesmo entre as próprias dominadas[503]. Elas se dão, também sob os mais diversos títulos: empréstimos, pagamento de *royalties*, transferência de tecnologia, venda de mercadorias, prestação de serviços e distribuição de lucros, entre outros[504].

Toda essa maleabilidade permite "ao grupo uma enorme margem de manobra para planejar, segundo seu interesse, a melhor alocação de recursos financeiros entre as sociedades[505]" (isso sem falar dos recursos humanos, pois, no seio dos grupos econômicos, é comum que se verifique a identidade de gestores e, inclusive, a intercambialidade de diretores técnicos, que passam de uma sociedade para a outra de acordo com as necessidades do momento[506]).

Mas é importante lembrar que não se tratam de simples operações de mercado, pois essas transações muito raramente observam o preço e as demais condições livremente praticadas entre empresas independentes[507]. Na verdade, essas transações apenas obedecem à lógica que é peculiar a essas *organizações internas de mercado*, fenômeno em que se transformam os grupos econômicos[508].

501 Munhoz. *Empresa contemporânea...*, p. 136.

502 Munhoz. *Empresa contemporânea...*, p. 136; Ver, também, Petitpierre-Sauvain. *Droit des societés et groupes de sociétés...*, p. 18.

503 Munhoz. *Empresa contemporânea...*, p. 136.

504 Munhoz. *Empresa contemporânea...*, p. 136.

505 Munhoz. *Empresa contemporânea...*, p. 136.

506 Champaud. *Le pouvoir de concentration...*, p. 199. À p. 201, o autor alude a que, por volta de 1914, a célebre *Allgemeine Elektrizitätsgesellschaft (A. E. G.)* detinha cargos de administração em 174 sociedades por ações, e alguns de seus dirigentes, entre eles o conhecido Walter Rathenau, cumulavam entre 35 e 44 assentos de conselheiros de administração cada um.

507 Munhoz. *Empresa contemporânea...*, p. 136.

508 Munhoz. *Empresa contemporânea...*, p. 136.

Assim, malgrado a formal independência de seus patrimônios, seus nomes distintos e, por vezes, até a sua nacionalidade diferente, as sociedades grupadas usualmente não são mais do que células pertencentes a um mesmo organismo econômico (*cellules organisées d'un même corps économique*, nas palavras de Champaud[509]). Tamanha coesão e fluidez só podem produzir como consequência inexorável a formação de um estado de confusão patrimonial entre as diversas unidades componentes do grupo[510]. Destaca Comparato que "confusão patrimonial, em maior ou menor grau, é inerente a todo grupo econômico[511]". *Dependência econômica* e *independência jurídica* é uma combinação fatal para autonomia patrimonial, salienta Petitpierre-Sauvain[512]. Isto porque a aparente autonomia patrimonial das sociedades grupadas, somada à sua efetiva subordinação econômica, abre portas para uma série de manobras, chegando ao ponto de se poder afirmar, como faz Champaud, que "a autonomia patrimonial pode beirar a uma ficção jurídica"[513].

O outro efeito decorrente do caráter fluido dos patrimônios das unidades grupadas é a verificação de distorções dos resultados[514]. Com efeito, o desvio de ativos de uma unidade empresarial para outra, mesmo que para a realização de objetivos estranhos à entidade titular do bem, é fato corriqueiro. Da mesma forma, a assunção de passivos, por uma das unidades, em benefício de outra, ainda que eles em nada favoreçam aquela que se dispõe a assumi-los, também é comum dentro do universo grupal[515]. Tudo isso, obviamente, facilitado pela identidade de gestores.

É importante destacar que "os grupos levam à substituição do princípio do patrimônio separado e fechado de cada sociedade pela realidade do *patrimônio aberto* às diversas relações entre as sociedades que os compõem[516]". Tal situação só pode resultar em graves perigos a todos aqueles que possuem direitos sobre o patrimônio de uma dessas socie-

[509] CHAMPAUD. *Le pouvoir de concentration...*, p. 199.
[510] MUNHOZ. *Empresa contemporânea...*, p. 138.
[511] COMPARATO; SALOMÃO FILHO. *O poder de controle...*, p. 499.
[512] PETITPIERRE-SAUVAIN. *Droit des societés et groupes de sociétés...*, p. 29-30.
[513] CHAMPAUD. Les méthodes de groupement des sociétés..., p. 1.022.
[514] MUNHOZ. *Empresa contemporânea...*, p. 138.
[515] MUNHOZ. *Empresa contemporânea...*, p. 139.
[516] MUNHOZ. *Empresa contemporânea...*, p. 139.

dades grupadas[517] – os trabalhadores e o Fisco em menor medida, pois seus créditos encontram proteção especial na jurisprudência e na legislação.

Como as unidades componentes do grupo podem contar com o patrimônio umas das outras – ao menos enquanto isso for conveniente ao controlador –, é comum a prática de constituir e manter sociedades com capital manifestamente insuficiente para as operações econômicas em que vão se engajar, cuja atividade é, no mais das vezes, mantida por meio de empréstimos concedidos pela sociedade dominante[518]-[519] É o fenômeno da subcapitalização referido no Capítulo 1, item 1.3.1, verificável tanto nominal quanto materialmente[520].

A consequência não poderia ser outra senão o potencial prejuízo dos credores[521]. Com efeito, a "garantia do credor, consistente no patrimônio da sociedade devedora, perde toda substância diante da realidade grupal, pois as transferências de recursos *intragrupo* e a orientação em favor

[517] Petitpierre-Sauvain. *Droit des societés et groupes de sociétés...*, p. 29.

[518] Petitpierre-Sauvain. *Droit des societés et groupes de sociétés...*, p. 17; Munhoz. *Empresa contemporânea...*, p. 139.

[519] Como será visto mais adiante, a prática de constituir e manter sociedades subcapitalizadas é perniciosa aos credores, sendo combatida frontalmente pelo art. 83, VIII, 'b', da Lei de Falências e Recuperação de Empresas (Lei 11.101/05), o qual empurra o crédito decorrente de empréstimo da controladora para a controlada para a última posição no quadro geral de credores [*Art. 83. A classificação dos créditos na falência obedece à seguinte ordem: VIII créditos subordinados, a saber: os créditos dos sócios* (...)]. No entanto, não há como negar que a referida regra terá por efeito desestimular uma série de empréstimos feitos em condições bem mais favoráveis do que as de mercado (Cf. Walch. Les relations à l'intérieur du groupe du point de vue financier..., p. 89; Petitpierre-Sauvain. *Droit des societés et groupes de sociétés...*, p. 17), podendo fazer secar importante fonte (barata) de financiamento das empresas. Nada obstante, sempre é possível contra-argumentar que se a sociedade precisa de recursos, os sócios devem provê-lo via aumento de capital. Nesse sentido, cf. Comparato; Salomão Filho. *O poder de controle...*, p. 495.

[520] Munhoz. *Empresa contemporânea...*, p. 139.

[521] Aliás, o estudo dos grupos de sociedades está tradicionalmente atrelado ao exame de dois problemas clássicos decorrentes dessa fenomenologia: (*i*) a tutela dos credores em face da confusão patrimonial usualmente verificada, tema objeto do presente estudo; (*ii*) a tutela dos minoritários, cujo estudo escapa aos limites desta obra. Sobre esta segunda questão, ver, fundamentalmente, Petitpierre-Sauvain. *Droit des societés et groupes de sociétés...*, p. 151 e ss.; Champaud. *Le pouvoir de concentration...*, especialmente p. 275-276; Hertig; Kanda. Creditor protection..., p. 74.

de um interesse externo a cada unidade societária distorcem a estrutura patrimonial desta, como se observou anteriormente[522]".

Há, portanto, como bem salientou Munhoz, "um total desequilíbrio entre o poder empresarial e os riscos do negócio[523]". O paradoxo dessa situação é o fato de que as empresas componentes do grupo "se beneficiam do princípio da limitação da responsabilidade em relação a cada unidade jurídica", gerando o efeito da *transferência parcial dos riscos* da atividade econômica ao credor, "na medida em que o patrimônio autônomo, que deveria caracterizar cada uma dessas unidades, é inteiramente desvirtuado, não servindo como garantia de cumprimento das obrigações assumidas[524]".

O grupo funciona como uma técnica de limitação da responsabilidade organizada em torno do princípio da independência das sociedades[525]. A sociedade dominante pode se esconder atrás da sua qualidade de pessoa jurídica independente, para abandonar à sua própria sorte uma filial desprovida de ativos[526].

Os credores – ao menos os mais fracos – costumam ficar limitados ao patrimônio de uma só sociedade, mesmo diante de uma enorme permeabilidade existente entre os patrimônios das sociedades grupadas[527-528]. Trata-se da conhecida técnica de *isolar riscos* (inclusive segregar unidades não rentáveis), de modo a evitar que a falência de uma das unidades contamine o todo[529] – muito embora, na realidade brasileira, seja muito difícil evitar a contaminação, especialmente no que diz respeito às obrigações trabalhistas, tributárias, ambientais e para com o consumidor,

522 Munhoz. *Empresa contemporânea...*, p. 141.

523 Munhoz. *Empresa contemporânea...*, p. 141.

524 Munhoz. *Empresa contemporânea...*, p. 141.

525 Hannoun. *Le droit et les groupes de sociétés...*, p. 159.

526 Petitpierre-Sauvain. *Droit des societés et groupes de sociétés...*, p. 29.

527 Petitpierre-Sauvain. *Droit des societés et groupes de sociétés...*, p. 28 e 30; Champaud. Les méthodes de groupement des sociétés..., p. 1.022.

528 Por isso o STJ já considerou que a aplicação da teoria da desconsideração é possível quando a estrutura grupal é formada para "elidir a responsabilidade por dívidas de seus integrantes", cujo efeito acaba por esvaziar uma das unidades (sociedades) de modo a frustrar credores (STJ, 4ª Turma, REsp 86.502/SP, Rel. Min. Ruy Rosado de Aguiar Junior, j. 21/05/1996).

529 Hannoun. *Le droit et les groupes de sociétés...*, p. 159.

razão pela qual deixar insolvente uma sociedade não costuma ser uma postura deliberada por parte da direção central do grupo, pois os riscos daí decorrentes são elevados.

Sustenta Petitpierre-Sauvain: "o credor muito bem poderá ser confrontado com uma empresa insolvente, mesmo diante da prosperidade de todo o grupo"[530]. Essa possibilidade existe, muito embora não corresponda à realidade de todos os grupos societários.

Champaud destaca que os credores podem sofrer com permeabilidade do patrimônio sem uma correspondente "portabilidade" do seu crédito para além da pessoa jurídica devedora[531]. Mas trabalhadores e o Fisco, como referido, sofrem muito menos os efeitos dessa permeabilidade patrimonial. As instituições financeiras também costumam mitigar esse risco. E, além disso, poucos empresários premeditadamente deixam de honrar uma obrigação em função da limitação da responsabilidade decorrente dos arranjos grupais. Senão por compromisso moral, ao menos porque experimentam redução de seu crédito e correm riscos de responsabilização.

Ainda refere Champaud que a unidade de gestão econômica que caracteriza os grupos tende a esvaziar de substância a personalidade das sociedades subordinadas, subsistindo a pessoa, intacta em aparência, mas nada muito além da mera aparência[532]. Em casos extremos, submetidas à dominação econômica que anima os grupos, as pessoas jurídicas grupadas assemelham-se a "fantasmas que aparecem e desaparecem" ao sabor do interesse da sociedade de comando[533].

Isso porque a subordinação econômica atinge (*i*) a *autonomia patrimonial*, fundamento da existência da pessoa jurídica, (*ii*) o *interesse social*, que é a sua razão de ser, e (*iii*) os *órgãos sociais*, por meio dos quais a personalidade jurídica se expressa[534]. Esse quadro é especialmente danoso para os credores mais fracos, sobretudo aqueles desprovidos de poder de

530 Petitpierre-Sauvain. *Droit des societés et groupes de sociétés...*, p. 28.

531 Champaud. *Le pouvoir de concentration...*, p. 276.

532 Champaud. *Le pouvoir de concentration...*, p. 274.

533 Champaud. *Le pouvoir de concentration...*, p. 278.

534 Champaud. *Le pouvoir de concentration...*, p. 278.

barganha, pois não podem embutir a taxa de risco no preço do negócio celebrado com a empresa componente do grupo econômico[535-536].

Mas a situação é muito mais complexa e multifacetada do que inicialmente se pode presumir. Isso porque a postura de muitos credores também contribui para esse estado de promiscuidade patrimonial. É o caso das instituições financeiras nacionais e estrangeiras, por exemplo, pródigas em solicitar garantias cruzadas e estabelecer *covenants* e cláusulas contratuais de *cross default*.

Isso sem falar na estruturação, com o assessoramento de bancos de investimento, de sofisticados mecanismos de captação de recursos no exterior por intermédio de sociedades que nada mais são do que meros veículos emissores de títulos (*bonds*), repassadoras de recursos para outras entidades do grupo. Ou seja, a confusão patrimonial nos grupos é problema sério e, algumas vezes, não somente imputável ao devedor.

Toda essa realidade econômica é bastante conhecida e decorre da própria estrutura dos grupos societários. Quanto a isso, é preciso destacar que não há qualquer hipótese de mudança dessa situação, pois o "processo de concentração do poder econômico universal é inelutável e passa, necessariamente, pelo grupo de empresas[537]". Salienta Puig Brutau que a vida do direito está dominada pela falta de correspondência entre os problemas econômicos e as soluções jurídicas[538]. Nesse sentido, adverte Comparato que essa é uma disciplina em que o direito está francamente dissociado da realidade econômica, pois enquanto o fenômeno

[535] Usualmente fornecedores de pequeno e médio porte e os credores por ilícitos extracontratuais, pois os trabalhadores e os consumidores estão protegidos pela Consolidação das Leis Trabalhistas (CLT, 2º, § 2º) e pelo Código de Defesa do Consumidor (CDC, art. 28, §2 º), legislações que anteciparam o problema sobre o qual se está discorrendo. Também estão salvaguardados os chamados *credores profissionais* – geralmente instituições financeiras –, que conseguem incluir no preço da operação a taxa de risco a ela inerente, além de exigir garantias adicionais. Para "credores profissionais" vs. "credores não profissionais" (também designados "credores fortes" e "credores fracos"), ver Salomão Filho. *A sociedade unipessoal...*, p. 157. Domingues. Variações sobre o capital social, p. 162-163; Diniz. Subcapitalização societária, p. 232 e ss.

[536] Munhoz. *Empresa contemporânea...*, p. 141.

[537] Comparato; Salomão Filho. *O poder de controle...*, p. 358.

[538] Puig Brutau, Jose. In: Serick. *Aparencia y realidad...*, p. 318 (comentário do tradutor).

grupal e suas consequências são amplamente conhecidos, o tratamento segue praticamente ignorado[539].

É uma área em que a técnica da personalidade jurídica da sociedade isolada – com o seu corolário da separação patrimonial hígida – encontra-se em grave crise quando considerada diante da realidade grupal, pois o jurista segue "trabalhando com o átomo, sem considerar as moléculas"[540-541]. Trata-se de uma situação em que há um profundo divórcio entre as estruturas jurídicas e a realidade econômica[542], ou simplesmente como expõe Vandekerckhove, tanto do ponto de vista histórico quanto do econômico, a limitação da responsabilidade e os grupos econômicos simplesmente "não dão um bom casamento"[543].

Sofre o direito societário de uma *grave contradição interna*, uma crise sem precedentes[544]. O problema dos grupos, sendo o problema da responsabilidade das sociedades grupadas provavelmente o mais grave entre eles, está entre os grandes e insolúveis problemas do direito societário contemporâneo[545].

Nesse sentido, Engrácia Antunes chega a chamar os grupos societários de "estranhas criaturas do mundo econômico contemporâneo, geradas no ventre geneticamente antimómico do direito societário moderno[546]". Consequência disso é a forte reação jurisprudencial veri-

[539] COMPARATO; SALOMÃO FILHO. *O poder de controle...*, p. 358.

[540] COMPARATO; SALOMÃO FILHO. *O poder de controle...*, p. 358.

[541] Crise, aliás, que já foi amplamente denunciada por LAMARTINE CORRÊA DE OLIVEIRA (OLIVEIRA. *A dupla crise...*).

[542] PETITPIERRE-SAUVAIN. *Droit des societés et groupes de sociétés...*, p. 30.

[543] VANDEKERCKHOVE. *Piercing the corporate veil...*, p. 09.

[544] ANTUNES. Estrutura e responsabilidade..., p. 51.

[545] VANDEKERCKHOVE. *Piercing the corporate veil...*, p. 06. À página 05, explica a autora que a limitação da responsabilidade dos grupos societários é fruto de um acidente histórico. Segundo narra ela, o surgimento dos grupos societários decorreu da autorização, no direito societário, de que uma sociedade participasse do capital de outra (*intercompany stock ownership*), sendo que, nos Estados Unidos, o *intercompany stock ownership* se tornou amplamente aceito a partir de 1889. Daí para diante, essa permissão alterou profundamente as estruturas do direito societário. E, apesar das mudanças estruturais verificadas, os conceitos e os princípios projetados para a sociedade isolada foram automaticamente (e ao que parece, impensadamente) aplicados a essas novas entidades, razão pela qual se sustenta a tese do acidente histórico.

[546] ANTUNES. Estrutura e responsabilidade..., p. 52.

ficada, pela qual resta patente que, em muitas decisões, os magistrados sustentam que a mera existência de grupo implica quase automaticamente a existência de confusão patrimonial, o que, segundo transparece, autoriza o uso da desconsideração como medida corretiva[547].

Mas enquanto o jurista português sustenta que a crise só pode ser debelada com um "regresso às origens" do direito societário, pela qual seria preciso desfazer as atuais contradições da matéria[548], aqui se crê que a adequada constatação do fenômeno da confusão patrimonial no grupo de sociedades e o exame dos possíveis meios de tutelar os credores já ajudam a amenizar os efeitos da crise, também auxiliando os tribunais no enfrentamento das questões que diante deles se põem.

5.2. Constatação

Como já foi dito em várias oportunidades, a constatação da confusão patrimonial ocorre a partir da utilização de uma sistemática fundada na verificação judicial de indícios, que se não forem amplamente rechaçados, podem fazer presumir o abuso da personalidade jurídica. Ressalva seja feita ao que se passa na seara concursal, campo em que a obtenção da prova não é tão difícil em função do princípio da transparência e da atuação do administrador judicial.

5.2.1. Sistemática

Tal como no caso das sociedades isoladas, a constatação da confusão patrimonial nos grupos econômicos é marcada pela dificuldade de prova[549] (em menor medida, na seara concursal). Em razão disso, muito se trabalha em torno de indícios para concluir pela mistura de patrimônios, pois nem sempre é possível alcançar os fatos diretos que a comprovam. Nem todos esses indícios, porém, chegam a caracterizar, por si só, uma hipótese de confusão patrimonial – razão pela qual possuem valor apenas dentro de um contexto probatório contundente.

547 MARGONI. *A desconsideração da personalidade jurídica nos grupos de sociedades...*, p. 153.

548 ANTUNES. Estrutura e responsabilidade..., p. 52.

549 PETITPIERRE-SAUVAIN. *Droit des societés et groupes de sociétés...*, p. 29.

Assim, tal qual a insolvência é o estado jurídico presumido de que o "passivo exigível" de uma pessoa supera o seu "ativo" – hipótese que autoriza a excussão do patrimônio do devedor por concurso de credores (falência ou insolvência civil) –, sustenta-se que a confusão patrimonial é o *estado jurídico presumido* de que os elementos ativos que compõem o patrimônio da sociedade foram desviados da sua função produtiva e acham-se alocados na esfera de outrem, que os utiliza em detrimento do seu titular (em prejuízo da função de produção) e daqueles que com ele negociam (em prejuízo da função de garantia).

Nesse sentido, basta ao credor carrear aos autos indícios concludentes de confusão patrimonial para que, caso não sejam adequadamente refutados, possa-se presumir a ocorrência do abuso da personalidade jurídica.

Abaixo serão examinados os indícios mais recorrentes na jurisprudência, agrupados de acordo com algum critério lógico e didaticamente útil. Deve-se advertir, entretanto, que as classificações, apesar de desejáveis quando do estudo de certos temas, podem se tornar verdadeiramente odiosas, sobretudo quando a matéria não se presta para ser classificada. Como se diz, "não existem classificações certas ou erradas, apenas classificações úteis ou inúteis". Por tudo isso, os indícios serão apresentados sem referência a uma classificação estanque, porém, dentro de uma lógica de semelhança.

5.2.2. Indícios

Como já foi dito várias vezes ao longo deste estudo, a confusão patrimonial é um campo marcado pela dificuldade de os credores obterem as provas necessárias para que possam reivindicar a tutela jurisdicional apta a salvaguardar seus direitos. Por isso, usualmente, trabalha-se com um sistema fundado em indícios, mesmo que as evidências, em muitos casos, sequer consubstanciem atos ilícitos ou casos concretos de mistura de patrimônios. Nada obstante, as hipóteses abaixo elencadas quase sempre são levadas em consideração para a configuração da confusão patrimonial, segundo demonstra-nos o repertório dos tribunais.

São comuns os casos em que os tribunais consideram relevante o fato de que duas pessoas jurídicas possuem sede social no mesmo endereço[550], sedes próximas[551], escritórios administrativos[552] ou estabelecimentos[553] no mesmo endereço, estabelecimentos contíguos, interligados[554] e situações similares, assim como a hipótese de explorarem, em conjunto, um mesmo estabelecimento – "estabelecimentos de uso comum[555]".

A rigor, é preciso salientar que só essa última hipótese pode ser considerada como um caso de mistura de patrimônios, sendo as demais apenas indícios de confusão patrimonial, podendo ser decisivas apenas se consideradas dentro de um contexto probatório mais robusto. Nesse sentido, com muita propriedade já se ponderou que a existência de grupo societário não significa necessariamente a ocorrência de confusão patrimonial, não impressionando o fato de que duas sociedades tenham endereço na mesma rua, pois se trata de situação típica, que se verificada com frequência nos grupos de sociedades[556].

Também são considerados importantes indícios de promiscuidade patrimonial a coincidência de sócios verificada entre pessoas jurídicas

[550] STJ, 1ª Turma, REsp 767.021/RJ, Rel. Min. José Delgado, j. 16/08/2005; TJPR, 14ª Câmara Cível, AI 647777-8, Rel. Des. Guido Döbeli, j. 17/03/2010; TJRS, 6ª Câmara Cível, AI 70027062900, Rela. Desa. Liége Puricelli Pires, j. 19/03/2009; TJRS; 17ª Câmara Cível, AI 70028008498, Rel. Des. Luiz Renato Alves da Silva, j. 23/12/2008; TJSP, Câmara Especial de Falências e Recuperações Judiciais, APC 575.202.4/6, Rel. Des. Elliot Akel, j. 19/11/2008; TJRS, 5ª Câmara Cível, AI 70013241930, Rela. Desa. Ana Maria Nedel Scalzilli, j. 26/05/2006; TJRS, 6ª Câmara Cível, MS 70009860396, Rel. Des. Artur Arnildo Ludwig, j. 15/12/2004; TJRS, 4ª Câmara Cível, APC 588015719, Rel. Des. Vanir Perin, j. 11/05/1988; Decisão proferida pela Corte de Cassação francesa no ano de 1919 e citada por Comparato; Salomão Filho. *O poder de controle...*, p. 498.

[551] TJSP, 15ª Câmara de Direito Privado, AI 990.09.343708-2, Rel. Des. Edgard Jorge Lauand, j. 23/02/2010.

[552] Decisão proferida pela Corte de Poitiers no ano de 1933 e citada em por Comparato; Salomão Filho. *O poder de controle...*, p. 498-499.

[553] Decisão proferida pela Corte de Cassação francesa no ano de 1919 e citada em por Comparato; Salomão Filho. *O poder de controle...*, p. 498.

[554] TJRS, 6ª Câmara Cível, AI 70010089951, Rel. Des. Artur Arnildo Ludwig, j. 16/02/2005.

[555] TJSP, 14ª Câmara de Direito Privado, AI 7354191-0, Rel. Des. Thiago de Siqueira, j. 05/08/2009; Decisão proferida pela Corte de Poitiers no ano de 1933 e citada em por Comparato; Salomão Filho. *O poder de controle...*, p. 498-499.

[556] TJSP, 28ª Câmara de Direito Privado, AI 990.09.313847-6, Rel. Des. Eduardo Sá Pinto Sandeville, j. 16/03/2010.

que se supõe estarem em situação de promiscuidade patrimonial[557], bem como o fato de duas pessoas jurídicas apresentarem sócios com vínculo familiar[558] ou que tenham alguma relação próxima, como amizade, por exemplo, mas jamais se considerados isoladamente, até porque não há nenhuma norma jurídica que vede tais situações. Nesse ponto, é preciso ressalvar que a simples condição de sócio em mais de uma sociedade não implica, necessariamente, a existência de grupo societário, nem de confusão patrimonial, tampouco faz possível, automaticamente, a aplicação da teoria da desconsideração[559].

Da mesma forma, não é decisiva a coincidência entre representantes legais com poderes para gerir a empresa[560], tampouco de administradores[561], embora conjuntamente com outros elementos possam ser relevantes, como de fato foram em muitos casos que se puseram diante dos tribunais.

557 STJ, 3ª Turma, ROMS 12.872/SP, Rela. Mina. Nancy Andrighi, j. 24/06/2002; TJMG, AI 1.0024.05.846233-4/005(1), Rel. Des. Célio César Paduani, j. 31/01/2008; TJRS, 17ª Câmara Cível, AI 70028008498, Rel. Des. Luiz Renato Alves da Silva, j. 23/12/2008; TJRS, 5ª Câmara Cível, AI 70013241930, Rela. Desa. Ana Maria Nedel Scalzilli, j. 26/05/2006; TJRS, 4ª Câmara Cível, APC 588015719, Rel. Des. Vanir Perin, j. 11/05/1988.

558 TJRS, 16ª Câmara Cível, AI 70027929462, Rela. Desa. Ana Maria Nedel Scalzilli, j. 30/04/2009; TJRS, 20ª Câmara Cível, APC 70024047037, Rel. Des. José Aquino Flores de Camargo, j. 15/10/2008; TJRS, 20ª Câmara Cível, APC 70021920178, Rel. Des. Rubem Duarte, j. 04/06/2008; TJRS, 17ª Câmara Cível, AI 70018151886, Rela. Desa. Elaine Harzheim Macedo, j. 08/03/2007; TJRS, 6ª Câmara Cível, AI 70010089951, Rel. Des. Artur Arnildo Ludwig, j. 16/02/2005; TJRS, 6ª Câmara Cível, MS 70009860396, Rel. Des. Artur Arnildo Ludwig, j. 15/12/2004.

559 TJSP, 23ª Câmara de Direito Privado, AI 990.10.067054-9, Rel. Des. Elmano de Oliveira, j. 09/06/2010; TJSP, 28ª Câmara de Direito Privado, AI 990.09.313847-6, Rel. Des. Eduardo Sá Pinto Sandeville, j. 16/03/2010.

560 TJMG, 18ª Câmara Cível, AI 10148.07.047202-9/001(1), Rel. Des. Guilherme Luciano Beata Nunes, j. 16/12/2008; TJRS, 6ª Câmara Cível, AI 70008822314, Rel. Des. Carlos Alberto Alvaro de Oliveira, j. 25/08/2004.

561 STJ, 1ª Turma, REsp 767.021/RJ, Rel. Min. José Delgado, j. 16/08/2005; TJPR, 14ª Câmara Cível, AI 647777-8, Rel. Des. Guido Döbeli, j. 17/03/2010; TJSP, Câmara Especial de Falências e Recuperações Judiciais, APC 575.202.4/6, Rel. Des. Elliot Akel, j. 19/11/2008; TJRS, 4ª Câmara Cível, APC 588015719, Rel. Des. Vanir Perin, j. 11/05/1988; Decisão proferida pela Corte de Poitiers no ano de 1933 e citada em por Comparato; Salomão Filho. *O poder de controle...*, p. 498-499.

Ainda, muitos são os casos em que os tribunais consideram que a *confusão de esferas* é indício importante da mistura de patrimônios. Nessa linha, quando se verifica a utilização de razões sociais ou denominações similares[562]. No mesmo sentido, a promiscuidade no uso de marcas[563], a utilização, por uma sociedade, do nome da outra, para a realização de negócios em seu proveito[564] e a utilização de contratos, documentos em geral, cartas ou impressos com o nome e/ou logomarca de duas pessoas jurídicas[565], inclusive da mesma assinatura de correspondência[566], são elementos que costumam exercer um efeito muito forte sobre os julgadores, muito embora, repita-se, sejam casos de *confusão de esferas*, não exatamente de mistura de patrimônios[567]. E, como foi referido anteriormente, esses indícios tanto podem indicar a existência de um grupo societário de fato como uma *Phoenix company*[568], hipótese de sucessão de empresas com o abandono da endividada.

Por outro lado, a utilização promiscua de bens[569] (maquinários[570], ferramentas[571], utensílios, veículos[572], estoque[573], número de tele-

[562] Decisão proferida pela Corte de Cassação francesa no ano de 1919 e citada em por Comparato; Salomão Filho. *O poder de controle...*, p. 498.

[563] TJSP, 14ª Câmara de Direito Privado, AI 7354191-0, Rel. Des. Thiago de Siqueira, j. 05/08/2009; 18 N. Y. 2d, 414, 223 N. E. 2d 6 (1966), citado por Antunes. Estrutura e responsabilidade..., p. 56-57, nota de rodapé n. 58.

[564] Decisão *Cour de Cassation* proferida no ano de 1970 e citada em por Oliveira. *A dupla crise...*, p. 466.

[565] TJRS, 6ª Câmara Cível, MS 70009860396, Rel. Des. Artur Arnildo Ludwig, j. 15/12/2004; TJRS, 4ª Câmara Cível, APC 588015719, Rel. Des. Vanir Perin, j. 11/05/1988.

[566] Decisão proferida pela Corte de Cassação francesa no ano de 1919 e citada em por Comparato; Salomão Filho. *O poder de controle...*, p. 498.

[567] Lembre-se o que foi dito no Capítulo 3, itens 3.1. e 3.2., *supra*.

[568] Capítulo 4, item 4.1.2., *supra*.

[569] TJRS, 6ª Câmara Cível, AI 70027062900, Rela. Desa. Liége Puricelli Pires, j. 19/03/2009; TJRS, 20ª Câmara Cível, APC 70021920178, Rel. Des. Rubem Duarte, j. 04/06/2008.

[570] TJMG, AI 1.0024.05.846233-4/005(1), Rel. Des. Célio César Paduani, j. 31/01/2008. O mesmo se verificou em decisão do *Bundesgerichtshof* no caso *Autokran*, citada por Calixto Salomão Filho em Comparato; Salomão Filho. *O poder de controle...*, 418.

[571] Decisão proferida pela Corte de Poitiers no ano de 1933 e citada por Comparato; Salomão Filho. *O poder de controle...*, p. 498-499.

[572] Decisão proferida pela Corte de Poitiers no ano de 1933 e citada por Comparato; Salomão Filho. *O poder de controle...*, p. 498-499.

[573] Decisão proferida pela Corte de Poitiers no ano de 1933 e citada por Comparato; Salomão Filho. *O poder de controle...*, p. 498-499.

fone[574], etc.), de direitos e concessões de titularidade de uma pessoa jurídica por outra[575], são hipóteses diretas de mistura de patrimônios.

Da mesma maneira, a utilização promíscua de empregados (empregados de uma empresa prestando serviços em outra) costuma ser encarada como relevante indício da ocorrência do estado de confusão patrimonial[576]. No entanto, "o fato de duas empresas terem sido reconhecidas como integrantes de um grupo econômico para fins de dissídio coletivo perante a Justiça do Trabalho não induz na esfera cível qualquer solidariedade entre elas[577]". Isto é, não é possível tomar como parâmetro a forma como a Justiça do Trabalho interpreta a existência de grupo econômico, visto que demasiadamente aberta.

Igualmente configura hipótese de confusão patrimonial o fato de uma sociedade pagar as contas de outra, sobretudo quando se supõe formarem elas um grupo econômico de fato[578]. De outra banda, é considerado suspeito e, também, um forte indício de confusão patrimonial, a realização de operações triangulares do tipo: "uma empresa compra a matéria-prima, outra fabrica os produtos enquanto uma terceira recebe o dinheiro pela venda dos mesmos"[579].

Por outro lado, os tribunais costumam avaliar muito negativamente a falta de escrituração contábil ou a escrituração evidentemente defeituosa. Com efeito, há casos em que os pretórios consideraram relevante

[574] TJRS, 20ª Câmara Cível, APC 70021920178, Rel. Des. Rubem Duarte, j. 04/06/2008; TJRS, 6ª Câmara Cível, MS 70009860396, Rel. Des. Artur Arnildo Ludwig, j. 15/12/2004; Decisão proferida pela Corte de Cassação francesa no ano de 1919 e citada em por COMPARATO; SALOMÃO FILHO. *O poder de controle...*, p. 498.

[575] Ross v. Pennsylvania Railroad Co, 136 N. J. Law 536, 148 Atl. 741 (1930), citada por COMPARATO; SALOMÃO FILHO. *O poder de controle...*, p. 499.

[576] TJMG, AI 1.0024.05.846233-4/005(1), Rel. Des. Célio César Paduani, j. 31/01/2008; TJRS, 5ª Câmara Cível, AI 70013241930, Rela. Desa. Ana Maria Nedel Scalzilli, j. 26/05/2006; TJRS, 6ª Câmara Cível, MS 70009860396, Rel. Des. Artur Arnildo Ludwig, j. 15/12/2004; 18 N. Y. 2d, 414, 223 N. E. 2d 6 (1966), citado por ANTUNES. Estrutura e responsabilidade..., p. 56-57, nota de rodapé n. 58.

[577] TJSP, 28ª Câmara de Direito Privado, AI 990.09.313847-6, Rel. Des. Eduardo Sá Pinto Sandeville, j. 16/03/2010.

[578] Joseph R. Foard Co. v. State, 100 Ohio Sr. 505, 126 N. E. 881 (1919), citada por COMPARATO; SALOMÃO FILHO. *O poder de controle...*, p. 499.

[579] TJRS, 6ª Câmara Cível, AI 70008822314, Rel. Des. Carlos Alberto Alvaro de Oliveira, j. 25/08/2004.

para a declaração da confusão patrimonial a constatação de que fatos contábeis referentes a uma pessoa jurídica foram lançados na contabilidade de outra (prejuízos da controlada que figuravam, promiscuamente, na conta de resultados da controladora[580]), bem como a simples utilização, por duas sociedades, do mesmo departamento contábil para cuidar das suas escriturações[581]. Evidentemente que essa última hipótese não pode ser considerada, por si só, como um caso de confusão patrimonial, mas como mero indício que só pode apontar para a mistura de patrimônios dentro de um contexto probatório mais amplo e concludente, conjuntamente com outros indícios ou provas.

Ainda, o caso de administradores da sociedade controladora que tratam diretamente com terceiros assuntos concernentes à controlada[582] – como a verificação, em certo caso, de que pedidos de indenização contra a subsidiária eram sempre apresentados a um preposto da sociedade *holding* para exame prévio – já foi considerado indício de confusão patrimonial[583].

Na mesma linha, o oferecimento de garantias do grupo para o recebimento de empréstimos por parte de uma das sociedades grupadas[584], e o controle do caixa de uma sociedade por outra, inclusive pela utilização de instituições financeiras do próprio grupo[585], tanto podem ser tidos como indícios de confusão patrimonial nos grupos societários para o profissional do direito mais exacerbado, como ser encarados como manifestações ordinárias do fenômeno grupal, naturais, portanto, deste tipo de arranjo, como, aliás, já foi referido linhas atrás[586]. E como esse tipo de

[580] Joseph R. Foard Co. v. State, 100 Ohio Sr. 505, 126 N. E. 881 (1919), citada por COMPARATO; SALOMÃO FILHO. *O poder de controle...*, p. 499.

[581] TJSP, Câmara Especial de Falências e Recuperações Judiciais, APC 575.202.4/6, Rel. Des. Elliot Akel, j. 19/11/2008.

[582] Joseph R. Foard Co. v. State, 100 Ohio Sr. 505, 126 N. E. 881 (1919), citada por COMPARATO; SALOMÃO FILHO. *O poder de controle...*, p. 499.

[583] Ross v. Pennsylvania Railroad Co, 136 N. J. Law 536, 148 Atl. 741 (1930), citada por COMPARATO; SALOMÃO FILHO. *O poder de controle...*, p. 499.

[584] PETITPIERRE-SAUVAIN. *Droit des societés et groupes de sociétés...*, p. 17

[585] Decisão do *Bundesgerichtshof* no caso *Autokran*, citada por Calixto Salomão Filho em COMPARATO; SALOMÃO FILHO. *O poder de controle...*, 418.

[586] Vide item 5.1 do Capítulo 5.

manifestação do fenômeno grupal em princípio não constitui ilícito, não pode ser tomada isoladamente como indício de confusão patrimonial[587].

Por outro lado, a doutrina enxerga na comunhão de dirigentes e diretores técnicos, na subordinação, de fato, dos administradores de uma sociedade aos gestores de outra, ou no fato de uma sociedade não ter outros clientes ou outros fornecedores senão uma ou mais sociedades do próprio grupo, entre tantas outras hipóteses, indícios de subordinação

[587] Aliás, a própria Lei das S.A. encara a *unidade econômica* como uma manifestação absolutamente normal do fenômeno dos grupos. Nesse sentido, veja-se o art. 249, que trata das demonstrações consolidadas: *Art. 249. A companhia aberta que tiver mais de 30% (trinta por cento) do valor do seu patrimônio líquido representado por investimentos em sociedades controladas deverá elaborar e divulgar, juntamente com suas demonstrações financeiras, demonstrações consolidadas nos termos do artigo 250. Parágrafo único. A Comissão de Valores Mobiliários poderá expedir normas sobre as sociedades cujas demonstrações devam ser abrangidas na consolidação, e: a) determinar a inclusão de sociedades que, embora não controladas, sejam financeira ou administrativamente dependentes da companhia; b) autorizar, em casos especiais, a exclusão de uma ou mais sociedades controladas.* A esse propósito, vale salientar que a exigência de elaboração de demonstrações consolidadas consubstancia o reconhecimento legal da unidade econômica existente entre as empresas de um mesmo grupo. Salta aos olhos a naturalidade como o assunto é tratado. Nesse sentido, os comentários de José Luiz Bulhões Pedreira, coautor do anteprojeto da Lei das S.A.: "Demonstração financeira consolidada é a que tem por objeto o conjunto de patrimônios de duas ou mais sociedades que formam uma unidade econômica. (...) apresenta informações sobre essas sociedades como se tivessem sido juridicamente fundidas, com a consequente consolidação dos seus patrimônios. A norma do art. 249 da LSA e as normas contábeis que prescrevem à companhia aberta a elaboração de demonstrações consolidadas fundam-se (a) no fato de que o grupo de sociedades cria uma nova unidade econômica e (b) na observação de que para conhecer essa unidade não são suficientes as demonstrações financeiras de cada uma das sociedades que a integram, mas são necessárias também demonstrações consolidadas". E, citando doutrinadores de escol da Ciência Contábil, deixa consignado: "devemos sempre lembrar que as diversas empresas de um mesmo grupo formam um conjunto de atividades econômicas que, muitas vezes, são complementares umas das outras". Ainda destaca, citando abalizada doutrina: "A consolidação de informações financeiras torna-se necessária sempre que uma única entidade econômica é criada pela combinação de negócios de duas ou mais companhias". E finalmente conclui: "(...) a experiência mostra que as sociedades sob controle comum tendem a ser administradas como uma única organização; frequentemente uma sociedade é de tal modo dependente de outra, ou do grupo, que um juízo sobre ela requer, além do conhecimento das suas finanças, informações sobre as finanças do grupo de que é parte, que somente podem ser conhecidas pela agregação das demonstrações financeiras das sociedades que o compõem". Bulhões Pedreira, José Luiz. In: Lamy Filho, Alfredo; Bulhões Pedreira, José Luiz. (Coord.). *Direito das companhias*. Rio de Janeiro: Forense, 2009, p. 1974-1976.

econômica e confusão patrimonial[588]. E, como destacada logo acima, há que se ter muito cuidado ao tomar esses fatos como indícios de confusão patrimonial, pois podem ser simples manifestações do fenômeno grupal, a evidenciar a crise instalada no sistema societário, que permite a *unidade econômica* na *diversidade jurídica*. Portanto, há que se analisar com grande prudência o caso concreto.

A esse propósito, a doutrina norte-americana costuma apresentar "*laundry lists*", relações de evidências, destinadas a auxiliar os tribunais, cujos elementos consistem em fortes indícios de que a controlada funciona como um mero instrumento da controladora, hipótese em que a confusão patrimonial é bastante provável.

Essas *laundry lists* foram criadas a partir da própria jurisprudência e, em maior ou menor grau, seus elementos se aproximam muito dos indícios utilizados pelos tribunais brasileiros e de outros sistemas também, de modo que se pode concluir pela convergência dos sistemas relativamente aos sintomas típicos de uma confusão patrimonial.

Nesse sentido, há a seguinte *laundry list*, segundo a qual a controlada é mero instrumento da controladora quando: (1) a controladora é titular de todas ou quase todas as ações da controlada; (2) a controladora e a controlada possuem membros do conselho de administração e diretores comuns; (3) a subsidiária é financiada pela controladora; (4) a controlada está evidentemente subcapitalizada; (5) a controladora paga os salários e outras despesas e até as perdas da controlada; (6) a controlada possui relações negociais apenas com a controladora; (7) a controlada não possui ativos, exceto aqueles transmitidos pela controladora; (8) nas demonstrações financeiras, documentos e relatórios em geral da controladora, a controlada é descrita como um departamento ou divisão desta, ou o seu negócio e a responsabilidade pelas suas obrigações são descritas como sendo da controladora; (9) a controladora utiliza os ativos da controlada como se seus fossem; (10) os conselheiros e diretores da controlada não agem com independência e no melhor interesse da controlada, mas obedecem ao comando da controladora e agem no seu interesse; (11) as formalidades legais da controlada são usualmente negligenciadas;

[588] CHAMPAUD. Recherche des critères d'appartenance à un groupe..., p. 33. Ver, também, CALAIS-AULOY. Protection des associés et créanciers des groupes de sociétés..., p. 153.

(12) os contratos celebrados entre controladora e controlada não obedecem às condições normais de mercado, geralmente beneficiando aquela às custas desta; (13) a controlada opera sem lucro; (14) a controladora e a controlada consolidam as suas demonstrações financeiras e as declarações de Imposto de Renda; (15) as duas operações são tão integradas – seja em razão de comunhão de recursos, da interatividade das relações ou da direção e supervisão comuns – que elas podem ser consideradas uma só empresa[589].

5.3. Tutela dos credores

Afora a proteção do patrimônio pelo capital social, técnica preventiva já examinada no Capítulo 1, item 1.3, muitas estratégias regulatórias foram aventadas como eventuais soluções para o problema da responsabilidade grupal, desde o reconhecimento de uma pretensa "personalidade jurídica grupal", passando pela abolição ou pela restrição, em maior ou menor grau, da limitação da responsabilidade para alguns casos pontuais (por exemplo, relativamente às subsidiárias integrais[590], nos casos de responsabilidade civil aquiliana[591], créditos trabalhistas[592] e do consu-

[589] Exemplificativamente: Vandekerckhove. *Piercing the corporate veil...*, p. 82. Listas semelhantes também podem ser encontradas, por exemplo, em Clark. *Corporate law...*, p. 72-73, nota de rodapé n. 4; Henn, Harry G.; Alexander, John R. *Laws of corporations and other business enterprises.* 3rd ed. St. Paul: West Group, 1983, p. 355-356; Gevurtz, Franklin. *Corporation law.* St. Paul, Minn: West Group, 2000, p. 77-78.

[590] Cf. Vandekerckhove. *Piercing the corporate veil...*, p. 534-535.

[591] Nos Estados Unidos, os professores Hansmann e Kraakman propuseram a abolição da limitação da responsabilidade nos casos de responsabilidade civil aquiliana tanto para as companhias fechadas quanto para as abertas. Cf. Hansmann, Henry; Kraakman, Reinier. Toward unlimeted shareholder liability for corporate torts. *Yale Law Review*, vol. C, 1991, 1879-1934. Disponível, também, em formato resumido, em Romano, Roberta. *Foundations of corporate law.* New York: Oxford University Press, 1993, p. 75-80.

[592] Relativamente ao crédito trabalhista, a responsabilidade solidária das diversas pessoas jurídicas grupadas (prevista no art. 2º, § 2º, da CLT) decorre de um juízo de ineficiência da limitação da responsabilidade (a proteção ao crédito em questão seria simplesmente mais importante do que a limitação da responsabilidade), como bem expõe Walfrido Warde. Warde Júnior. *Responsabilidade dos sócios...*, p. 289 e ss. Ver, também Vandekerckhove. *Piercing the corporate veil...*, p. 542-543.

midor[593] e violações ao direito da concorrência[594], danos ambientais[595] ou seguridade social[596]) até abordagens de natureza processual, como inversão do ônus da prova em certas circunstâncias[597].

A questão é intrincada porque, como a seguir será analisado, o problema é grave e as soluções insatisfatórias em grande medida. Como salienta Engrácia Antunes, o direito societário tradicional parte de um modelo que pressupõe uma sociedade como uma entidade econômica e juridicamente autônoma, o que de fato não ocorre no seio dos grupos societários[598].

Tal situação gera distorções perigosas, sendo uma das áreas em que o problema é mais evidente aquela relativa ao regime de responsabilidade das sociedades grupadas[599]. Na verdade, a regulação da responsabilidade da empresa plurissocietária é a "pedra de toque" da regulação jurídica dessa forma de organização[600]. É, no dizer de muitos, um dos grandes problemas ainda não resolvidos do direito societário contemporâneo[601].

[593] Da mesma forma, relativamente ao crédito do consumidor, a responsabilidade subsidiária das diversas pessoas jurídicas grupadas (prevista no art. 28, § 2º, do CDC) decorre de um juízo de ineficiência da limitação da responsabilidade, como bem expõe Walfrido Warde. Warde Júnior. *Responsabilidade dos sócios...*, 2007, p. 296 e ss.

[594] Art. 33 da Lei 12.529/11 ("Nova Lei do Cade"). Serão solidariamente responsáveis as empresas ou entidades integrantes de grupo econômico, de fato ou de direito, quando pelo menos uma delas praticar infração à ordem econômica. Art. 36, § 2º. Presume-se posição dominante sempre que uma empresa ou grupo de empresas for capaz de alterar unilateral ou coordenadamente as condições de mercado ou quando controlar 20% (vinte por cento) ou mais do mercado relevante, podendo este percentual ser alterado pelo Cade para setores específicos da economia. Cf., também, Vandekerckhove. *Piercing the corporate veil...*, p. 542-543.

[595] A referência aos grupos, aqui, é indireta: Art. 4º. Poderá ser desconsiderada a pessoa jurídica sempre que sua personalidade for obstáculo ao ressarcimento de prejuízos causados à qualidade do meio ambiente (Lei 9.605/98 – "crimes ambientais").

[596] Art. 30, IX – as empresas que integram grupo econômico de qualquer natureza respondem entre si, solidariamente, pelas obrigações decorrentes desta Lei (Lei 8.212/91 – "seguridade social");

[597] Cf. Vandekerckhove. *Piercing the corporate veil...*07, p. 542-543.

[598] Antunes. Estrutura e responsabilidade..., p. 37.

[599] Antunes. Estrutura e responsabilidade..., p. 37-38.

[600] Antunes. Estrutura e responsabilidade..., p. 38.

[601] Antunes. Estrutura e responsabilidade..., p. 38.

Segundo Engrácia Antunes, o enorme número de disputas judiciais e arbitrais cuja questão central versa sobre a inadequação do regime de responsabilidade da empresa plurissocietária é prova cabal do problema em questão[602]. Observa o autor que só na região metropolitana de Nova Iorque irrompem, por dia, duas ou três ações judiciais em que se contesta a autonomia jurídica das sociedades grupadas e em que se pede a extensão da responsabilidade para outras sociedades do mesmo grupo[603]. E, longe de ser uma questão eminentemente privada, há muitos casos em que fica patente o interesse público na questão, mormente quando estão envolvidos credores involuntários, como os trabalhadores e as vítimas de catástrofes ecológicas, como, por exemplo, o vazamento de 257 mil barris de petróleo do navio Exxon Valdez no Estado do Alasca.

Não bastasse isso, o problema se agrava quando empresas operando em segmentos de mercado arriscados, em razão das elevadas taxas de externalidades socioeconômicas (indústria nuclear, aeronáutica, farmacêutica, biotecnológica, química, transportes, tabaco), utilizam como estratégia de gestão de riscos a constituição de subsidiárias (muitas vezes subcapitalizadas), nelas isolando os chamados "*dirty business*"[604]. E a técnica grupal presta-se a isso[605]. Relativamente ao exposto, há notícias de que a Philip Morris e a Exxon Mobil – aquela para escapar à severa responsabilidade em matéria de proteção ao consumidor, e essa, sobretudo, em atenção aos gravames da responsabilidade ambiental após o caso Exxon Valdez – criaram estruturas societárias como escudo para fugir a eventuais indenizações que pudessem atingir o seu patrimônio[606-607].

602 ANTUNES. Estrutura e responsabilidade..., p. 38.

603 ANTUNES. Estrutura e responsabilidade..., p. 38.

604 ANTUNES. Estrutura e responsabilidade..., p. 39.

605 HANNOUN. *Le droit et les groupes de sociétés*..., p. 159.

606 ANTUNES. Estrutura e responsabilidade..., p. 57, nota n. 61.

607 "Com efeito, construído historicamente sobre o dogma da autonomia societária, o direito societário tradicional não deixa qualquer espaço de dúvida: cada sociedade comercial constitui uma entidade juridicamente autónoma, dotada da sua esfera jurídica activa e passiva própria (personalidade jurídica), não podendo ser imputado aos seus sócios o respectivo passivo social (responsabilidade limitada). Todavia, tornou-se rapidamente ostensivo que a transposição automática e acrítica destes clássicos 'standards' de responsabili-

Aliás, esse estratagema é antigo, bastando lembrar o "caso dos táxis", em que os tribunais norte-americanos tiveram de enfrentar uma situação em que uma empresa titular de uma frota de táxis optou por se fragmentar em uma miríade de empresas constituídas para operar apenas um táxi cada, a fim de isolar os riscos decorrentes da eventual necessidade de indenizar algum passageiro por danos pessoais[608].

Isso tudo leva a um dilema teórico sem precedentes em matéria societária, pondo em risco a própria coerência de um sistema fundado nos dogmas da personalidade jurídica e na limitação da responsabilidade dos sócios, as chamadas "vacas sagradas" do direito das sociedades comerciais[609].

5.3.1. Modelos regulatórios

Não ajuda o fato anteriormente referido de que as soluções regulatórias em nível mundial são todas insatisfatórias em razão de incoerências intrínsecas delas mesmas. Segundo esclarece Engrácia Antunes, são, basicamente, três tipos de modelos regulatórios sobre se uma sociedade grupada pode vir a responder pelas condutas ou dívidas de outra.

Há o "modelo norte-americano", assentado em um esquema do tipo "regra-exceção", cuja ferramenta básica é a aplicação da desconsideração para os casos limites de abuso da personalidade jurídica. Consiste em instrumento de matiz jurisprudencial, carregado de inconsistência e insegurança jurídicas. A grande questão desse modelo está em provar o abuso para justificar a aplicação da medida corretiva. Nesse ponto reside a insegurança. Para Engrácia Antunes, a técnica da desconsideração da personalidade jurídica é remédio corretivo que não resolve o problema sistêmico (não erradica a doença), sendo, portanto, mero paliativo[610].

dade – concebidos que foram primacialmente para o caso da empresa unissocietária ('rectius', para a regulação das relações entre sociedades independentes e os respectivos sócio singulares) – à nova realidade da empresa multissocietária – na qual uma sociedade (mãe) está em condições de controlar a vida e a gestão das sociedades (filhas) em cujo capital participa – conduz inevitavelmente a resultados insatisfatórios, quando não inadmissíveis, impondo-se por isso o desenvolvimento de novos 'standards' jurídicos alternativos. Antunes. Estrutura e responsabilidade..., p. 38.

608 Antunes. Estrutura e responsabilidade..., p. 57, nota n. 58.

609 Antunes. Estrutura e responsabilidade..., p. 39.

610 Antunes. Estrutura e responsabilidade..., p. 41.

Diferentemente, o chamado "modelo europeu" estaria fundado em direito legislado. Apesar de revestir uma estratégia regulatória ainda não adotada – foi objeto de vários projetos de diretivas elaboradas no âmbito da União Europeia (então Mercado Comum Europeu) nas décadas de 1970-80[611] – e de ter sofrido pesadas críticas, apresenta-se como interessante contraponto que merece ser examinado justamente pela antítese que representa ao modelo norte-americano. Nesse modelo, a sociedade dominante responde pelas dívidas das sociedades dominadas em razão de que a primeira controla a vida e a gestão das últimas, formando assim uma empresa unitária, respondendo a controladora ilimitadamente[612].

Mas esse esquema também possui seus pontos fracos. Se por um lado garante-se a responsabilidade da sociedade dominante do grupo, por outro a insegurança desloca-se para a necessidade de conceituar e constatar, no caso concreto, a existência do grupo[613], sobretudo se levados em conta os inúmeros mecanismos de controle existentes[614]. Ademais, o modelo em exame impõe uma solução uniforme para todos os tipos de grupos societários, sem levar em consideração que existem grupos em que o controle é tênue ou até mesmo insignificante e não chega a causar problemas de confusão patrimonial e prejuízo aos credores em função da estrutura grupal[615].

Finalmente, há o "modelo alemão", consubstanciado no dualismo "grupo de direito-grupo de fato". Esse modelo regulatório cria um regime jurídico de exceção (*grupos de direito*), no qual se podem derrogar os cânones do direito societário em prol do interesse grupal, mediante o estabelecimento de contrapartidas destinadas a proteger os credores das sociedades dominadas (e também os minoritários) por meio do dever de cobertura das perdas e, em certos casos, de uma responsabilidade ili-

[611] Adotado no projeto de sociedade anônima européia (*societas europeae*) de 1970, acabou sendo suprimido quando da sua aprovação em 2001 (Regulamento 2.157/2001).

[612] ANTUNES. Estrutura e responsabilidade..., p. 43.

[613] ANTUNES. Estrutura e responsabilidade..., p. 43.

[614] Participações societárias diretas, acordos parassociais, simples identidade de controladores, identidades de administradores, relações contratuais, etc. Cf. ANTUNES, José Engrácia. Estrutura e responsabilidade da empresa: o moderno paradoxo regulatório. *Revista Direito GV*, v. 1, n. 2, p. 29-68, 2005, p. 36-37. Sobre o controle não societário, ver MACEDO. *Controle não societário...*; e COMPARATO; SALOMÃO FILHO. *O poder de controle...*, p. 89-103.

[615] ANTUNES. Estrutura e responsabilidade..., p. 43-44 e 49.

mitada pelas dívidas sociais, ao lado do regime dos *grupos de fato*, no qual imperariam os princípios normais de direito societário.

Tal sistema, no entanto, não vingou na Alemanha[616] – muito menos no Brasil[617], onde sequer foi previsto o sistema de compensações em favor dos credores –, porque, ao criar dois regimes de responsabilidade, um mais gravoso do que o outro, cuja integração a um ou a outro dependia de simples preenchimento de uma formalidade legal (celebração do contrato de domínio / convenção de grupo), o modelo alemão criou inafastável incentivo ao abandono do mais severo do ponto de vista da responsabilidade[618]. Não por outra razão, são poucos os grupos de direito no Brasil, fenômeno que se repete com aproximada intensidade também na Alemanha, como referido.

Nenhum desses modelos consegue dar uma resposta satisfatória à tensão paradoxal entre *unidade* e *diversidade*. Essa tensão, segundo esclarece Engrácia Antunes, deve ser entendida como resultado da contradição interna do próprio direito societário, ramo do direito assentado no princípio da autonomia societária, mas que admite a formação dos grupos, entidades que rompem com os dogmas relacionados à autonomia e à unidade jurídica[619].

5.3.2. Proposições doutrinárias

Admitidas as insuficiências do sistema, cuja crise já foi sentida em terras pátrias há tempos[620], é imperioso testar algumas soluções pretensamente aptas a remediar o problema, para, depois, apresentar a solução

[616] Cf. Wiedemann, Herbert. The german experience with the law of affiliated enterprises. In: Hopt, Klaus. *Groups of companies in european laws*. Berlin: Walter de Gruyter, 1982, p. 21-44.

[617] Segundo Roberta Prado, no Brasil, o número de grupos societários de direito não teria chegado a 30 (Cf. Prado. *Conflito de interesses nos grupos societário...*, p. 69). No entanto, dados recentemente levantados por Daniel Vio dão conta de que o número de grupos de direito no Brasil é um pouco maior: 428 (Secretaria da Receita Federal, Protocolo de solicitação n. 16853.007164/2012-17 / banco de dados DW/CNPJ no dia 02/10/12). Cf. Vio, Daniel de Avila. *Grupos societários*: ensaio sobre os grupos de subordinação, de direito e de fato, no direito societário brasileiro. São Paulo: Quartier Latin, 2016.

[618] Antunes. Estrutura e responsabilidade..., p. 45-47.

[619] Antunes. Estrutura e responsabilidade..., p. 48 e 50.

[620] Cf. Oliveira. *A dupla crise...*, p. 568 e ss.

aqui aventada quanto à melhor técnica de tutela dos credores no sistema jurídico posto.

Alguns autores propõem considerar o grupo como um sujeito de direito, personificando-o, a fim de estabelecer a noção de *dívida de grupo*[621]. Outros propõem estabelecer uma solidariedade passiva considerada como um corolário jurídico da sua dependência econômica. Esta é a solução defendida, por exemplo, por Champaud[622]. Seria o caso de reconhecer uma responsabilidade fundada no risco, não na culpa[623]. Uma responsabilidade como corolário jurídico da dependência econômica[624].

A crítica que se pode fazer a esse tipo de solução é a mesma já aventada por Engrácia Antunes relativamente ao modelo regulatório europeu: afora a insegurança quando se trata de verificar, no caso concreto, a existência de um grupo, sobretudo em razão da existência de inúmeros mecanismos de controle não societário[625], não é possível tomar o grupo como um fenômeno unitário, uma vez que existem grupos em que o controle não chega a influenciar a estrutura patrimonial da sociedade, de modo a criar uma situação de mistura de patrimônios[626].

Assim, caso esse entendimento fosse amplamente aceito, inclusive pelos tribunais, as empresas poderiam ser levadas a adotar estruturas economicamente ineficientes para fugir à responsabilidade grupal. Isso sem falar que tal entendimento pode acabar por criar proteção excessiva aos credores, pecando pelo excesso, paradoxalmente instituindo um sistema em que os credores das sociedades grupadas possuam mais direitos do que os credores das sociedades isoladas[627].

[621] Para Engrácia Antunes, a personificação do grupo acaba por eliminar o próprio grupo. Se fosse adotada como estratégia regulatória, acabaria por determinar uma fusão *ex lege* das sociedades grupadas, as quais passariam a formar uma suprassociedade personificada, eliminando as vantagens legítimas da própria estrutura grupal. Antunes. *Os grupos de sociedades...*, p. 128-130.

[622] Champaud. Les méthodes de groupement des sociétés..., p. 1022-1023.

[623] Champaud. Les méthodes de groupement des sociétés..., p. 1023.

[624] Petitpierre-Sauvain. *Droit des societés et groupes de sociétés...*, p. 30.

[625] Sobre o controle não societário, faz-se novamente a referência às seguintes obras: Macedo. *Controle não societário...*; e Comparato; Salomão Filho. *O poder de controle...*, p. 89-103.

[626] Antunes. Estrutura e responsabilidade..., p. 36-37, 43-44 e 49.

[627] Antunes. Estrutura e responsabilidade..., p. 44.

Comparato critica acidamente o direito brasileiro posto. Para o jurista, a Lei das S.A. ignora, quase que por completo, a questão da responsabilidade do grupo perante terceiros credores, porque o sistema de proteção da Lei das Companhias abraça apenas os sócios minoritários, sendo completamente omisso quanto se trata de garantir o direito dos credores das sociedades grupadas, inclusive no que concerne à subsidiária integral[628]. Questiona: "não haverá, aí, porventura, nenhum risco de confusão patrimonial a temer, suscetível de prejudicar terceiros?"[629]. "A sociedade controladora, que já não tem acionistas minoritários para fiscalizar a sua atividade, não deve nunca ser envolvida na falência da controlada, simples departamento do grupo?"[630-631]

Os autores do anteprojeto de Lei das S.A., Lamy Filho e Bulhões Pedreira esclarecem que não foi criada "a responsabilidade solidária presumida das sociedades do mesmo grupo, que continuam a ser patrimônios distintos, como unidades diversas de responsabilidade e risco, pois a experiência mostra que o credor, em geral, obtém a proteção dos seus direitos pela via contratual, e exigirá a solidariedade quando o desejar. Ademais, tal solidariedade, se estabelecida em lei, transformaria as sociedades grupadas em departamentos da mesma sociedade, descaracterizando o grupo, na sua natureza de associação de sociedades com personalidade e patrimônio distintos[632]".

Comparato considera totalmente inconveniente essa explicação. Em primeiro lugar, porque os credores que logram obter garantias geralmente são as instituições financeiras. Muito raramente os fornecedores, sobretudo os mais fracos, vendem com garantia. São justamente estes

[628] Comparato; Salomão Filho. *O poder de controle...*, p. 501-502.

[629] Comparato; Salomão Filho. *O poder de controle...*, p. 502.

[630] Comparato; Salomão Filho. *O poder de controle...*, p. 502.

[631] Segundo Comparato, "O dilema do direito tradicional é, pois, muito claro: ou se aplicam, rigidamente, as normas editadas para o funcionamento de uma sociedade isolada, tornando ilegal e abusiva essa confusão patrimonial, e condenando, portanto, o grupo econômico a uma vida à margem da ordem jurídica; ou, ao contrário, suspende-se, completamente, a aplicação dessas normas, e, em consequência, os interesses, tanto dos não controladores quanto dos terceiros credores, ficam ao desamparo". "A fuga a esse dilema consiste na criação do direito dos grupos econômicos, como sistema complementar do direito societário tradicional". Comparato; Salomão Filho. *O poder de controle...*, p. 500.

[632] Lamy Filho; Pedreira. *A Lei das S.A....*, p. 258.

que, no momento da falência da sociedade devedora, formam a "legião dos quirografários", amplamente desamparados[633-634].

Diante de tal situação e da necessidade de criar um arcabouço teórico apto a tutelar o interesse dos credores, parece importante investigar a hipótese de se as relações grupais não dariam origem a verdadeiras sociedades em comum (inclusive quando assentadas em controle externo – chamado "controle não societário"), quando, então, o remédio seria a simples imputação de responsabilidade solidária e ilimitada aos sócios (neste caso, as sociedades componentes do grupo), dispensando-se, portanto, a técnica corretiva geralmente empregada no direito brasileiro, a teoria da desconsideração da personalidade jurídica. Lamartine Correia de Oliveira lembra que na Itália e na França a teoria da sociedade de fato para os grupos societários granjeou certa aceitação[635].

Isto porque parece possível a formação de outra sociedade entre duas ou mais sociedades regularmente constituídas quando essas operam de tal forma que fica patente uma atuação consertada de caráter societário. Nesse sentido, para Noé Azevedo é perfeitamente possível ser feita a prova da transformação de uma sociedade regular em sociedade de fato, pela inclusão de novos sócios, assim como também é possível que uma sociedade regularmente constituída conserve a sua personalidade própria, mas que "entre em relações de tal natureza com terceiros que chegue a formar com estes uma outra sociedade, que, não sendo regularizada, há de ser considerada como sociedade de fato"[636].

Nessa linha, para Comparato, "o grupo econômico constitui, em si mesmo, uma sociedade". Isso porque "os três elementos fundamentais de toda relação societária – a saber, a contribuição individual com esforços ou recursos, a atividade para lograr fins comuns e a participação em lucros ou prejuízos – encontram-se em todo grupo[637]", "nada impor-

633 Comparato; Salomão Filho. *O poder de controle...*, p. 502-503.

634 O paradoxo se torna ainda mais evidente quando, a par da insolvência de uma controlada, as demais empresas do grupo apresentam forte saúde financeira.

635 Oliveira. *A dupla crise...*, p. 485-486.

636 Azevedo, Noé. *Das sociedades irregulares e sua prova*. São Paulo: Empreza Graphica da Revista dos Tribunaes, 1930, p. 21.

637 Comparato; Salomão Filho. *O poder de controle...*, p. 360 e 502. Na mesma linha, Gonçalves Neto, Alfredo de Assis. *Lições de Direito Societário*, vol. II. São Paulo: Juarez de Oliveira, 2005, p. 327. Os próprios autores do anteprojeto da Lei das S.A. afirmam ser o grupo

tando o reconhecimento, ou não, de sua personalidade jurídica[638]". Assim, os grupos seriam sociedades de sociedades, e uma vez exaurido o patrimônio de uma das sociedades grupadas, seria possível atingir o patrimônio das demais, sócias desta[639].

Tal solução poderia ser adequada decorrência da "unidade de direção e da intercomunicação patrimonial[640]". Explica Comparato que "(o) reconhecimento legal do grupo, mesmo não personalizado, demanda, pois, o estabelecimento de mecanismos jurídicos de adequada compensação dos interesses dos particulares, que essa intercomunicação patrimonial, sob direção unitária, é suscetível de lesar[641]".

A doutrina francesa, a par da proteção insatisfatória conferida por aquele ordenamento jurídico aos credores de sociedades grupadas, lembra que alguns tribunais invocam a ocorrência de *sociedade de fato* na medida em que as sociedades de um mesmo grupo passam a agir de tal maneira a formar uma nova sociedade[642]. E, se por um lado, os grupos de direito possuem enquadramento jurídico típico, de que forma se pode qualificar os grupos de fato senão como verdadeiras sociedades em comum?

A nosso ver, é irrespondível a observação de Wiedemann, para quem não pode haver sociedade onde existe subordinação[643]. Para o jurista alemão, o controle exercido pela sociedade de comando faz a controlada

de empresas uma "sociedade de sociedades". Cf. Lamy Filho; Pedreira. *A Lei das S.A....*, p. 167 e 257.

638 Comparato; Salomão Filho. *O poder de controle...*, p. 502; Na mesma linha, Gonçalves Neto. *Lições de direito societário...*, p. 327. Os próprios autores do anteprojeto de Lei das S.A., que negam veementemente a possibilidade de existência de solidariedade entre as sociedades grupadas, fazem a seguinte observação: "o grupo são sociedades associadas a caminho da integração, que se opera mediante incorporação ou fusão; mas, até lá, as sociedades grupadas conservam a sua personalidade jurídica, e podem voltar à plenitude da vida societária, desligando-se do grupo" Lamy Filho; Pedreira. *A Lei das S.A...*, p. 257-258.

639 Comparato; Salomão Filho. *O poder de controle...*, p. 502. Na obra *Direito Empresarial – Estudos e Pareceres*, Saraiva, 1990, p. 313, Comparato sustenta que nos grupos de direito haveria uma sociedade de direito, e nos de fato haveria uma sociedade de fato.

640 Comparato; Salomão Filho. *O poder de controle...*, p. 360.

641 Comparato; Salomão Filho. *O poder de controle...*, p. 360.

642 Calais-Auloy. Protection des associés et créanciers des grupes de sociétés..., p. 153-154.

643 Wiedemann. Excerto do Direito Societário I..., p. 73.

cair em tal situação de dependência e sujeição de forma que a relação entre elas mais se assemelha a uma relação trabalhista[644].

Obviamente, tal se aplica apenas ao grupo de subordinação, não sendo de se excluir a possibilidade de o grupo de coordenação ser considerado uma sociedade. Na verdade, o grupo de coordenação é, sim, uma sociedade. Se for constituído na forma dos arts. 278 e 279 da Lei das S.A., apresentará forma típica (consórcio) e a responsabilidade das sociedades será aquela prevista em lei[645]. Nesse sentido, o contrato de consórcio e suas alterações serão arquivados no registro do comércio do lugar da sua sede, devendo a certidão do arquivamento ser publicada (art. 279, parágrafo único, da Lei das S.A.).

No entanto, caso não sejam observadas as formalidades legalmente previstas para a constituição regular do consórcio e se duas ou mais sociedades passarem a atuar como se consorciadas fossem, não está excluída a possibilidade de se lhes considerarem uma sociedade de fato, ou sociedade em comum na terminologia do novo Código Civil[646].

Uma vez estabelecido que os grupos de subordinação – esclareça-se: a esmagadora maioria dos grupos no Brasil – não são sociedades em

644 Wiedemann. Excerto do Direito Societário I..., p. 73.

645 Art. 278. As companhias e quaisquer outras sociedades, sob o mesmo controle ou não, podem constituir consórcio para executar determinado empreendimento, observado o disposto neste Capítulo. § 1º O consórcio não tem personalidade jurídica e as consorciadas somente se obrigam nas condições previstas no respectivo contrato, respondendo cada uma por suas obrigações, sem presunção de solidariedade. § 2º A falência de uma consorciada não se estende às demais, subsistindo o consórcio com as outras contratantes; os créditos que porventura tiver a falida serão apurados e pagos na forma prevista no contrato de consórcio. No âmbito do direito do consumidor, as sociedades consorciadas são solidariamente responsáveis pelas obrigações decorrentes do Código de Defesa do Consumidor (art. 28, § 3º).

646 É interessante observar que o consórcio pode não ter fins lucrativos, podendo ser constituído para fins de pesquisa tecnológica, prospecção de mercados, prestação de serviços não remunerados às empresas consorciadas. Nesse caso, pela falta do elemento economicidade, o contrato não poderá ser considerado uma sociedade (cujo objetivo é sempre econômico, lucrativo), mas, sim, uma associação. Comparato. Os grupos societários..., p, 209. E se as empresas consorciadas não seguirem os requisitos legalmente estipulados para a constituição de um "consórcio regular", ter-se-á uma associação de fato (associação não registrada), infelizmente não regulada no direito brasileiro. Sobre a sociedade em comum, as referências são: França. *A sociedade em comum...*; Féres, Marcelo Andrade. *Sociedade em comum*: disciplina jurídica e institutos afins. São Paulo: Saraiva, 2011.

comum, a técnica de proteção dos credores haverá de ser outra. A esse propósito, é importante lembrar que, relativamente aos credores trabalhistas e aqueles decorrentes de relação de consumo das sociedades grupadas, já há normas que os protegem no direito brasileiro (art. 2º, § 2º, da CLT, e art. 28, § 2º, do CDC). Restaria em aberto criar condições para proteger os demais credores.

Comparato sustenta que a insolvabilidade de uma sociedade de grupo – de fato ou de direito – deveria acarretar a responsabilidade subsidiária da sociedade controladora. Caberia à sociedade que se quer responsabilizar o ônus de provar que não há subordinação e, tampouco, confusão patrimonial a justificar a medida[647]. Mais do que uma questão de direito, tal responsabilidade consistiria em uma questão de ética[648]. Como salienta Salomão Filho, a necessidade de tutela adequada dos credores das sociedades grupadas é inegável[649]. "O que se pretende, em suma, tanto na companhia isolada como no grupo econômico, é simplesmente adequar o direito à realidade econômica, considerando a personalidade jurídica em sua verdadeira dimensão, isto é, como técnica, meramente relativa, de separação de patrimônios, e não como entidade metafísica de valor absoluto[650]".

Todavia, a gravidade das proposições recomenda cautela. Há que se divisar bem as situações. Em primeiro lugar, o simples exercício do poder de controle não consubstancia, por si só, qualquer ilicitude e não pode ser tomado como justificativa para a responsabilização da controladora – muito menos para justificar a extensão dos efeitos da falência. O controle é um fenômeno lícito, típico e reconhecido na Lei das Sociedades Anônimas (art. 116). Tanto que, em contraposição, o controle abusivo é objeto de regulação (art. 117).

Ademais, como já foi dito e hoje resta consignado expressamente no Código Civil: "A mera existência de grupo econômico sem a presença dos requisitos" da desconsideração "não autoriza a desconsideração da personalidade da pessoa jurídica" (CC, art. 50, § 4º).

647 Comparato; Salomão Filho. *O poder de controle...*, p. 503.

648 Comparato; Salomão Filho. *O poder de controle...*, p. 503.

649 Comparato; Salomão Filho. *O poder de controle...*, p. 504.

650 Comparato; Salomão Filho. *O poder de controle...*, p. 510.

Quanto à prova da confusão patrimonial, cabe ao administrador judicial da falida (ou a qualquer outro interessado) apresentar indícios minimamente razoáveis de que a promiscuidade tenha ocorrido. Só assim é possível fazer recair sobre a controladora o ônus de provar que não houve confusão patrimonial. Quando se trata de responsabilizar alguém pela dívida de outrem, o mínimo que se pode esperar é prudência e moderação. A esse respeito, vale lembrar uma máxima que, por muitos, é esquecida: "a fraude e o ilícito não se presumem, se provam".

5.3.3. Tratamento jurisprudencial

A jurisprudência adota diferentes soluções para lidar com o problema da confusão patrimonial nos grupos societários. Todas, em maior ou menor grau, apresentam "efeito desconsiderante". Serão examinados a problemática e os caminhos encontrados pelos tribunais, tomando o cuidado de separar a abordagem em três principais situações: (*i*) a desconsideração na execução singular, (*ii*) a extensão dos efeitos da falência e (*iii*) a consolidação substancial na recuperação judicial.

Evidente que as questões relacionadas à confusão patrimonial em contexto de grupos não se esgotam nessas três hipóteses. De qualquer forma, são aquelas que parecem mais controvertidas e recorrentes, daí porque a opção em examiná-las mais detalhadamente.

5.3.3.1. Desconsideração na execução singular

O remédio corretivo mais utilizado na jurisprudência para debelar o problema da confusão patrimonial nos grupos de sociedades é a teoria da desconsideração da personalidade jurídica.

Já foi salientada a necessidade de mecanismos de tutela preventiva e repressiva para lidar com os problemas relacionados à estrutura organizativa dos grupos[651]. Como visto, a tutela preventiva cabe ao capital social. Contudo, reconhecida a insuficiência do sistema preventivo, cuja crise já foi denunciada pela doutrina[652], e diante da aparente impossibilidade de solucioná-la (inclusive pela fracassada experiência do direito comparado), torna-se cada vez mais importante refinar a principal fer-

[651] TOMBARI. *Diritto dei gruppi...*, p. 03-04.

[652] OLIVEIRA. *A dupla crise...*, p. 568 e ss.

ramenta de tutela repressiva disponível: a teoria da desconsideração (ainda que o remédio não resolva a fonte dos problemas).

Assim, na impossibilidade de estabelecer uma responsabilidade ilimitada da controladora pelas dívidas das controladas, a confusão patrimonial parece a melhor opção para superar a limitação da responsabilidade via aplicação da teoria da desconsideração (art. 50 do Código Civil), desde que a ferramenta possa ser devidamente operacionalizada.

Como já exposto, a principal ameaça para os credores é a permeabilidade patrimonial que usualmente acompanha a direção unitária. A doutrina já denunciou os casos cuja autonomia patrimonial mais parece uma ficção jurídica[653]. A questão é: como provar a confusão patrimonial para fins de aplicação da *disregard*?

É importante destacar que os credores de uma sociedade grupada não submetida a concurso estão em evidente situação de inferioridade probatória, em razão de que dispõem de um limitado acesso às informações que poderiam fundamentar o pedido de desconsideração[654]. Em oposição, a sociedade controladora goza das informações, ou facilmente pode obtê-las, capazes de comprovar que a situação patrimonial existente entre ela e suas controladas não caracteriza uma confusão patrimonial[655].

Justamente por isso é o caso de utilizar a clássica técnica da *inversão do ônus da prova* para fazer recair sobre os ombros da parte que detém as melhores condições de carrear aos autos os elementos probatórios necessários para o deslinde da ação[656]. Nesse caso, na linha do que se vinha sustentando desde o Capítulo 3 (item 3.3), verificados judicialmente indícios suficientemente robustos de promiscuidade entre patrimônios[657], é viável presumir que a situação de insuficiência patrimonial decorra de um estado de confusão patrimonial.

Trata-se, porém, de *presunção relativa*, pois permanece sempre possível para os interessados comprovar que o patrimônio social foi respeitado e que as perdas tiveram origem em operações normais da

653 Champaud. *Le pouvoir de concentration...*, p. 276.

654 Vandekerckhove. *Piercing the corporate veil...*, p. 540.

655 Vandekerckhove. *Piercing the corporate veil...*, p. 540.

656 Vandekerckhove. *Piercing the corporate veil...*, p. 540.

657 Veja-se, nesse sentido, o item 4.2.2 deste capítulo.

sociedade. Ou seja, cabe aos interessados "abrir a contabilidade" da sociedade e demonstrar de onde vieram as perdas que resultaram na sua ruína financeira (espécie de "ônus de esclarecimento"). Em resumo, como o caso é de presunção relativa, ocorre mera inversão do ônus da prova.

Mas, caso não sejam prestados os esclarecimentos ou sendo eles insuficientes, os fatos alegados são reputados provados. Trabalha-se, portanto, com um sistema fundado naquilo que a doutrina processualística costuma designar *verdade formal*, à semelhança do sistema falimentar.

Wandekerckhove salienta que as cortes europeias têm frequentemente considerado que as estruturas grupais, a sua organização e as relações internas dos grupos não são suficientemente transparentes para o "mundo de fora" e, por isso, os credores devem receber auxílio para que possam postular seus direitos[658].

E, apesar de que a inversão do ônus da prova para os casos de responsabilidade grupal opera como um instrumento *corretivo* do abuso da personalidade jurídica, a autora salienta que essa técnica pode revelar, inclusive, um efeito *preventivo*, caso a inversão se torne corriqueira nos tribunais nos casos em questão, pois as sociedades grupadas serão induzidas a manter registros mais adequados e acurados concernentes às relações internas e ao controle exercido[659].

Além disso, não se descarta sequer a hipótese de uma redução na promiscuidade patrimonial intrassocietária, ou, ao menos, mesmo que ela siga ocorrendo, de uma diminuição dos casos em que a técnica grupal é utilizada como escudo para a prática de condutas fraudulentas.

5.3.3.2. Extensão dos efeitos da falência

O problema da confusão patrimonial se acirra na seara concursal, razão pela qual merecem exame destacado as principais construções jurisprudenciais destinadas a lidar com essa temática: a extensão dos efeitos da falência e a consolidação substancial das sociedades grupadas na recuperação judicial.

Observa-se, inicialmente, que os tribunais, em matéria falimentar, têm, frequentemente, determinado a arrecadação de bens de outras

658 VANDEKERCKHOVE. *Piercing the corporate veil...*, p. 541.

659 VANDEKERCKHOVE. *Piercing the corporate veil...*, p. 542.

sociedades quando verificada a confusão patrimonial. Vale destacar que o alcance ordinário da arrecadação consiste na apreensão judicial dos bens do falido ou da sociedade falida e, eventualmente, dos sócios de responsabilidade ilimitada. Em contraposição a essa hipótese, utilizar-se-á a expressão "alcance extraordinário" para designar uma situação excepcional, porém, comum na prática, que se consubstancia na apreensão judicial de bens que não pertencem formalmente nem ao falido, nem tampouco aos sócios de responsabilidade ilimitada[660]. São os casos de aplicação da teoria da desconsideração da personalidade jurídica.

Como salienta Bertoldi: "Caberá também a arrecadação dos bens do sócio que tenha contra si a declaração de desconsideração da personalidade jurídica, nos termos do art. 50 do Código Civil, bem como contra a sociedade pertencente ao mesmo grupo empresarial diante da qual se estendam os efeitos da falência[661]".

Independentemente de qualquer consideração inicial que se possa fazer quanto à pertinência e à adequação do remédio utilizado no contexto em questão – registre-se que o tema é polêmico[662] –, o exame da jurisprudência revela duas situações típicas nas quais se utiliza a teoria da desconsideração para determinar a arrecadação de bens que formalmente não sejam de titularidade do falido. Chamar-se-á essas hipóteses, para efeito de simplificação, de (*i*) "desconsideração pontual" e (*ii*) "desconsideração extensiva".

A primeira hipótese, designada "desconsideração pontual", consiste na ineficácia episódica da personalidade jurídica para que um deter-

660 São hipóteses em que a arrecadação atinge bens que não são do falido, mas, diferentemente dos bens objeto de pedido de restituição, estes vão, sim, compor a massa falida objetiva para o atendimento dos credores.

661 Bertoldi, Marcelo. Seção VII: Da arrecadação e da custódia dos bens: arts. 108-110. In: Corrêa-Lima, Osmar Brina; Corrêa Lima, Sérgio Mourão. *Comentários à Nova Lei de Falência e Recuperação de Empresas*. Rio de Janeiro: Forense, 2009, p. 817.

662 A propósito do assunto, há críticas contundentes da doutrina quanto ao uso descontrolado da teoria da desconsideração para estender os efeitos da falência e a consequente arrecadação extensiva sobre os bens de outras sociedades, como, por exemplo, a de Leães, Luiz Gastão Paes de Barros. Desconsideração da personalidade jurídica. In: *Pareceres*, vol. I. São Paulo: Singular, 2004, p. 371-383. Ver, ainda, Barbi Filho, Celso. *Ilegalidade da arrecadação dos bens da sociedade controlada na falência de sua controladora. Revista de Direito Mercantil Industrial, Financeiro e Econômico*, São Paulo, n. 116, p. 211-214, out./dez. 1999; Margoni. *A desconsideração da personalidade jurídica nos grupos de sociedades...*, p. 156 e ss.

minado bem, geralmente subtraído do patrimônio da sociedade falida fraudulentamente, seja reintegrado ao patrimônio desta ou, melhor, ao conjunto de bens que compõem a massa falida objetiva. Neste caso, a desconsideração possui a eficácia de uma ação revocatória falencial[663]. Aqui há desvio patrimonial, não confusão patrimonial.

A segunda hipótese, chamada, para efeito didático, de "desconsideração extensiva", está consubstanciada no caso de extensão dos efeitos da falência em direção de outras sociedades, geralmente integrantes de um grupo de fato ou que estejam em situação de confusão patrimonial, resultando na quebra de todas (extensão dos efeitos da falência) e, por via de consequência, na arrecadação dos seus patrimônios[664].

[663] Exemplificativamente: STJ, 4ª Turma, REsp 418.385/SP, Rel. Min. Aldir Passarinho Júnior, j. 03/09/2007. No caso em comento, narra o desembargador Paulo F. C. Salles de Toledo, relator do acórdão que foi reproduzido pelo egrégio STJ, que "próximo ao termo legal da falência da Barnet Indústria e Comércio S.A., a empresa transferiu, por meio de dações em pagamento, bens imóveis de sua propriedade, de alto valor, para as filhas, Paola e Marie, de seu controlador, Ricardo Mansur. Eram elas acionistas da companhia, tendo vendido à própria empresa suas participações acionárias. Esses bens foram conferidos à Market Consultoria em Leilões S. C. Ltda., para formação de seu capital social. A seguir, as duas irmãs, que nunca participaram da gestão das referidas sociedades hipotecaram esses imóveis à H. I. C. Hermann Beteiligungsgesellschaft m. b. H. Brasil Ltda., empresa gerida por pessoa ligada a Ricardo Mansur, em garantia de uma dívida da hoje falida Barnet. Estes os fatos, comprovados por depoimentos pessoais (...) prestados no Juízo da falência, e corroborados pelos documentos de fl. (...). Esses fatos foram levados pelo d. Síndico ao conhecimento do d. Juízo de falência, como pretensão cautelar incidente, com o pedido de desconsideração das personalidades jurídicas da Market e da Hermann, e conseqüente arrecadação dos bens indicados (cf. f. 24/31). O MM. Juiz a quo deferiu o pleito (...). Indaga-se neste recurso, precipuamente, se isto poderia ser feito nos autos da falência, ou se demandaria um específico processo de conhecimento". Entendeu o TJSP que sim, determinando a arrecadação dos bens. Em sede recursal, o STJ, em acórdão de relatoria do Min. Aldir Passarinho Júnior, considerou adequada a desconsideração da personalidade jurídica decretada incidentalmente na ação falimentar, permitindo a arrecadação dos bens e dispensando a revocatória falencial para tal fim.

[664] Exemplificativamente: STJ, 3ª Turma, RMS 16.105/GO, Rela. Mina. Nancy Andrighi, j. 19/08/2003. Segundo consta da ementa do referido acórdão "Caracterizada a confusão patrimonial entre sociedades formalmente distintas, é legitima a desconsideração da personalidade jurídica da falida para que os efeitos do decreto falencial alcancem as demais sociedades envolvidas". Ver, também: STJ, 3ª Turma, REsp 1.259.018/SP, Rela. Mina. Nancy Andrighi, j. 09/08/2011; STJ, 3ª Turma, REsp 921.596/PR, Rel. Min. Humberto Gomes de Barros, j. 12/02/2008; STJ, 3ª Turma, REsp 228.357/SP, Rel. Min. Castro Filho,

Assim, percebe-se que a jurisprudência desenvolveu um mecanismo de proteção dos credores das sociedades grupadas em caso de falência de uma delas, tutela que não encontra correspondente em casos fora dessa seara[665]. Trata-se de uma solução que apenas se justifica em casos de confusão patrimonial grave. O simples fato de as sociedades pertencerem a um mesmo grupo societário, seja ele de fato ou de direito, não justifica a extensão dos efeitos da falência[666]. Muito menos o exercício do poder de controle é fundamento para a extensão da quebra.

Assim, é preciso advertir que só é possível estender os efeitos da falência caso as sociedades grupadas estejam efetivamente em uma situação de confusão patrimonial. E como já mencionado, para justificar a extensão, a confusão patrimonial há de ser grave. Efetivamente, o estado em questão tem de ser de "confusão patrimonial estrutural", não um simples desvio patrimonial – problema que se resolve com ineficácia episódica da personalidade jurídica, e não com extensão dos efeitos da falência.

Sabe-se que a expressão "confusão patrimonial estrutural" não encontra paralelo na lei, na doutrina ou na jurisprudência. Optou-se por empregar essa terminologia para descrever um estágio muito avançado do fenômeno confusão patrimonial, uma situação em que as estruturas de duas ou mais pessoas jurídicas são operacional ou financeiramente indissociáveis.

Efetivamente, parece possível intuir a existência de diferentes graus de confusão patrimonial[667], o que se demonstra especialmente relevante na seara concursal, a fim de delinear o remédio corretivo mais adequado

j. 09/12/2003; STJ, 3ª Turma, RMS 12.872/SP, Rela. Mina. Nancy Andrighi, j. 24/06/2002; STJ, 4ª Turma, REsp 63.652/SP, Rel. Min. Barros Monteiro, j. 13/06/2000.

665 Noutros países, a extensão dos efeitos da falência também é admitida nesses casos: HOUIN, Roger. Les groupes de societés en droit français. In: HOPT, Klaus. *Groups of companies in european laws.* Berlin: Walter de Gruyter, 1982, p. 54; OMMESLAGHE, Pierre van. Les groupes de societés em droit belge. In: HOPT, Klaus. *Groups of companies in european laws.* Berlin: Walter de Gruyter, 1982, p. 92-94.

666 A esse propósito, vide o disposto no Código Civil, art. 50, § 4º.

667 Veja-se que o novo § 2º do art. 50 (incluído pela Lei da Liberdade Econômica), em seu inciso II, chega a admitir que a transferência de ativos ou de passivos de valor insignificante, sem efetivas contraprestações, não chega a consubstanciar confusão patrimonial – ao menos não para efeito de aplicação da *disregard.*

para combatê-la. Por óbvio é impossível quantificar numérica ou matematicamente esses diferentes estágios do fenômeno. O que se propõe são pautas móveis, auxiliares à tarefa judicial, que apontam pura e simplesmente para a existência de diferentes níveis de confusão e para um padrão mais ou menos exigente em termos de ônus da prova, em decorrência da gravidade dos direitos em jogo no processo[668].

Como a extensão dos efeitos da falência é medida drástica e de enorme repercussão, o grau de confusão patrimonial precisa ser alto e a prova de sua ocorrência concludente. Assim, com o emprego da expressão "confusão patrimonial estrutural", quer-se ilustrar os casos em que a mistura de patrimônios é grave o suficiente para impossibilitar a correção do abuso via aplicação pontual da desconsideração da personalidade ou, ainda, quando não é possível dissociar duas ou mais entidades do ponto de vista operacional ou financeiro.

Já foi dito que não se pode generalizar a aplicação da teoria da desconsideração da personalidade jurídica, pois se trata de remédio muito perigoso, cujo uso excessivo pode ser nefasto. Trata-se de *"exorcizar o diabo com o demônio"*[669]. Nessa linha, a utilização do incidente de desconsideração e a garantia da ampla defesa e do contraditório são indispensáveis[670].

De qualquer forma, há que se ter cuidado com a utilização da extensão dos efeitos da falência. Trata-se, na maior parte dos casos, de decretar o encerramento de uma atividade empresarial. É uma situação em que empregos serão perdidos; contratos resolvidos; tributos deixarão de ser arrecadados. Além disso, é preciso ter em mente que a extensão dos efeitos da quebra trará todos os credores da segunda falência para dentro da massa falida subjetiva originária, o que, por si só, pode incrementar consideravelmente o passivo e até colocar os credores da primeira falência em situação ainda pior.

[668] Sobre o ponto, ver: Walter. *Libre apreciación de la prueba...*, p. 211; Knijnik, Danilo. *A Prova nos juízos cível, penal e tributário...*, p. 31 e ss., especialmente p. 45-46; e Reichelt. *A prova no direito processual civil...*, p. 212.

[669] Serick. *Aparencia y realidad...*, p. 18 (prólogo de Antonio Polo Diez) e 25.

[670] Enunciado 103 da III Jornada de Direito Comercial do Conselho da Justiça Federal: "O incidente de desconsideração da personalidade jurídica deve ser observado no processo falimentar, sem a suspensão do processo".

Isso tudo sem falar de um sem número de questões práticas complexas não imaginadas pelo legislador (como a fixação de diferentes termos legais, a determinação da competência em função da existência de dois ou mais principais estabelecimentos, a consideração das preferências legais dadas as diversas questões atinentes à concursalidade e à extraconcursalidade de créditos ligados a unidades jurídicas diversas, e assim por diante) que, ao projetar o regime falimentar, imaginou a quebra de uma única empresa e não de um grupo delas.

5.3.3.3. Consolidação substancial na recuperação judicial[671]

A Lei 11.101 de 2005 (LREF) foi omissa no tratamento dos grupos de sociedade na recuperação judicial, bem como na extrajudicial, cuidando apenas da crise do empresário singularmente considerado. Em que pese tal omissão, tem-se admitido a recuperação judicial do grupo, hipótese em que as sociedades grupadas se unem em litisconsórcio ativo facultativo para requerer o benefício legal[672].

Efetivamente, segundo a jurisprudência, se sociedades se associam em torno de uma empresa coletiva e existe uma direção unitária, a recuperação judicial do todo é possível[673]. E como a LREF não disciplina a questão do litisconsórcio, coube justamente à jurisprudência estabelecer em que hipóteses a recuperação grupal é admissível[674].

A possibilidade de sociedades grupadas, com principais estabelecimentos em comarcas diversas, requererem recuperação judicial em litisconsórcio parece adequada e, em muitos casos, absolutamente necessária. Várias são as razões.

Em primeiro lugar, porque usualmente são empresas social e economicamente relevantes, de modo que lhes negar a oportunidade de ten-

[671] O descritivo acerca do que seja consolidação processual e substancial, bem como a posição da jurisprudência nacional sobre o assunto está, originalmente, em: Scalzilli, João Pedro; Spinelli, Luis Felipe; Tellechea, Rodrigo. *Recuperação de empresas e falência*: teoria e prática na Lei 11.101/05. 3ª ed. São Paulo: Almedina, 2018.

[672] TJRS, 5ª Câmara Cível, AI 70049024144, Rel. Des. Gelson Rolim Stocker, j. 25/07/2012; TJRS, 6ª Câmara Cível, AI 70043244821, Rel. Des. Ney Wiedemann Neto, j. 28/07/2011.

[673] TJSP, Câmara Reservada à Falência e Recuperação, AI 9041423-06.2008.8.26.0000, Rel. Des. Lino Machado, j. 01/04/2010.

[674] TJSP, Câmara Reservada à Falência e Recuperação, AI 9041423-06.2008.8.26.0000, Rel. Des. Lino Machado, j. 01/04/2010.

tar a recuperação causaria efeitos nocivos não só a elas, mas a todas as classes que gravitam em seu entorno (*i.e.*, empregados, fornecedores, comunidade, entre outros). Em segundo lugar, porque não há razão para excluí-las da proteção conferida pelos institutos recuperatórios. Efetivamente, o problema de os credores terem de se deslocar para participarem da assembleia e para acompanharem o processo judicial – alegado como ponto sensível em alguns julgados que negaram a possibilidade de empresas requerem recuperação judicial em litisconsórcio ativo[675] – também existe nas recuperações das sociedades isoladas com múltiplos estabelecimentos e isso não é impeditivo para que elas se valham do benefício legal[676]. Em terceiro lugar, como o juízo da recuperação só possui competência para decidir sobre a constrição de bens de titularidade da recuperanda, não tendo essa prerrogativa quando se tratar de bens de outras empresas, mesmo que grupadas[677] – e como usualmente essas sociedades são garantidoras umas das outras em operações de crédito –, somente a recuperação do grupo empresarial permite a proteção da totalidade das empresas atingidas pela crise[678]. Finalmente,

[675] TJSP, Câmara Reservada à Falência e Recuperação, AI 0346981-05.2009.8.26.0000, Rel. Des. Pereira Calças, j. 15/09/2009; TJSP, Câmara Reservada à Falência e Recuperação, AI 9184284-78.2009.8.26.0000, Rel. Des. Pereira Calças, j. 09/06/2009.

[676] Também nesse sentido: Ayoub, Luiz Roberto; Cavalli, Cássio. *A construção jurisprudencial da recuperação judicial de empresas.* Rio de Janeiro: Forense, 2013, p. 31.

[677] Súmula 480 do STJ – caminhando, no mesmo sentido, o enunciado 3 da Edição 35 da Jurisprudência em Tese do STJ. A *contrario sensu*, é assim que se interpreta a Súmula 480 do STJ: "O juízo da recuperação judicial não é competente para decidir sobre a constrição de bens não abrangidos pelo plano de recuperação da empresa". Assim a jurisprudência: STJ, 2ª Seção, AgRg no CC 136.779/MT, Rel. Min. Marco Aurélio Bellizze, j. 26/11/2014; STJ, 2ª Seção, AgRg nos EDcl no CC 121.613/GO, Rel. Min. Luis Felipe Salomão, j. 26/02/2014; STJ, 2ª Seção, CC 128.468/SP, Rel. Min. Ricardo Villas Bôas Cueva, j. 12/02/2014; STJ, 2ª Seção, AgRg nos EDcl no CC 130.436/MT, Rel. Min. Raul Araújo, j. 27/11/2013; STJ, 2ª Seção, AgRg no CC 123.860/SP, Rel. Min. Paulo de Tarso Sanseverino, j. 28/08/2013; STJ, 2ª Seção, AgRg no CC 120.385/SP, Rel. Min. Marco Buzzi, j. 28/11/2012; STJ, 2ª Seção, AgRg no CC 117.885/DF, Rel. Min. Antonio Carlos Ferreira, j. 08/08/2012; STJ, 2ª Seção, CC 115.272/SP, Rel. Min. Maria Isabel Gallotti, j. 11/05/2011; STJ, 2ª Seção, AgRg no CC 114.808/DF, Rel. Min. Nancy Andrighi, j. 13/04/2011.

[678] STJ, 2ª Seção, CC 115.272/SP, Rel. Min. Isabel Gallotti, j. 11/05/2011; STJ, 2ª Seção, EDcl no AgRg no CC 103.511/RJ, j. 13/04/2011; STJ, 2ª Seção, AgRg no CC 114.808/DF, Rel. Min. Nancy Andrighi, j. 13/04/2011; e STJ, 2ª Seção, RCDESP no CC 112.725/DF, Rel. Min. Aldir Passarinho Júnior, j. 27/10/2010.

um processo único atende ao princípio da economia processual, bem como a busca de soluções conjuntas tende a evitar a existência de decisões contraditórias.

Apesar da resistência inicial, hoje é admitida a tramitação conjunta do processo de recuperação do grupo de sociedades como um todo. Trata-se da chamada "consolidação processual"[679]. Para tanto, além de se demonstrar a existência do grupo[680] (de fato ou de direito), todas as sociedades devem cumprir requisitos exigidos pela LREF para que ingressem em recuperação judicial[681].

Entretanto, a questão que suscita maior controvérsia é a da chamada "consolidação material" ou "substancial", a saber, a união de ativos e passivos de todas as sociedades integrantes do mesmo grupo. Na prática, a discussão gira em torno da possibilidade de apresentação de um plano unitário, a ser votado por todos os credores em assembleia geral[682]. A questão ainda é polêmica.

[679] O que não significa que as recuperações judiciais de cada uma das sociedades terão o mesmo destino, o mesmo administrador judicial, etc. (salvo hipótese da chamada "consolidação material"). Sobre o tema, ver: CEREZETTI, Sheila Christina Neder. Grupos de sociedades e recuperação judicial: o indispensável encontro entre direitos societário, processual e concursal. In: YARSHELL, Flávio Luiz; PEREIRA, Guilherme Setoguti J. (coord.). *Processo societário*, vol. II. São Paulo: Quartier Latin, 2015, p. 735-789, p. 754-755.

[680] O TJSP já teve a oportunidade de indeferir o processamento conjunto da recuperação judicial de três sociedades por não restar demonstrada a existência de grupo de fato (TJSP, Câmara Especial de Falências e Recuperações Judiciais de Direito Privado, AI 571.985-4/9-00, Rel. Des. Romeu Ricupero, j. 29/10/2008).

[681] *V.g.*: "Agravo de instrumento. Recuperação judicial excepcionalmente processada em litisconsórcio. Apresentação de certidões relativas a todas as empresas em relação a todas as Comarcas que houver estabelecimentos do grupo"". (TJSP, 1ª Câmara Reservada de Direito Empresarial, AI 0175316-13.2012.8.26.0000, Rel. Des. Pereira Calças, j. 30/10/2012). Entretanto, no caso AGRENCO, o TJSP deferiu o processamento da recuperação judicial de sociedade empresária em condições de regularidade há menos de dois anos, uma vez que a requerente pertenceria a grupo econômico existente há 15 anos e teria sido constituída mediante a transferência de ativos das sociedades do grupo para prosseguir no exercício da atividade já exercida por tais empresas (TJSP, Câmara Especial de Falências e Recuperações Judiciais, AI 604.160-4/8-00, Rel. Des. Pereira Calças, j. 04/03/2009).

[682] Sobre as chamadas consolidações processual e material, ver: CEREZETTI. Grupos de sociedades e recuperação judicial..., p. 747 e ss; TOLEDO, Paulo Fernando Campos Salles de. Recuperação judicial de grupos de empresas. In: FRANÇA, Erasmo Valladão Azevedo e Novaes; ADAMEK, Marcelo Vieira von (org.). *Temas de direito empresarial e outros estudos em*

Inicialmente, em homenagem ao princípio da autonomia patrimonial, o entendimento é pela necessidade de se apresentar ou planos distintos para cada sociedade ou plano único com a respectiva individualização dos meios de recuperação destinados para cada sociedade (apesar de os meios poderem guardar interdependência). Ainda, a tendência é que sejam elaboradas listas de credores distintas para cada sociedade e realizadas votações em separado dos credores de cada uma delas[683].

Assim, a "consolidação substancial", mediante a apresentação de plano unitário, a ser examinado em votação única, é medida excepcional. E ela só se justifica em três hipóteses: (*i*) quando os credores aceitam voluntariamente a consolidação[684] (previamente em AGC de cada

homenagem ao Professor Luiz Gastão Paes de Barros Leães. São Paulo: Malheiros, 2014, p. 336-357, p. 348 e ss.; Toledo, Paulo Fernando Campos Salles de; Pugliesi, Adriana Valéria. Capítulo VII: A recuperação judicial. In: Carvalhosa, Modesto (coord.). *Tratado de direito empresarial*, vol. V – recuperação empresarial e falência. São Paulo: Revista dos Tribunais, 2016, p. 169-195, p. 179 e ss; Toledo, Paulo Fernando Campos Salles de; Pugliesi, Adriana Valéria. Capítulo VIII: O plano de recuperação judicial. In: Carvalhosa, Modesto (coord.). *Tratado de Direito Empresarial*, vol. V – recuperação empresarial e falência. São Paulo: Revista dos Tribunais, 2016. p. 197-214, p. 204-206; SICA, Ligia Paula Pires Pinto. A disciplina dos grupos empresariais e a Lei de Recuperação de Empresas em crise e Falências: um convite a jurisprudência. In: Cerezetti, Sheila C. Neder; Maffioletti, Emanuelle Urbano (coord.). *Dez anos da Lei nº 11.101/2005*: estudos sobre a Lei de Recuperação e Falência. São Paulo: Almedina, 2015, p. 103-135, p. 129 e ss.

[683] Ver: Cerezetti. Grupos de sociedades e recuperação judicial..., p. 762 ss; Toledo. Recuperação judicial de grupos de empresas..., p. 348 e ss. Também apresentando interpretação restritiva, ver: Toledo; Pugliesi. Capítulo VII: A recuperação judicial..., p. 183 e ss. Na jurisprudência, determinando a apresentação de planos distintos (individualizados) para cada sociedade, ver: TJRS, 5ª Câmara Cível, AI 70065841918, Rel. Des. Isabel Dias Almeida, j. 25/08/2015; TJRS, 6ª Câmara Cível, AI 70062985171, Rel. Des. Luís Augusto Coelho Braga, j. 28/05/2015 (acórdão assim ementado: "Ação de recuperação judicial. Litisconsórcio ativo. Impossibilidade de confusão patrimonial. Obrigatoriedade de apresentação de planos distintos para cada empresa e votação somente pelos respectivos credores. Agravo de instrumento provido"); TJRS, 6ª Câmara Cível, AI 70062929922, Rel. Des. Ney Wiedemann Neto, j. 28/05/2015.

[684] O TJSP já teve a oportunidade de entender que aos credores cabe a decisão sobre a recuperação judicial unitária: TJSP, Câmara Especial de Falências e Recuperações Judiciais de Direito Privado, AI 595.741-4/1-00, Rel. Des. Lino Machado, j. 01/04/2009. Ver, também: TJRJ, 14ª Câmara Cível, AI 0043183-31.2014.8.19.0000, Rel. Des. Gilberto Guarino, j. 08/10/2014; e TJRJ, ED no AI 0043183-31.2014.8.19.0000, 14ª Câmara Cível, Rel. Des. Gilberto Guarino, j. 05/11/2014.

uma das sociedades devedoras); (*ii*) quando existe confusão patrimonial estrutural entre as sociedades do grupo (sendo a consolidação decidida judicialmente a pedido do devedor, a requerimento de credores ou do administrador judicial)[685]; (*iii*) ou, ainda, quando os negócios são indissociáveis (imagine-se uma indústria muito específica e que possui como único cliente outra empresa do grupo), razão pela qual a única solução é a reestruturação do grupo.

Tem-se, portanto, consolidação substancial voluntária e involuntária. E vale destacar que a consolidação patrimonial involuntária ou obrigatória só se justifica em casos de confusão patrimonial estrutural ou no caso dos negócios indissociáveis.

A propósito, já foi mencionado que a expressão "confusão patrimonial estrutural" não encontra paralelo na lei, na doutrina ou na jurisprudência. Ainda assim, pareceu válido o emprego dessa terminologia para descrever um estágio muito avançado do fenômeno confusão patrimonial, uma situação em que as estruturas de duas ou mais pessoas jurídicas são operacional ou financeiramente indissociáveis. Em razão disso, a solução unitária se imporia como única forma de enfrentamento da crise e, especialmente, para dar um tratamento igualitário aos credores.

Evidente que existem efeitos deletérios decorrentes da consolidação substancial, especialmente para os credores que ficam em pior situação após a unificação dos ativos e passivos. A tendência é que estes sustentem que o devedor não poderia se beneficiar de um ilícito (o abuso da personalidade por confusão patrimonial) para obter um favor legal: a reestruturação unitária do grupo. O argumento faz sentido, mas retrata apenas um ângulo de análise.

O enfrentamento do tema requer maturidade e o abandono de posições binárias tipo "pró-credor" ou "pró-devedor". O direito concursal é seara cujas principais questões não podem ser examinadas sob um ponto

[685] O que não significa que abusos pontuais da personalidade jurídica levem à consolidação substancial, mas sim à desconsideração pontual para tutela de um específico credor (ou às medidas de responsabilização dos administradores e controladores), por exemplo. Para que ocorra a consolidação substancial obrigatória, aqui, deve-se verificar uma "disfunção societária estruturalmente relevante" (Cerezetti. Grupos de sociedades e recuperação judicial..., p. 775).

de vista estático, muito menos considerando interesses isolados[686]. Isso porque o colapso patrimonial do devedor gera uma espécie de associação para repartição dos danos (*associazione pel riparto dei danni*)[687] ou comunhão de perdas, da qual participam, em menor ou maior grau, todos os envolvidos[688]. É o que se chama de "princípio da comunhão das perdas" (*Grundsatz der Verlustgemeinschaft*)[689]. Se é bem verdade que cada credor possui, individualmente, incentivo para "quebrar os dedos" do devedor, seja por vingança ou mesmo para encorajá-lo a saldar as suas dívidas, se ocorrer de dez credores quebrarem, cada um, um dedo do devedor, então este não conseguirá trabalhar e nenhuma dívida será quitada. Finalmente, um devedor morto ainda deixa as dívidas do funeral[690]. Por isso, há que se considerar a necessidade de uma solução global, até porque a recuperação judicial é processo concursal, cujos contornos contemporâneos recomendam soluções que atendam a todas as classes afetadas[691].

A respeito da confusão patrimonial estrutural, como se diz, "não se pode tapar o sol com a peneira". A um, porque negar o problema não vai resolvê-lo. A dois, porque esse problema é de todos – devedor e credores – e precisa ser equacionado *por* e *para* todos. A três, porque a maior parte dos credores que usualmente contesta a consolidação substancial são justamente aqueles que tinham – ou deveriam ter – ciência da falta de autonomia patrimonial (os chamados "credores profissionais", que são aqueles credores com condições de avaliar os riscos, mitigá-los com garantias e precificá-los na forma de juros). A quatro, porque o problema é muitas vezes criado pelos próprios credores, em especial pelas instituições financeiras, que, em suas operações de crédito, exigem múltiplas garantias das sociedades grupadas, bem como estabelecem cláusulas de *cross default* e *covenants* considerando o todo, acabando

686 TELLECHEA, Rodrigo; SCALZILLI, João Pedro; SPINELLI, Luis Felipe. *História do direito falimentar*: da execução pessoal à preservação da empresa. São Paulo: Almedina, 2018, p. 20.

687 VIVANTE, Cesare. *Il fallimento civile*. Torino: Fratello Boca, 1902, p. 4.

688 KOHLER, Josef. *Lehrbuch des Konkursrechts*. Stuttgart: Ferdinand Enke, 1891, p. 1-2.

689 HESS, Harald. *Insolvenzrecht*: Großkommentar in zwei Bänden. 2 Aufl. Heidelberg: F. C. Müller, 2013, p. 5.

690 WARREN, Elizabeth; WESTBROOK, Jay Laurence; PORTER, Katherine; POTTOW, John A. E. *The law of debtors and creditors*. New York: Wolters Kluwer, 2014, p. 7.

691 Por tudo, ver TELLECHEA; SCALZILLI; SPINELLI. *História do direito falimentar*..., 2018.

por amarrar o grupo em verdadeiro nó górdio – nestes casos, unidades societárias que muitas vezes apresentam uma simbiose operacional e econômica, tornam-se, também, financeiramente dependentes. A cinco, porque algumas práticas sofisticadas de captação de recursos e reestruturação de dívida – como a constituição de veículos societários exclusivamente para a emissão *bonds* no exterior ou a sindicalização de dívidas entre vários bancos – têm a sua engenharia financeira não só conhecida das instituições financeiras, mas, em muitos casos, estruturadas com o seu auxílio ou sob sua coordenação. A seis, porque a consolidação substancial pode ser a única saída para a superação do estado de crise, o que beneficia a comunidade de credores globalmente considerada.

Fábio Konder Comparato sustenta que, caso a confusão patrimonial tenha ou pudesse ter sido levada em conta pelo credor no momento da contratação, não há que se falar em utilização abusiva da pessoa jurídica[692]. Para o Professor, credores profissionais que negociaram e cobraram pelo risco de menor separação patrimonial não foram vítimas de abuso da personalidade jurídica. Já o mesmo não se pode dizer dos credores incapazes de conhecer ou negociar riscos, como os pequenos fornecedores e os trabalhadores. Justamente para eles, a consolidação substancial e a superação da crise da empresa podem significar a única solução para recuperar parte de seu crédito.

[692] COMPARATO; SALOMÃO FILHO. *O poder de controle...*, p. 494.

Conclusão

Ao longo do presente estudo, sustentaram-se as seguintes teses:

1. Que a autonomia patrimonial é a verdadeira precondição da pessoa jurídica. Afinal de contas, "a pessoa jurídica nada mais é do que uma técnica de separação patrimonial";
2. Que o direito exige que estejam bem apartados os patrimônios dos sócios, do patrimônio da sociedade (ou os patrimônios das sociedades quando reciprocamente consideradas), de modo que este (o patrimônio) possa cumprir as suas funções mais básicas: *produção* e *garantia*;
3. Que o escopo lucrativo das sociedades impõe ao patrimônio uma *dinâmica funcional* específica e obriga aos sócios e administradores a empregar os bens sociais para o atingimento deste objetivo;
4. Que só com a observância dessa *dinâmica funcional* o direito dos credores está preservado;
5. Que não se considera suficiente a noção de que a confusão patrimonial é a *antítese da autonomia patrimonial*, ou que a confusão patrimonial é o *estado de promiscuidade existente entre o patrimônio de duas ou mais pessoas*;
6. Essas são duas noções comumente utilizadas pela doutrina; corretas, porém, ainda imprecisas. São descritivas e não analíticas. São noções que, no caso concreto, não permitem, por exemplo, vislumbrar, com clareza, mesmo porque a confusão patrimonial é nociva para os credores, nem tampouco avaliar o *quão misturados* devem estar os patrimônios para que se possa dizer que há confusão patrimonial no caso concreto;

7. Que a confusão patrimonial consiste no *estado de promiscuidade verificado entre os patrimônios de duas ou mais pessoas, consequência da apropriação, por parte dos sócios, administradores, terceiros ou outras sociedades componentes de um grupo econômico, dos meios de produção da sociedade*;
8. Que essa usurpação pode ocorrer tanto durante o curso do desenvolvimento das atividades sociais, por meio do desvio de posições ativas da sociedade, quanto antecipadamente, em razão de insuficiente capitalização do ente societário;
9. Que, assim, em vez de se dizer que a confusão patrimonial é a *antítese da autonomia patrimonial*, ou que a confusão patrimonial é o *estado de promiscuidade existente entre o patrimônio de duas ou mais pessoas*, hipótese em que os patrimônios aparecem confundidos ou misturados, prefere-se, à luz do estudo das funções do patrimônio e do capital social, a noção de que a confusão patrimonial compreende:
   9.1. A situação fática em que os meios de produção que compõem o patrimônio da sociedade foram *desviados* da sua função produtiva e acham-se alocados na esfera de outrem, que os utiliza em detrimento do seu titular (em prejuízo, portanto, da função de produção) e daqueles que com ele negociam (em prejuízo da função de garantia, especialmente se considerarmos que a melhor garantia para os credores é a própria capacidade de a empresa produzir resultados); e
   9.2. A situação fática em que a pessoa jurídica se vale do patrimônio de um terceiro, seja porque foi inadequadamente capitalizada, ou porque lhe faltaram recursos no curso da exploração da empresa e estes foram transferidos em desrespeito às fórmulas legalmente admitidas.
10. Que, assim, é possível alcançar uma ideia mais compreensiva e analítica do fenômeno (confusão patrimonial), abrangendo tanto a hipótese de um terceiro que usurpa o patrimônio da pessoa jurídica quanto aquele caso em que a pessoa jurídica se vale do patrimônio de um terceiro;
11. Que tanto uma quanto a outra geram efeitos potencialmente prejudiciais, sobretudo aos credores que com a sociedade se relacionam;

12. Que estes efeitos só se externalizam e causam dano aos credores quando verificado o esgotamento patrimonial da sociedade;
13. Que a confusão de esferas se diferencia da confusão patrimonial na medida em que é mero indício desta;
14. Que a *confusão de esferas* não pressupõe a promiscuidade patrimonial, mas, sim, a *impossibilidade de reconhecer se um determinado ato é imputável a uma pessoa ou a outra*;
15. Que esse é o caso, por exemplo, de sociedades com nomes praticamente idênticos, da coincidência de administradores, da verificação de sedes sociais no mesmo endereço, entre outras situações que geram uma situação de aparência, propensa a criar confiança nos terceiros, mas contrária à realidade;
16. Que a confusão patrimonial possui a natureza de *estado jurídico*, na medida em que o direito lhe empresta importante significação, especialmente quando se trata de tutelar o interesse de terceiros (p. ex.: art. 50 do Código Civil);
17. Que a confusão patrimonial é um campo marcado pela dificuldade de os credores obterem as provas necessárias para que possam reivindicar a tutela jurisdicional apta a salvaguardar seus direitos, em contraposição ao livre acesso dos sócios e administradores aos dados contábeis e financeiros que registram as operações econômicas da sociedade, capazes de revelar o esgotamento patrimonial e a usurpação dos meios de produção da sociedade;
18. Que, para se obter o reconhecimento judicial da confusão patrimonial qualificada, isto é, daquela que dá ensejo à aplicação de remédios corretivos, deve-se provar a ocorrência dos dois pressupostos: (*i*) dano, consubstanciado no esgotamento patrimonial e (*ii*) abuso, consubstanciado na própria confusão de patrimônios;
19. Que, quanto ao primeiro (*prova do esgotamento patrimonial*), não se requer maiores esforços por parte do exequente. Em termos práticos, quando a pessoa jurídica devedora é citada na execução e não paga o débito, tampouco não garante a execução, deve-se presumir o esgotamento do patrimônio social;
20. Que, quanto ao segundo (*prova da confusão patrimonial*), como é impossível (ou ao menos muito difícil) para um credor provar, no curso de uma ação judicial, que o patrimônio do devedor se encontra em um estado de promiscuidade, é preciso trabalhar

com um conceito de confusão patrimonial que se operacionalize dentro de um sistema apto a funcionar a partir da aceitação de certas presunções, isto é, em função de determinados indícios;

21. Que, assim, levando-se em consideração a referida dificuldade, acredita-se que a confusão patrimonial possa ser provada a partir de um sistema de constatação adequado às características específicas deste fato probando;
22. Esse sistema, segundo se crê, estaria assentado sobre dois pilares fundamentais, que se complementam e contrabalançam como *acelerador* e *freio* do sistema: (*i*) a possibilidade de utilizar prova indiciária dentro de uma teoria sistêmica mais fluida; e (*ii*) compensada por um reforço do módulo de prova;
23. Que, tomando emprestada a lógica existente na teoria sistêmica falimentar, seara jurídica em que a verificação em juízo de certos indícios pode fazer presumir o estado de insolvência do devedor, garantindo uma tutela mais efetiva dos credores, é possível viabilizar a prova da confusão patrimonial;
24. Assim, pode-se dizer que tal qual a *insolvência* é o estado jurídico presumido de que o ativo de uma pessoa supera o seu passivo – hipótese que autoriza a excussão do seu patrimônio por concurso de credores falimentar –, a confusão patrimonial é o *estado jurídico presumido* de que o esgotamento patrimonial do devedor decorreu do desvio de bens da sociedade devedora ou de problemas na sua capitalização;
25. Isto é, tal qual a verificação judicial de certos fatos jurídicos (impontualidade, execução frustrada e atos de falência), quando não legitimamente impugnados, dá ao juiz o direito de presumir a insolvência do devedor, de acordo com a teoria sistêmica falimentar, na execução singular (ou mesmo na concursal), a verificação judicial de certos fatos dá também ao juiz o direito de presumir que a causa do esgotamento do patrimônio do devedor seja o desperdício dos ativos da empresa (ou de problemas verificados na sua capitalização) devidos à ocorrência de um estado de confusão patrimonial, autorizando o uso da teoria da desconsideração como remédio corretivo;
26. Que a melhoria no estado da técnica da teoria da desconsideração da personalidade jurídica, pela mais precisa definição e ope-

racionalização da confusão patrimonial como hipótese de sua aplicação, pode ajudar a amenizar o problema inerente ao arranjo grupal ante a impossibilidade aparente de o sistema societário resolvê-lo;

27. Que só é possível a extensão dos efeitos da falência quando houver confusão patrimonial grave entre a sociedade falida e aquela que se quer atingir;
28. Que a confusão patrimonial grave, chamada "confusão patrimonial estrutural", é aquela que não pode ser corrigida pela aplicação pontual da teoria da desconsideração;
29. Que, mesmo contra a vontade de um ou mais credores, a confusão patrimonial estrutural pode justificar a consolidação substancial na recuperação judicial;
30. Que a confusão patrimonial estrutural se verifica quando for impossível dissociar operacional e financeiramente duas ou mais sociedades, situação em que as estruturas empresariais estão de tal forma ligadas umas a outras que a solução unitária se impõe como única forma de enfrentamento da crise e, especialmente, para dar um tratamento igualitário aos credores.

São essas, em grandes linhas, sem prejuízo de constatações secundárias, as teses sustentadas ao longo do texto.

Celso Barbi Filho, na introdução à sua tese de doutoramento, lembra que "há temas em direito comercial que, embora bastante difundidos na prática judiciária, ainda não foram objeto de estudos monográficos específicos, exclusivos e aprofundados, que sintetizem os elementos doutrinários e jurisprudenciais existentes, por meio de levantamento das fontes bibliográficas respectivas e sistematização das informações sobre o assunto, lançando bases para a consolidação do instituto[693]".

O tema da confusão patrimonial, apesar de tratado reflexamente quando do estudo da desconsideração da personalidade jurídica desde que a teoria foi introduzida no Brasil pela festejada conferência de

[693] Barbi Filho, Celso. *Dissolução parcial de sociedades limitadas*. Belo Horizonte: Mandamentos, 2004, p. 41.

Rubens Requião[694], ganhando especial destaque nas obras de Fábio Konder Comparato[695], José Lamartine Corrêa de Oliveira[696], Calixto Salomão Filho[697], Eduardo Secchi Munhoz[698], Walfrido Warde Júnior[699] e Gustavo Saad Diniz[700], parecia ainda carecer de um tratamento sistemático, que o estudasse em seus múltiplos aspectos e apontasse suas principais consequências. É tema que, pela sua enorme relevância prática para o direito societário, sem dúvida parecia merecer estudo mais aprofundado, inclusive que pudesse auxiliar os pretórios na resolução dos casos concretos que diante deles se põem.

Eis as razões que animaram o presente estudo, sobretudo a expectativa de que o texto pudesse se mostrar de algum modo útil para a melhoria da técnica jurídica. Com apoio nas considerações de Gustavo Saad Diniz, feitas na introdução à sua tese de doutoramento[701], destaca-se: o texto que ora se leva à crítica, diferentemente do que pode fazer crer em um primeiro momento, não pretende ser mais um estudo sobre a desconsideração da personalidade jurídica, tema já tão vastamente tratado – "e às vezes maltratado pela doutrina, pela jurisprudência e pela prática brasileiras", como bem lembrou o referido Professor. Ao contrário, o estudo da confusão patrimonial (e de seus múltiplos aspectos: conceito, características, constatação, manifestação) realça a função da personalidade jurídica, do princípio da limitação da responsabilidade e de seu pressuposto inafastável, a separação dos patrimônios, como fundamentos da organização societária capitalística (bem como destaca a importância de institutos como o capital social, verdadeiro bastião do patrimônio societário, cuja disciplina jurídica pode, ainda, em nosso País, evoluir).

A partir dessa perspectiva, o estudo busca lançar alguma luz sobre a confusão patrimonial, na esperança de municiar o profissional do direito

[694] Publicada posteriormente na Revista dos Tribunais, v. 410, p. 12-24, com o título *Abuso de Direito e Fraude Através da Personalidade Jurídica ("Disregard Doctrine")*.

[695] Comparato; Salomão Filho. *O poder de controle...*

[696] Oliveira. *A dupla crise...*

[697] Salomão Filho. *Sociedade unipessoal...*; *O novo Direito Societário...*

[698] Munhoz. *Empresa contemporânea...*

[699] Warde Júnior. *Responsabilidade dos sócios...*

[700] Diniz. *Subcapitalização societária...*

[701] Diniz. *Subcapitalização societária...*, p. 17.

com ferramental capaz de auxiliá-lo no enfrentamento deste fenômeno, até então, segundo pareceu, pouco estudado no direito brasileiro. Além disso, este estudo é meio, não um fim em si. Oxalá ele possa fornecer alguns elementos que ajudem nas pesquisas daqueles que daqui para frente se debruçarão sobre a matéria. Se isso acontecer, o objetivo terá sido atingido. Essa é a oferta.

REFERÊNCIAS

ADAMEK, Marcelo Vieira von. *Abuso de minoria em direito societário*. São Paulo: Malheiros, 2014.

–. Ação individual contra administrador de companhia para o fim de obter a reparação de dano individual reflexo ou indireto (LSA, art. 159, 7º): descabimento (comentário a acórdão). *Revista de Direito Mercantil Industrial, Econômico e Financeiro*, v. 142, p. 248-255, 2006.

–. Anotações sobre a exclusão de sócios por falta grave no regime do Código Civil. *Revista de Direito Mercantil Industrial, Econômico e Financeiro*, v. 158, p. 111-134, 2011.

–. *Responsabilidade Civil dos Administradores de S/A (e as ações correlatas)*. São Paulo: Saraiva, 2009.

ALMEIDA, José Gabriel Assis de. *A sociedade em conta de participação*. Rio de Janeiro: Forense, 1989.

ALVARO DE OLIVEIRA, Carlos Alberto. *Do formalismo no processo civil* – proposta de um formalismo-valorativo. 3ª ed. São Paulo: Saraiva, 2009.

–. *Teoria e prática da tutela jurisdicional*. Rio de Janeiro: Forense, 2008.

AMARAL, Francisco. *Direito Civil: Introdução*. Rio de Janeiro: Forense, 2008.

ANTUNES, José Engrácia. Estrutura e responsabilidade da empresa: o moderno paradoxo regulatório. *Revista Direito GV*, v. 1, n. 2, p. 29-68, 2005.

–. *Os grupos de sociedades*: estrutura e organização jurídica da empresa plurissocietária. Coimbra: Almedina, 1999.

ARAGÃO, Leandro Santos de. Deveres dos administradores de sociedades empresárias em dificuldades financeiras: a teoria do *deepening insolvency* no Brasil. In: CASTRO, Rodrigo Monteiro de; ARAGÃO, Leandro Sandos de (coord.). *Direito societário*: desafios atuais. São Paulo: Quartier Latin, 2009, p. 178-185.

ARANGIO-RUIZ, Vicenzo. *La società in diritto romano*. Napoli: Jovene, 1950.

ARCANGELI, Ageo. *La società in accomandita semplice*. Torino: Fratelli Bocca, 1903.

ASCARELLI, Tullio. A Atividade do Empresário. Trad. de Erasmo Valladão Azevedo e Novaes França.

Revista de Direito Mercantil Industrial, Financeiro e Econômico, São Paulo, v. 42, n. 132, p. 203-215, out./dez. 2003.

–. *Corso di diritto commerciale*. Milano: Giuffrè, 1962.

–. O Empresário. Trad. de Fábio Konder Comparato, *Revista de Direito Mercantil Industrial, Financeiro e Econômico*, São Paulo, n. 109, p. 183-189, jan./mar.1998.

–. *Panorama do direito comercial*. São Paulo: Saraiva e Cia., 1947.

–. *Problemas das sociedades anônimas e direito comparado*. São Paulo: Saraiva, 1945.

Asquini, Alberto. Perfis da Empresa. Trad. de Fábio Konder Comparato. *Revista de Direito Mercantil, Industrial, Econômico e Financeiro*, São Paulo, n. 104, p. 108-126, out./dez. 1996.

Assis, Araken. *Manual da execução*. 13ª ed. São Paulo: Revista dos Tribunais, 2010.

Ayoub, Luiz Roberto; Cavalli, Cássio. *A construção jurisprudencial da recuperação judicial de empresas*. Rio de Janeiro: Forense, 2013.

Aubry, Charles; Rau, Charles. *Cours de droit civil français*. 5ème ed. Paris: Marchal et Billard, 1917.

Barbi Filho, Celso. *Dissolução parcial de sociedades limitadas*. Belo Horizonte: Mandamentos, 2004.

–. *Ilegalidade da arrecadação dos bens da sociedade controlada na falência de sua controladora*. *Revista de Direito Mercantil Industrial, Financeiro e Econômico*, São Paulo, n. 116, p. 211-214, out./dez. 1999.

Barbosa Magalhães, José Maria Vilhena. *Da natureza jurídica das sociedades comerciais irregulares*. Lisboa: Jornal do Foro, 1953.

Barbosa Moreira, José Carlos. *As presunções e a prova*. In: Barbosa Moreira, José Carlos. *Temas de direito processual*. São Paulo: Saraiva, 1977.

Bedaque José Roberto dos Santos. *Efetividade do processo e técnica processual*. 3ª ed. São Paulo: Malheiros, 2010.

–. *Poderes instrutórios do juiz*. 4ª ed. São Paulo: Revista dos Tribunais, 2009.

Beltrán, Jordi Ferrer. La valoración racional de la prueba. Madrid: Marcial Pons, 2007.

–. *Prueba y verdad en el derecho*. 2ª ed. Madrid: Marcial Pons, 2005.

Bento de Faria. *Direito comercial*, vol. IV – Falência e Concordatas, Parte Primeira. Rio de Janeiro: A. Coelho Branco, 1947.

Berle, Adolph A. Corporate powers as powers in trust. *Harvard Law Review*, v. 44, p. 1049-1079, 1931.

–; Means, Gardiner. *A moderna sociedade anônima e a propriedade privada*. Trad. de Dinah de Abreu Azevedo. São Paulo: Abril Cultural, 1984.

Bertoldi, Marcelo M.; Ribeiro, Marcia Carla Pereira. *Curso Avançado de Direito Comercial*. 5 ed. rev. e atual. São Paulo: Revista dos Tribunais, 2009.

–. Seção VII: Da arrecadação e da custódia dos bens: arts. 108-110. In: Corrêa-Lima, Osmar Brina; Corrêa Lima, Sérgio Mourão. *Comentários à Nova Lei de Falência e Recuperação de Empresas*. Rio de Janeiro: Forense, 2009.

Beviláqua, Clóvis. *Theoria Geral do Direito Civil.* 6ª ed. Editora Paulo de Azevedo: Rio de Janeiro, 1953.

Broseta Pont, Manuel. *Manual de Derecho Mercantil.* Madrid: Editorial Tecnos, 1971.

Bulgarelli, Waldirio. *O direito dos grupos e a concentração das empresas.* São Paulo: Livraria e Editora Universitária de Direito, 1975.

–. *Manual das sociedades anônimas.* 8ª ed. São Paulo: Atlas, 1996.

–. *Regime jurídico da proteção às minorias.* Rio de Janeiro: Renovar, 1988.

Buonocore, Vicenzo. *L'Impresa.* Torino: G. Giappicheli Editore, 2002.

Calais-Auloy, Jean. Protection des associés et créanciers des grupes de sociétés en droit positif français. In: *Droit des groupes de sociétés*: analyse – propositions. Paris: Libraire de la Cour de Cassation, 1972.

Cambi, Eduardo. *A prova cível* – admissibilidade e relevância. São Paulo: Revista dos Tribunais, 2006.

Campobasso, Gian Franco. *Diritto commerciale 2* – Diritto della società. 6ª ed. Torino: UTET, 2007.

Capitant, Henry. *Droit civil: notions générales.* Paris: A. Pedone, 1927.

Caroselli, Oscar. *L'associazione in partecipazione.* Padova: CEDAM, 1930.

Carpes, Artur Thompsen. *Ônus dinâmico da prova.* Porto Alegre: Livraria do Advogado, 2010.

Carvalho de Mendonça, J. X. *Tratado de Direito Commercial,* vol. III. Rio de Janeiro: Freitas Bastos, 1945.

–. *Tratado de Direito Commercial brasileiro,* vol. IV, livro 2. 2ª ed. posta em dia por Achilles Bevilaqua e Roberto Carvalho de Mendonça. Rio de Janeiro: Freitas Bastos, 1934.

–. *Tratado de direito comercial brasileiro,* Livro V. 4ª ed. Rio de Janeiro: Freitas Bastos, 1946.

Carvalho Santos, J. M. *Código Civil Brasileiro Interpretado,* vol. II. Rio de Janeiro: Freitas Bastos, 1964.

Chamoun, Ebert. *Instituições de direito romano.* 3 ed. rev. e aum. Rio de Janeiro: Forense, 1957.

Champaud, Claude. *Le pouvoir de concentration de société par action.* Paris: Sirey, 1962.

–. Les méthodes de groupement des sociétés. *Revue Trimestrielle de droit commercial,* Paris, Sirey, n. 4, p. 1003-1.044, out./dez. 1967.

–. Recherche des critères d'appartance à un groupe. In: *Droit des groupes de sociétés*: analyse – propositions. Paris: Libraire de la Cour de Cassation, 1972.

Ciampolini Neto, Cesar; Warde Jr., Walfrido Jorge. A "teoria histórica da disciplina da responsabilidade dos sócios" e os precedentes em matéria de desconsideração da personalidade jurídica. In: ______ (coords). *O direito de empresa nos tribunais brasileiros.* São Paulo: Quartier Latin, 2010.

Clark, Robert. *Corporate law.* Boston: Little Brown and Company, 1986, p. 20, 675-681.

COMPARATO, Fábio Konder. A Reforma da Empresa. *Revista de Direito Mercantil, Industrial, Econômico e Financeiro*, v. 50, p. 57-74, 1983.

–. Aparência de representação: a insustentabilidade de uma teoria. *Revista de Direito Mercantil, Industrial, Econômico e Financeiro*, v. 111, p. 39-44, jul./set. 1998.

–. Função social da propriedade dos bens de produção. *Revista de Direito Mercantil, Industrial, Econômico e Financeiro*, v. 63, p. 71-79, 1986.

–. *Essai d' Analyse Dualiste de l' Obligation en Droit Privé*: Paris: Dalloz, 1964.

–. Estado, empresa e função social. *Revista dos Tribunais*, São Paulo, v. 732, ano 85, p. 38-46, out. 1996.

–. Na proto-história das empresas multinacionais – O Banco Médici de Florença. *Revista de Direito Mercantil, Industrial, Econômico e Financeiro*, v. 54, p. 105-111, 1984.

–. *Seguro de Crédito: estudo jurídico*. São Paulo: Revista dos Tribunais, 1968.

–. Os grupos societários na nova Lei de Sociedade por Ações. In: Ensaios *e pareceres de direito empresarial*. Rio de Janeiro: Forense, 1978.

–; SALOMÃO FILHO, Calixto. *O poder de controle na sociedade anônima*. 4ª. ed. Rio de Janeiro: Forense, 2005.

CORDEIRO, António Menezes. *Manual de Direito das Sociedades*, vol. I. 2ª ed. Coimbra: Almedina, 2007.

COUTINHO DE ABREU, Jorge Manuel. *Curso de Direito Comercial*, vol. II – Das Sociedades. Coimbra: Almedina, 2002.

CREMASCO, Suzana Santi. *A distribuição dinâmica do ônus da prova*. Rio de Janeiro: GZ Editora, 2009.

CUNHA, Paulo. *Do patrimônio*. Lisboa: Minerva, 1934.

CUNHA GONÇALVES, Luís da. *Da conta em participação*. 2ª ed. Coimbra: Coimbra Editora, 1923.

DALL'AGNOL JUNIOR, Antônio Janyr. Distribuição dinâmica dos ônus probatórios. *Revista dos Tribunais*, São Paulo, ano 90, n. 788, jun. 2001.

DI PORTO, Andre. *Impresa colletiva e schiavo "manager" in Roma antiga*: II Séc. A.C. – II Sec. D.C. Milano: Giuffrè, 1984.

DINAMARCO, Cândido Rangel. *A instrumentalidade do processo*. 7ª ed. São Paulo: Malheiros, 1999.

–. *Execução civil*. 5ª ed. São Paulo: Malheiros.

DINIZ, Gustavo Saad. *Os grupos societários*: da formação à falência. Rio de Janeiro: Forense, 2016.

–. *Subcapitalização societária*: financiamento e responsabilidade. Belo Horizonte: Fórum, 2012.

DOBSON, Juan M. *El abuso de la personalidad jurídica (en el derecho privado)*. Buenos Aires: Ediciones Depalma, 1985.

DYCK, Alexander; ZINGALES, Luigi. Private benefits of control: an international comparison. *The Journal of Finance*, v. 59, n. 02, p. 537-600, 2004.

DODD JR., Merrick E. For whom are corporate managers trustees? *Harvard Law Review*, v. 45, p. 1145-1163, 1932.

DOMINGUES, Paulo de Tarso. *Do capital social*: noção, princípios e funções. 2 ed. Coimbra: Coimbra Editora, 2004.

–. *Variações sobre o capital social*. Coimbra: Almedina, 2009.

EASTERBROOK, Frank H.; FISCHEL, Daniel R. *The economic structure of corporate law*. Cambridge: Harvard University Press, 1996.

EIZIRIK, Nelson. O mito do "controle gerencial" – alguns dados empíricos. *Revista de Direito Mercantil, Industrial, Econômico e Financeiro*, Nova Série, ano 23, n. 66, p. 103-106, abr. / jun. 1987.

ESTRELLA, Hernani. *Curso de Direito Comercial*. Rio de Janeiro: José Konfino Editor, 1973.

FÉRES, Marcelo Andrade. *Sociedade em comum*: disciplina jurídica e institutos afins. São Paulo: Saraiva, 2011.

FERNANDEZ, María Luisa de Arriba. *Derecho de grupos de sociedades*. 2ª ed. Madrid: Civitas, 2009.

FERRARA, Francesco. *Le persone giuridiche*. 2ª ed. Torino: UTET, 1958.

FERREIRA, Waldemar. *Sociedades commerciaes irregulares*. São Paulo: Editora Limitada, 1927.

–. *Tratado de direito comercial*, vol. XXIV. São Paulo: Saraiva, 1965.

–. *Tratado de sociedades mercantis*, vol. I. 4ª ed. Rio de Janeiro: Freitas Bastos, 1952.

FERRI, Giuseppe. *Le società*. Torino: UTET, 1971.

FRANÇA, Erasmo Valladão A. e N. França. A proteção aos credores e acionistas nos aumentos de capital social. In: *Temas de Direito Societário, Falimentar e Teoria da Empresa*. São Paulo: Malheiros, 2009, p. 230-252.

–. *A sociedade em comum*. São Paulo: Malheiros, 2013.

–. *Conflito de interesses nas assembléias de S.A.* São Paulo: Malheiros, 1993.

–. Empresa, Empresário e Estabelecimento. A Nova Disciplina das Sociedades. In: ____. *Temas de Direito Societário, Falimentar e Teoria da Empresa*. São Paulo: Malheiros, 2009.

–; Adamek, Marcelo Vieira von. "Affectio societatis": um conceito jurídico superado no moderno direito societário pelo conceito de "fim social". In: *Temas de Direito Societário, Falimentar e Teoria da Empresa*. São Paulo: Malheiros, 2009.

FUSTEL DE COULANGES. *A cidade antiga*. Trad. de Fernando de Aguiar. 5 ed. São Paulo: Martins Fontes, 2004.

GALGANO, Francesco. *Diritto Civile e Commerciale*, vol. III – L'impresa e le società. 4ª ed. Padova: CEDAM, 2004.

–. *Diritto commerciale*: le società. 15ª. Bologna: Zanichelli, 2005.

–. *La Favola della persona Giuridica* in: *Tutto il rovescio del diritto*. Milano: Giuffrè, 2007.

GALIZZI, Gustavo Oliva. *Sociedade em conta de participação*. Belo Horizonte: Mandamentos, 2008.

GALVÃO TELLES, Inocêncio. *Das universalidades*. Lisboa: Minerva, 1940.

GARRIGUES, Joaquín. *Tratado de Derecho Mercantil*, t. III, vol. I. Madrid: Revista de Derecho Mercantil, 1964.

GEVURTZ, Franklin. *Corporation law*. St. Paul, Minn: West Group, 2000.

GOLDSCHMIDT, Levin. *Storia universale del Diritto Commerciale*. Torino: Unione Tipografico-Editrice Torinese, 1913.

GOMES, Orlando. *Introdução ao Direito Civil*. 7 ed. Rio de Janeiro: Forense, 1983.

–. *Obrigações*. 14ª ed. Rio de Janeiro: Forense, 2000.

GORGA, Érica, Changing the paradigma of stock ownership from concentrated towards dispersed ownership? Evidence from Brazil and consequences for emerging countries, *Cornell Law Faculty Working Papers*, n. 42, 2008.

GOWER, L. C. B.; DAVIS, Paul. *Principles of modern company law*. 8ª ed. London: Sweet & Maxwell, 2008.

GILSON, Ronald J. Controlling shareholders and corporate governance: complicating the comparative taxonomy, *Stanford Law and Economics Olin Working Paper No. 309*, ago. 2005.

GONÇALVES NETO, Alfredo de Assis. *Direito de empresa*: comentários aos artigos 966 a 1.195 do Código Civil. 2 ed. rev., atual. e ampl. São Paulo: Revista dos Tribunais, 2008.

–. *Lições de direito societário*, vol. II. São Paulo: Juarez de Oliveira, 2005.

GUERREIRO, José Alexandre Tavares. *Regime jurídico do capital autorizado*. São Paulo: Saraiva, 1984.

–. Sociedade anônima: poder e dominação. *Revista de Direito Mercantil, Industrial, Econômico e Financeiro*, Nova Série, ano 23, n. 53, p. 73-80, jan./mar. 1984;

–. Sociologia do poder na sociedade anônima. *Revista de Direito Mercantil, Industrial, Econômico e Financeiro*, Nova Série, ano 29, n. 77, p. 50-56, jan./mar. 1990.

HANNOUN, Charley. *Le droit et les groupes de sociétés*. Paris: LGDJ, 1991.

HANSMANN, Henry; KRAAKMAN, Reinier. The end of History for corporate law. *Georgetown Law Journal*, Washington, n. 89, p. 439-468, jan. 2001.

–. *The essencial elements of corporate law*. University of Oxford, Legal Studies Research Paper No. 20//2009;

Yale Law, Economics & Public Policy Research Paper No. 387; Harvard Law School, Law and Economics Research Paper No. 643, Public Law & Legal Theory Research Paper No. 09-39; European Corporate Governance Institute, Law Working Paper No. 134/2009.

–. What is corporate law? In: *The anatomy of corporate law*. Oxford: Oxford University Press, 2004.

HENN, Harry G.; ALEXANDER, John R. *Laws of corporations and other business enterprises*. 3ª. ed. St. Paul: West Group, 1983.

HERTIG, Gerard; KANDA, Hideki. Creditor protection. In: *The anatomy of corporate law*. Oxford: Oxford University Press, 2004.

HESS, Harald. *Insolvenzrecht*: Großkommentar in zwei Bänden. 2 Aufl. Heidelberg: F. C. Müller, 2013.

HUNT, E. K.; SHERMAN, Howard. *História do pensamento econômico*. 3 ed. Petrópolis: Vozes, 1982.

IGLESIAS, Juan. *Derecho romano*. 15 ed. Barcelona: Ariel, 2007.

INGLEZ DE SOUZA, Herculano. *Direito Commercial*: Preleções na Faculdade Livre de Sciencias Juridicas e Sociais do Rio de Janeiro compiladas por Alberto Biolchi. São Paulo: Estudos Profissionaes Salesianos, 1906.

JAEGER, Pier Giusto. *L'interesse Sociale*. Milano: Giuffrè, 1972.

–. Interesse sociale rivisitato (quarant' anni dopo). *Giurisprudenza Commerciale*, n. 1, p. 795-812, 2000.

–; DENOZZA, Francesco; TOFFOLETO, Alberto. *Appunti di diritto commerciale – impresa e società*. 6ª ed. Milano: Giuffrè, 2006.

JUSTO, A. Santos. *Direito privado romano – II (direito das obrigações)*. 2ª ed. Coimbra: Coimbra, 2006.

KNIJNIK, Danilo. *A prova nos juízos cível, penal e tributário*. Rio de Janeiro: Forense, 2007.

KOHLER, Josef. *Lehrbuch des Konkursrechts*. Stuttgart: Ferdinand Enke, 1891.

KRUGMAN, Paul; WELLS, Robin. *Introdução à Economia*. Trad. de Helga Hoffmann. Rio de Janeiro: Elsevier, 2007.

LA PORTA, Rafael; LOPEZ DE SILANES, Florencio; SHLEIFER, Andrei. Corporate ownership around the world. *Harvard Institute of Economic Research Paper*, n. 1840, 1998.

LAMY FILHO, Alfredo; PEDREIRA, José Luiz Bulhões. *A Lei das S.A.*: pressupostos, elaboração e modificações, vol. 1. 3ª ed. Rio de Janeiro: Renovar, 1997.

LARENZ, Karl. *Derecho de obligaciones*, t I. Madrid: Editorial Revista de Derecho Privado, 1958.

LATTES, Alessandro. *Il diritto commerciale nella legislazione statutaria delle città italianne*. Milano: Ulrico Hoepli, 1884.

LAMY FILHO, Alfredo. Capital social. Conceito. Atributos. A alteração introduzida pela Lei nº 9.457/97. O capital social no sistema jurídico americano. *Revista Forense*, Rio de Janeiro, v. 346, p. 3-7, abr.-maio 1999.

–; BULHÕES PEDREIRA, José Luiz. In: ____. (Coord.). *Direito das companhias*. Rio de Janeiro: Forense, 2009, p. 41.

LE GOFF, Jacques. A bolsa e a vida – usura na Idade Média. São Paulo: Editora Brasiliense, 1995.

–. *Mercadores e banqueiros da Idade Média*. São Paulo: Martins Fonte, 1991.

LEÃES, Luiz Gastão Paes de Barros. A desconsideração da personalidade jurídica. In: *Pareceres*, vol. 1. São Paulo: Editora Singular, 2004.

–. *Comentários à Lei das Sociedades Anônimas*, vol. II. São Paulo: Saraiva, 1980.

–. *Do direito do acionista ao dividendo.* São Paulo: USP, 1969.

LEFRANC, Georges. História breve do comércio. Lisboa: Verbo, 1962.

LIEBMAN, Enrico Tullio. *Processo de execução.* 3ª ed. São Paulo: Saraiva, 1968.

LOPES, Mauro Brandão. *A sociedade em conta de participação.* São Paulo: Saraiva, 1990.

LOPEZ, Robert. *A revolução comercial da Idade Média*: 950-1350: Lisboa: Presença, 1976.

MAC-DONALD, Norberto. Pessoa jurídica:questões clássicas e atuais (abuso – sociedade unipessoal – contratualismo). *Revista da Faculdade de Direito da Universidade Federal do Rio Grande do Sul,* Porto Alegre, v. 22, p. 300-376, 2002.

MACEDO, Ricardo Ferreira. *Controle não societário.* Rio de Janeiro: Renovar, 2004.

MACHADO, Sylvio Marcondes. *Limitação da responsabilidade de comerciante individual.* São Paulo: USP, 1956.

MARCONDES, Sylvio. *Problemas de direito mercantil.* São Paulo: Max Limonad, 1970, p. 1-38, 129-161.

–. *Questões de direito mercantil.* São Paulo: Max Limonad, 1977.

MARGONI, Anna Beatriz Alves. *A desconsideração da personalidade jurídica nos grupos de sociedades.* Dissertação (Mestrado em Direito). Faculdade de Direito da Universidade de São Paulo, São Paulo, 2011.

MARINONI, Luiz Guilherme; LIMA JÚNIOR, Marcos Aurélio. Fraude: configuração: prova: desconsideração da personalidade jurídica. *Revista dos Tribunais,* São Paulo, ano 90, n. 783, p. 137-164, jan. 2001.

MELLO, Marcos Bernardes de. *Teoria do fato jurídico*: plano da eficácia – 1ª parte. 8ª ed. São Paulo: Saraiva: 2013.

MENEZES CORDEIRO, António. *Direito das Sociedades,* vol. I – Das Sociedades em Gera. 2ª ed. Coimbra: Almedina: 2007.

MIRANDA VALVERDE. *Comentários à Lei de Falências,* vol. I. Rio de Janeiro: Forense, 1955.

MONTEIRO, Honório. *Preleções de Direito comercial.* São Paulo: USP, 1937.

MONTEIRO, Washington de Barros. *Curso de Direito Civil,* vol. I – Parte Geral. 14ª ed. São Paulo: Saraiva, 1976.

MORAES, Denise Maria Rodríguez. A dinamização da regra de distribuição do ônus da prova como instrumento de busca da verdade e de efetivação da justiça. *Revista de Processo,* São Paulo, v. 38, n. 226, dez. 2013.

MOREIRA ALVES, José Carlos. *Direito romano.* 14 ed. Rio de Janeiro: Forense, 2007.

MOTA PINTO, Carlos Alberto da. *Teoria geral do direito civil.* 3ª ed. Coimbra: Coimbra Editora, 1986.

MOVELLÁN, Pedro Álvares Sánches de. *La prueba por presunciones* – particular referencia a su aplicación judicial en supuestos de responsabilidad extracontractual. Granada: Editoral Comares, 2007.

MUNHOZ, Eduardo Secchi, *Empresa contemporânea e direito societário*: poder de controle e grupos de sociedade. São Paulo: Juarez de Oliveira, 2002.

NENOVA, Tatiana. The value of corporate votes and control benefits: a cross-country analysis, *Journal of Financial Economics*, v. 68, p. 325-351, 2001.

OLIVA, Milena Donato. *Patrimônio separado*: herança, massa falida, securitização de créditos imobiliários, incorporação imobiliária, fundos de investimento, *trust*. Rio de Janeiro: Renovar: 2009.

OLIVEIRA, José Lamartine Corrêa de. *A dupla crise da personalidade jurídica*. São Paulo: Saraiva, 1979.

–. *Conceito de personalidade jurídica*. Tese (Concurso de Livre-Docência de Direito Civil). Faculdade de Direito da Universidade Federal do Paraná, Curitiba, 1962.

ORESTANO, Ricardo. *Il problema delle persone giuridiche in diritto romano*. Torino: G. Giappichelli, 1968.

PATTI, Salvatore. *Commentario del Codice Civile Scialoja-Branca*. Della prova testimoniale – della presunzioni: art. 2721-2729. Bologna: Zanichelli, 2001.

PENTEADO, Mauro Rodrigues. *Aumentos de capital das sociedades anônimas*. Saraiva, 1988.

PEREIRA, Caio Mário da Silva. *Instituições de Direito Civil*, vol. I. Rio de Janeiro: Forense, 1980.

PEREIRA NETO, Edmur. Anotações sobre os grupos de sociedades. *Revista de Direito Mercantil, Industrial, Econômico e Financeiro*, São Paulo, v. 82, nova série, p. 30-38, 1991.

PETITPIERRE-SAUVAIN, Anne. *Droit des societés et groupes de sociétés*: responsabilité de l'actionnaire dominant, retrait des actionnaires minoritaires. Genève: Georg, 1972.

PEYRANO, Jorge Walter. Informe sobre la doctrina de las cargas probatorias dinámicas. *Revista de Processo*, São Paulo, v. 38, n. 217, mar. 2013.

–; WHITE, Inés Lépori (org.). *Cargas probatorias dinámicas*. Santa Fé: Rubinzal-Culzoni, 2004.

PIRENNE, Henri. História econômica e social da Idade Média. São Paulo: Mestre Jou, 1973.

PONTES DE MIRANDA, Francisco Cavalcanti. *Tratado de direito privado*, t. I. 4ª ed. Rio de Janeiro: Revista dos Tribunais, 1983.

–. *Tratado de direito privado*, t. V. 4ª ed. São Paulo: Revista dos Tribunais, 1983, p. 369.

–. *Tratado de Direito Privado*, t. XLIX. 3ª ed. São Paulo: Revista dos Tribunais, 1984.

PORTALE. Giuseppe B. Capitale sociale e società per azioni sottocapitalizzata. *Rivista delle Società*, Milano, p. 3-124, 1991.

PRADO, Viviane Muller. *Conflito de interesses nos grupos societário*. São Paulo: Quartier Latin, 2006.

PROVINCIALI, Renzo. *Tratatto di Diritto Fallimentare*, vol. II. Milano: Giuffrè, 1974.

–. *Manuale di diritto fallimentare*. 2 ed. Milano: Giuffrè, 1951.

RÁO, Vicente. *O Direito e a Vida dos Direitos*, vol. III. São Paulo: Max Limonad, 1958.

RATHENAU, Walther. Do sistema acionário – uma análise negocial. Trad.

e introdução de Nilson Lautenschleger Jr. Reprodução do texto clássico. *Revista de Direito Mercantil, Industrial, Econômico e Financeiro*, Nova Série, ano 41, n. 128.

REALE, Miguel. *Lições preliminares de direito*. 24 ed. São Paulo: Saraiva, 1999.

REHME, Paul. *História universal de Derecho Mercantil*. Madrid: Editorial Revista de D. Privado, 1941.

REICHELT, Luis Alberto. *A prova no direito processual civil*. Porto Alegre: Livraria do Advogado, 2009.

REQUIÃO, Rubens. Abuso de Direito e Fraude Através da Personalidade Jurídica ("Disregard Doctrine"). In: ____. *Aspectos Modernos do Direito Comercial*, vol. I. São Paulo: Saraiva, 1977.

RIPERT, Georges. *Aspectos jurídicos do capitalismo moderno*. Rio de Janeiro: Freitas Bastos, 1947.

RODRÍGUEZ OLIVEIRA, Nuri E. *Manual de Derecho Comercial Uruguayo*, vol. VI, t. I. Quiebra. Montevideo: FCU, 2004.

ROE, Mark J.; BEBCHUK, Lucian. A theory of path dependence in corporate ownership and governance, 52 *Stanford Law Review 127*, 1999.

SALAMA, Bruno Meyerhof. *O fim da responsabilidade limitada no Brasil*: história, direito e economia. São Paulo: Malheiros, 2014.

SALOMÃO FILHO, Calixto. A Teoria da Desconsideração da Personalidade Jurídica. In: ____. *O novo Direito Societário*. 4. ed. rev. e ampl. São Paulo: Malheiros, 2011.

–. Interesse Social: A Nova Concepção. In: ____. *O novo Direito Societário*. 4. ed. rev. e ampl. São Paulo: Malheiros, 2011.

–. *Sociedade unipessoal*. São Paulo: Malheiros, 1995.

–. "Societas" com relevância externa e personalidade jurídica. *Revista de Direito Mercantil, Industrial, Econômico e Financeiro*, v. 81, p. 66-78, 1991.

SAMPAIO DE LACERDA, J. C. *Manual de Direito Falimentar*. 10ª ed. Rio de Janeiro: Freitas Bastos, 1978.

SANTOS, Moacyr Amaral. *Prova judiciária no cível e no comercial*, vol. I. 3ª ed. São Paulo: Max Limonad, s/d.

–. *Prova judiciária no cível e no comercial*, vol. V. 2ª ed. São Paulo: Max Limonad, 1955.

SANTOS, Sandra Aparecida Sá dos. *A Inversão do ônus da prova como garantia constitucional do devido processo legal*. São Paulo: Revista dos Tribunais, 2002.

SCALZILLI, João Pedro; SPINELLI, Luis Felipe; TELLECHEA, Rodrigo. *Recuperação de empresas e falência*: teoria e prática na Lei 11.101/05. 3ª ed. São Paulo: Almedina, 2018.

SCHMIDT, Max Georg. História do comércio mundial. Rio de Janeiro: Athena, sem ano.

SCHOUERI, Luís Eduardo. *Distribuição disfarçada de lucros*. São Paulo: Dialética, 1996.

–. *Preços de transferência no direito tributário brasileiro*. São Paulo: Dialética, 1999, p. 12.

SERICK, Rolf. *Aparencia y realidadad em las sociedades mercantiles*. Barcelona: Ediciones Ariel, 1958.

SERPA LOPES, Miguel Maria de. *Curso de Direito Civil*, vol. I. 4ª ed. Rio de Janeiro: Freitas Bastos, 1962.

SÈVE, R. Déterminations philosophiques d'une théorie juridique: la théorie du patrimoine d'Aubry et Rau. *Archives de Philosophie du Droit*, Tome 24: Les biens et les choses em droit. Paris: Sirey, 1979.

SIMONETTO, Ernesto. Concetto e composizione del capitale sociale: concetti di capitale e di patromonio. *Rivista del Diritto Commerciale*, ano 53, Parte I, p. 48-72, 1956, Parte I.

–. *L'apporto nel contratto di societá*. Padova: CEDAM, 1958.

–. *Responsabilità e garanzia nel diritto delle società*. Padova: CEDAM, 1958.

SOPRANO, Enrico. *Tratatto teorico-pratico delle società commerciali*, vol. I. Torino: UTET, 1934.

SPINELLI, Luis Felipe. *Exclusão de sócio por falta grave na sociedade limitada*. São Paulo: Quartier Latin, 2015.

SZTAJN, Rachel. *Teoria jurídica da empresa*: atividade empresária e mercados. São Paulo: Atlas, 2004.

SZTERLING, Fernando. *A função social da empresa no Direito Societário*. Dissertação (Mestrado em Direito). Faculdade de Direito da Universidade de São Paulo, São Paulo, 2003.

TANTINI, Giovanni. *Capitale e patrimonio nella società per azione*. Padova: CEDAM, 1980.

TARUFFO, Michele. *La prueba*. Madrid: Marcial Pons, 2008.

–. *La prova dei fatti giuridicci*. Milano: Giuffrè, 1992.

–. *Uma simples verdade* – o juiz e a construção dos fatos. Madrid: Marcial Pons, 2012.

TELLECHEA, Rodrigo; SCALZILLI, João Pedro; SPINELLI, Luis Felipe. *História do direito falimentar*: da execução pessoal à preservação da empresa. São Paulo: Almedina, 2018.

THEODORO JÚNIOR, Humberto. *Curso de direito processual civil*, vol. II. 44ª ed. Rio de Janeiro: Forense, 2009.

TOKARS, Fábio. *Sociedades limitadas*. São Paulo: LTr, 2007.

TOLEDO, Paulo Fernando Campos Salles de Recuperação judicial de grupos de empresas. In: FRANÇA, Erasmo Valladão Azevedo e Novaes; ADAMEK, Marcelo Vieira von (org.). *Temas de direito empresarial e outros estudos em homenagem ao Professor Luiz Gastão Paes de Barros Leães*. São Paulo: Malheiros, 2014.

TOMAZETTE, Marlon. *Curso de Direito Empresarial*, vol. I. São Paulo: Atlas, 2008.

TOMASETTI JR., Alcides. A parte contratual. In: ADAMEK, Marcelo Vieira von. *Temas de direito societário e empresarial contemporâneos*. *Liber Amicorum* Prof. Dr. Erasmo Valladão Azevedo e Novaes França. São Paulo: Malheiros, 2011.

TOMBARI, Umberto. *Diritto dei gruppi di imprese*. Milano: Giuffrè, 2010.

VAMPRÈ, Spencer. *Tratado elementar de Direito Commercial*, vol. I. Rio de Janeiro: F. Briguiet & Cia Editores, 1922.

VANDEKERCKHOVE, Karen. *Piercing the corporate veil.* Alphen aan den Rijn: Kluwer, 2007.

VERÇOSA, Haroldo Malheiros Duclerc. *Curso de direito comercial,* vol. II. São Paulo: Malheiros, 2006.

VERRUCOLI, Piero. *Il superamento della personalità giuridica delle società di capitali nella Common Law e nella Civil Law.* Milano: Giuffrè, 1964.

VIEIRA, José Rodrigo Dorneles. *A sociedade unipessoal como reforma necessária para preencher a lacuna existente no regime jurídico da atividade econômica no Brasil.* Dissertação (Mestrado em Direito). Faculdade de Direito da Universidade Federal do Rio Grande do Sul, Porto Alegre, 2011.

VIGIL NETO, Luiz Inácio. *Teoria falimentar e regimes recuperatórios*: estudos sobre a Lei 11.101/05. Porto Alegre: Livraria do Advogado, 2008.

VIO, Daniel de Avila. *Grupos societários*: ensaio sobre os grupos de subordinação, de direito e de fato, no direito societário brasileiro. São Paulo: Quartier Latin, 2016.

VIVANTE, Cesare. *Il fallimento civile.* Torino: Fratello Boca, 1902.

–. *Trattato di diritto commerciale,* vol. II. 5ª ed. Milano: Casa Editrice Francesco Vallardi, 1935.

WALCH, D. Analyse de la structure d'un groupe français. In: *Droit des groupes de sociétés*: analyse – propositions. Paris: Libraire de la Cour de Cassation, 1972.

WARREN, Elizabeth; WESTBROOK, Jay Laurence; PORTER, Katherine; POTTOW, John A. E. *The law of debtors and creditors.* New York: Wolters Kluwer, 2014.

WALTER, Gerhard. *Libre apreciación de la prueba*: investigación acerca del significado, las condiciones e limites del libre convencimiento judicial. Bogotá: Editoral Temis Librería, 1985.

WARDE JR., Walfrido Jorge. *Responsabilidade dos sócios*: a crise da limitação e a teoria da desconsideração da personalidade jurídica: Belo Horizonte: Del Rey, 2007.

WEBER, Max. *The history of commercial partnerships in the Middle Ages.* Trad. de Lutz Kaelber. Lanham, Boulder, New York; Oxford: Rowman & Littlefield Publishers, Inc., 2003.

WIEDEMANN, Herbert. Excerto do Direito Societário I – Fundamentos. Trad. Erasmo Valladão A. e N. França. *Revista de Direito Mercantil Industrial, Financeiro e Econômico,* São Paulo, n. 143, p. 66-75, jul./set. 2006.

–. The german experience with the law of affiliated enterprises. In: HOPT, Klaus. *Groups of companies in european laws.* Berlin: Walter de Gruyter, 1982.

WILLIANSON, Oliver. *The economic institutions of capitalism*: firms, markets, relational contracting. New York: Free Press, 1985.

WORMSER, Maurice. *Disregard of the corporate fiction and allied corporation problems.* New York: Baker, Voorhis and Company, 2000 (reimpressão da edição de 1927).

YARSHELL, Flávio Luiz. *Tutela jurisdicional*. 2ª ed. ver. e atual. São Paulo: DPJ, 2006.

ZANINI, Carlos Klein. *A dissolução judicial da sociedade anônima*. Rio de Janeiro: Forense, 2005.

ZAVASCKI, Teori. *Processo de execução*: parte geral. 3ª ed. São Paulo: Revista dos Tribunais, 2004.